# DEUS
## SEMPRE
## RESPONDE

# DEUS SEMPRE RESPONDE

Pelo espírito MARIUS

Psicografia de BERTANI MARINHO

LÚMEN
EDITORIAL

*Deus Sempre Responde*
pelo espírito Marius
psicografia de Bertani Marinho
Copyright © 2013 by
Lúmen Editorial Ltda.

2ª edição - março de 2014

Direção editorial: *Celso Maiellari*
Direção comercial: *Ricardo Carrijo*
Coordenadora editorial: *Fernanda Rizzo Sanchez*
Revisão: *Maria Aiko Nishijima*
Projeto gráfico e arte da capa: *Estúdio Design do Livro*
Imagem da capa: *LeventeGyori | Shutterstock*
Impressão e acabamento: *Gráfica Orgrafic*

---

**Dados Internacionais de Catalogação na Publicação (CIP)**
**(Câmara Brasileira do Livro, SP, Brasil)**

---

Marius (Espírito).
    Deus sempre responde / pelo espírito Marius ; psicografia de Bertani Marinho. – 1. ed. – São Paulo : Lúmen Editorial, 2013.

    ISBN 978-85-7813-134-0

    1. Espiritismo 2. Psicografia 3. Romance espírita I. Marinho, Bertani. II. Título.

13-06213                                                   CDD-133.93

---

Índice para catálogo sistemático:
1. Romances espíritas psicografados : Espiritismo    133.93

LÚMEN
EDITORIAL

Rua Javari, 668
São Paulo – SP
CEP 03112-100
Tel./Fax (0xx11) 3207-1353

visite nosso site: www.lumeneditorial.com.br
fale com a Lúmen: atendimento@lumeneditorial.com.br
departamento de vendas: comercial@lumeneditorial.com.br
contato editorial: editorial@lumeneditorial.com.br
siga-nos nas redes sociais:
twitter: @lumeneditorial
facebook.com/lumen.editorial1

**2014**
Proibida a reprodução total ou parcial desta obra
sem prévia autorização da editora

Impresso no Brasil – *Printed in Brazil*

# Sumário

| | | |
|---|---|---:|
| | Introdução | 7 |
| 1 | Uma família muito simples | 15 |
| 2 | A premiação | 28 |
| 3 | Tempos nublados | 37 |
| 4 | Nuvens dispersas | 54 |
| 5 | Novo emprego | 64 |
| 6 | Conversas à parte | 83 |
| 7 | O diagnóstico | 98 |
| 8 | A mensagem | 115 |
| 9 | O desenlace | 128 |
| 10 | Explicações | 142 |

| | | |
|---|---|---:|
| 11 | Entrevistas | 157 |
| 12 | Novas experiências | 176 |
| 13 | Psicofonia e psicografia | 194 |
| 14 | Novos tempos | 211 |
| 15 | No Centro Espírita | 227 |
| 16 | As despedidas | 238 |
| 17 | Trabalho e amor | 251 |
| 18 | Provações | 264 |
| 19 | Reação da aprendiz | 280 |
| 20 | Momentos de oração | 293 |
| 21 | Prova e expiação | 304 |
| 22 | Palavras de paz | 320 |
| 23 | Mantendo a serenidade | 329 |
| 24 | Oração e trabalho | 341 |
| 25 | Completa-se a história | 355 |

# Introdução

A narrativa de Donato e Marcela, que ora apresentamos ao leitor, expressa situações pungentes vividas por inúmeros casais nas mais diversas partes do mundo e em todos os períodos da história da humanidade. Os temas predominantes centram-se em três focos estreitamente interligados: a doença, a morte e a oração.

## 1. A doença

Há quem entenda a doença como algo gratuito e descontrolado que assola indistintamente as pessoas, assim como há quem a vê como uma punição divina, justa ou injustamente aplicada por Deus. Para que possamos entendê-la, entretanto, é necessário inicialmente sabermos que há uma interação muito grande entre o espírito e o corpo somático (físico). O estudioso espírita Edgard Armond, por exemplo, afirma que o corpo, além de santuário do espírito encarnado é também o instrumento de que este se serve para o exercício de suas atividades no mundo físico. Daí a grande responsabilidade de cada ser humano de zelar e responder pela conservação, pelo equilíbrio e pela harmonia funcional desse corpo. O conhecimento dos mecanismos da doença facilita o entendimento sobre o modo de conservar o corpo saudável.

Primeiro, a doença não é simplesmente algo gratuito e descontrolado. Ela é o efeito de uma causa que precisamos identificar. Segundo, ela também não é castigo divino. É, antes, um aviso para que possamos nos desviar do caminho errôneo que temos trilhado.

Como diz Donato, nosso personagem, a doença tem início não no corpo físico, mas no espírito que somos. Quando o espírito (nós) se desarmoniza pela expressão de pensamentos, sentimentos e atitudes menos nobres, as vibrações dissonantes emitidas refletem-se no perispírito, que é o envoltório sutil e intermediário entre o próprio espírito e o corpo somático (físico). Nos momentos de desequilíbrio, externamos e também atraímos fluidos deletérios, que se tornam sobras tóxicas. Dada a sua densidade, as energias nocivas, oriundas de pensamentos, sentimentos e atitudes desarmônicos, armazenam-se no perispírito e, depois de algum tempo, transferem-se para o corpo físico, originando as doenças físicas. Ou seja, as toxinas psíquicas afetam os órgãos e sistemas corporais, ocasionando distúrbios orgânicos, as chamadas "doenças psicossomáticas". O vocábulo "psicossomático" refere-se à participação da psique nas doenças orgânicas, isto é, enfermidades do corpo provocadas por problemas emocionais. Na doença psicossomática, a causa é psicológica, embora a pessoa manifeste alterações clínicas detectáveis por exames de laboratório, ou seja, seu corpo está sofrendo danos físicos. Podem ter origem psicológica enfermidades como alergia, infertilidade, diabetes, disfunções glandulares, herpes, infarto e câncer, entre outras. Há uma íntima relação entre corpo e mente, com a presença poderosa de mecanismos inconscientes. Destarte, não conseguindo identificar as causas emocionais do desencadeamento da doença, busca o indivíduo a sua origem em eventos externos, alheando-se à verdadeira razão de ser, não conseguindo agir no sentido de extingui-la ou de, ao menos, atenuar os seus efeitos nocivos.

A grande maioria das distonias, das moléstias, tem origem em três fontes, segundo Jesiel Andrade[1]: a) nos abusos das faculdades da alma; b) nos registros preexistentes no perispírito; c) na má utilização dos órgãos do corpo material. Apenas pequena parte das enfermidades origina-se na ação do meio ambiente. Estando os três elementos em equilíbrio, por meio da prática das virtudes (particularmente o amor) e da oração, o sistema imunológico do corpo da alma age eficazmente, restabelecendo a saúde. Em síntese, se a alma faz mau uso da inteligência, dos pensamentos, das emoções, dos sentimentos, da vontade, da sexualidade e das faculdades morais, acaba por sofrer abalos íntimos graves, que geram perturbações e criam desarmonias e deficiências no funcionamento dos órgãos de manifestação dessas faculdades. É por esse motivo que os erros, as faltas, os vícios, os abusos e os crimes suscitam, com o passar do tempo, doenças sempre conciliáveis com a gravidade dos atos.

No livro *O consolador*[2], encontramos a afirmação de que é por meio do envoltório humano que se manifestam as chagas do espírito. O corpo doente revela o panorama interior da alma enferma. A patogenia é um conjunto de inferioridades do aparelho psíquico. Portanto, a doença física tem início no desequilíbrio do espírito. O perispírito assimila as emoções negativas, que se convertem em enfermidades orgânicas. Afinal, diferentemente do que pensa o materialista, o organismo é condicionado pelo conjunto de pensamentos-sentimentos. Dependendo do teor vibratório destes é que a influência sobre o físico será saudável ou deletéria.

---

1. ANDRADE, Jesiel. *Equilíbrio íntimo pelo espiritismo*. EME: São Paulo (Nota do Autor Espiritual).
2. XAVIER, Francisco Cândido. *O consolador*. Espírito Emmanuel. FEB: Rio de Janeiro (N.A.E).

## 2. A morte

A partir da doença, pode ocorrer a cura, assim como também se pode chegar à morte do corpo somático. Entretanto, a morte não é o "fim de tudo" ou o "fim da vida", como consideram alguns pensadores, presos às amarras da matéria. O instrutor espiritual Emmanuel afirma no prefácio de *Os missionários da luz*[3] que a morte física não é o fim, mas apenas mudança de capítulo no livro da evolução e do aperfeiçoamento. O espírita sabe que o ser humano é essencialmente um espírito imortal, revestido de um corpo físico, tendo por intermediário entre ambos um corpo fluídico, semimaterial e perene, denominado perispírito por Allan Kardec. Quando sobrevém o fenômeno chamado morte, o que ocorre é apenas a desintegração do corpo físico, permanecendo o espírito, revestido de seu perispírito. O desencarne, como chamam os espíritas, apresenta-se como o momento de transição, ao encerrar-se mais uma existência terrena para o espírito que regressa ao mundo espiritual, a fim de preparar-se para nova encarnação. Como assevera Kardec, a desencarnação não prejudica o ser humano, apenas o chama para recolher-se ao mundo invisível, tanto para o reconhecimento de suas faltas como para o esclarecimento e preparação para uma nova existência terrena.

Afirma o médico espírita Décio Iandoli Jr.[4] que o desprendimento do corpo físico acontece de modo gradual e é composto por três etapas principais: o desprendimento do centro vegetativo (ventre), sede das manifestações fisiológicas; emocional (tórax), zona dos sentimentos e desejos; e mental (cérebro), o mais importante dos três, obedecendo sempre a essa sequência. E para que o desencarne ocorra de modo pacífico, há sempre espíritos abnegados que, obedecendo

---

3. XAVIER, Francisco Cândido. *Os missionários da luz*. Espírito André Luiz. FEB: Rio de Janeiro (N.A.E).
4. IANDOLI JR., Décio. *Fisiologia transdimensional*. FE Editora: São Paulo (N.A.E).

aos propósitos divinos, aplicam-se ao trabalho de auxiliar os que transitam do plano terreno para o plano espiritual, passando pela transição, habitualmente chamada de morte. É assim que Martins Peralva[5] ressalta que na linguagem espírita a morte é apenas transição de uma para outra forma de vida; somente uma mudança de plano. Desse modo, a morte não é ocorrência aniquiladora, como às vezes se pensa, mas "glorioso cântico de imortalidade" em suas radiosas e sublimes manifestações. Léon Denis[6] acrescenta que devemos nos lembrar de que a vida terrena é curta. Enquanto ela durar, é necessário que nos esforcemos para adquirir aquilo que viemos procurar neste mundo quando reencarnamos: o verdadeiro aperfeiçoamento.

O que fica bastante claro neste romance, por meio da conduta de seus personagens, é que a morte, entendida como o fim da vida, inexiste, é uma falácia. Apenas se encerra uma de muitas existências terrenas, tendo início o estado de erraticidade ou intermissão, que é o período entre uma e outra reencarnação. Na erraticidade, o espírito prepara-se, por meio de atividades missionárias, estudos ou expiações, para nova reencarnação, a fim de dar continuidade a seu autoaprimoramento, rumo à perfeição possível à criatura humana, de acordo com o ditame do Divino Mestre: "Sede perfeitos como vosso Pai celestial é perfeito". Portanto, a vida continua... Ela é eterna e o espírito é imortal.

Quando existe amor verdadeiro entre o ente querido que partiu e aquele que permaneceu no cumprimento das tarefas terrenas, o vínculo entre ambos permanece, havendo a possibilidade de se reencontrarem no mundo espiritual e/ou em próxima reencarnação. Este é um consolo para quem pensa ter "perdido" o ente querido

---

5. PERALVA, Martins. *O pensamento de Emmanuel*. FEB: Rio de Janeiro (N.A.E.).
6. DENIS, Léon. *Depois da morte*. FEB: Rio de Janeiro (N.A.E.).

que deixou o mundo terreno. O elo entre ambos não se desfaz, mas permanece íntimo, enquanto houver amor alicerçando a afinidade entre ambos. Não há, pois, sentido para as dores inconsoláveis dos que ficam. Como responderam os espíritos da Codificação a Kardec em *O Livro dos Espíritos*[7]: "O espírito é sensível à lembrança e às saudades daqueles que amou na Terra, mas uma dor incessante e fora de propósito o afeta penosamente, porque ele vê nessa dor excessiva falta de fé no futuro e de confiança em Deus e, por conseguinte, um obstáculo ao progresso e talvez ao reencontro com os que ficaram". E o próprio Kardec complementa: "Estando o espírito mais feliz no plano espiritual do que na Terra, lamentar que ele tenha deixado a vida corpórea é deplorar que seja feliz".

## 3. A oração

Quando oramos, colocamo-nos em comunicação com Deus. No livro *Missionários da luz,* de André Luiz e Francisco Cândido Xavier, o orientador Anacleto ensina que a oração, por elevar o nível mental da criatura confiante e crente no Poder de Deus, favorece o intercâmbio entre o plano espiritual e o plano terreno. E também facilita a tarefa de auxílio fraternal por parte dos mensageiros divinos. Na mesma obra, o instrutor Alexandre afirma que toda prece elevada é fonte de magnetismo criador e vivificante e, assim, toda pessoa que a cultiva, com o devido equilíbrio de sentimento, transforma-se, paulatinamente, em fulgurante facho de energias da divindade.

A cura da doença física, iniciada no desequilíbrio do espírito, passa pela prece, que eleva o nível mental de quem ora, restabele-

---

[7]. KARDEC, Allan. *O Livro dos Espíritos.* Parte Quarta "Das esperanças e consolações". Capítulo I "Das penas e gozos terrestres", item "Perda dos entes queridos". Questão 936. FEB: Rio de Janeiro (N.A.E.).

cendo a harmonia. E, estando o equilíbrio restaurado, cessa a causa da doença, devendo esta, mais cedo ou mais tarde, ser debelada. Lembra Kardec, em *O Evangelho Segundo o Espiritismo*[8], que, pela prece, a pessoa atrai o auxílio dos bons espíritos, que vêm sustentá-la em suas boas resoluções e inspirar-lhe bons pensamentos. É preciso, porém, que, ao orar, acreditemos já ter recebido o objeto da nossa oração. Como disse Jesus: "E tudo o que pedirdes com fé, em oração, vós o recebereis"[9]. O escritor norte-americano, Gregg Braden[10] comenta que a oração se baseia na linguagem silenciosa da emoção humana. Ela nos convida a sentir gratidão e reconhecimento, como se as nossas preces já tivessem sido atendidas. Mas a oração deve ser baseada no sentimento, deve nascer do íntimo, do âmago da alma. O seu poder está mais no pensamento do que nas palavras, mais no sentimento do que nas fórmulas. A prece deve ser profunda, a fim de que a alma se eleve até o Criador e chegue até Ele branca e radiante de esperança e amor, como disse o espírito V. Monod em *O Evangelho Segundo o Espiritismo*.

Nossas dores atuais se devem à conduta desviada que tomamos nesta ou noutras encarnações. À medida que buscamos o retorno ao Caminho, à Verdade e à Vida, como nos falou Jesus, começamos a neutralizar, pelo amor, os débitos contraídos no pretérito e também abrandar e eliminar as doenças consequentes desses desvios. São necessárias, entretanto, certas condições para que a cura aconteça: a) *Fé verdadeira* ou confiança profunda na misericórdia e no poder de Deus. Lembremos que, após curar, Jesus disse: "Vai, a tua fé te curou"; b) *Merecimento* em relação ao pedido feito. Esse merecimento pode refletir-se na oportunidade que Deus nos dá para não continuarmos

---

8. KARDEC, Allan. *O Evangelho Segundo o Espiritismo*. Capítulo XXVII "Pedi e obtereis". FEB: Rio de Janeiro (N.A.E.).

9. Mt. 21:22.

10. BRADEN, Gregg. *Segredos de um modo perdido de rezar*. Pensamento: São Paulo (N.A.E.).

no erro. É verdade que, segundo o Mestre Divino, os doentes precisam de médico, todavia, temos de aprimorar a nossa alma para que possamos alcançar o merecimento; c) *Vontade firme de mudar*. Sendo a moléstia fruto da desarmonia da alma, é dever de quem está se curando modificar as atitudes e a conduta, pautando-se nas lições do Evangelho. A cura apenas será permanente se retificarmos nossas presentes condições morais e espirituais.

É importante também que esclareçamos ser a doença um período de meditação, a fim de aprendermos as lições que ela nos traz, particularmente quanto à necessidade de transformação interior. Emmanuel[11] nos ensina: "Se estás doente, meu amigo, acima de qualquer medicação, aprende a orar e a entender, a auxiliar e a preparar o coração para 'A grande mudança'". Entretanto, os recursos da medicina não devem ser postos de lado. Afinal, a resposta curativa de Deus pode vir pelas mãos de um médico.

Cabe ressaltar ainda, como o faz Iandoli Jr., que o maior e o mais completo compêndio médico já escrito é o Evangelho e que nele Jesus recomenda para todas as doenças um único remédio: o amor, prescrevendo como fórmula posológica amar a Deus sobre todas as coisas e ao próximo como a nós mesmos.

Que a leitura deste livro possa levar a cada leitor, por meio da trama tecida entre seus personagens, uma lição de fé sincera e amor verdadeiro, requisitos necessários ao processo de cura da alma e, como consequência, do corpo físico de que ela se reveste.

BERTANI MARINHO

---

11. XAVIER, Francisco Cândido. *Fonte viva*. Espírito Emmanuel. FEB: Rio de Janeiro (N.A.E.).

# Uma família muito simples

Donato Callegari era um marceneiro de quarenta anos. Ainda na infância, veio do campo com os pais para morar numa pequena vila de casas modestas, no bairro do Cambuci, na cidade de São Paulo. A mudança de um sítio, nas cercanias de Campinas, para a metrópole foi drástica para os pais dele, acostumados aos labores da agricultura. Ele, entretanto, logo fez amizade com filhos de italianos, passando parte do dia em folguedos com as crianças. O pai foi contratado por uma serraria, como ajudante, e a mãe passou a trabalhar como faxineira em duas ou três casas.

Donato acostumou-se rapidamente com o linguajar dos garotos da Vila Roma, composta quase exclusivamente por imigrantes italianos e seus filhos. Assim, depois de pouco tempo, era comum ouvi-lo dizer expressões como: "Ei, *bello*, o gol fui eu que marquei",

"Esse pião é meu, *capisce?*" ou *"Buonanote,* Giovanni". A nova vida foi assimilada com tranquilidade e alegria, o que não aconteceu com seus pais, que precisaram de muito tempo para acostumar-se com a vida no bairro.

Foi nesse ambiente que o garoto cresceu e estudou até o ensino primário (atual ensino fundamental I). A partir daí, começou a trabalhar na mesma serraria onde se empregara o pai. Mais tarde, transferiu-se para uma pequena marcenaria, onde aprendeu o ofício de marceneiro. Quando começa a nossa narrativa, ele ainda trabalha no mesmo local.

Marcela Beluzzo Callegari, esposa de Donato, também encerrara os estudos no ensino primário, passando a cuidar da casa e de dois irmãos menores, enquanto a mãe trabalhava como empregada doméstica. A família morava na Penha, onde ela nasceu. Foi justamente numa festa de Nossa Senhora da Penha que ela e Donato se conheceram, vindo a iniciar o namoro. Quando se casaram, fixaram residência na mesma Vila Roma, onde moravam os pais de Donato. Eles tinham um casal de filhos, Giuseppe, de dez anos, e Roberta, de oito, que recebiam a mesma educação moral que os pais haviam assimilado em toda sua existência, ou seja, rigorosa e pautada por valores cristãos.

Sem dinheiro para pagar uma escola particular, onde os filhos pudessem passar o dia entre estudos e diversões, a opção foi matriculá-los numa escola municipal. Marcela ficava em casa cuidando dos afazeres domésticos e orientando nos trabalhos escolares. O posto de trabalho de Donato ainda era de auxiliar de marcenaria, apesar da experiência que adquirira com o passar dos anos, o que lhe valia um salário muito inferior ao que, de fato, ele realizava.

Quanto à vida amorosa e familiar do casal, tudo corria muito bem. Donato e Marcela amavam-se profundamente, estando unidos por laços que vinham de outras encarnações. É claro que havia momentos de discordâncias e algumas discussões sobre questões que os dividiam. Tudo, porém, era analisado com o grande respeito que cada um nutria pelo outro. Se havia um amor intenso entre eles, o mesmo ocorria em relação aos filhos. O casal sacrificava-se, quando necessário, para dar o maior conforto possível às crianças e uma educação esmerada. Desse modo, eram bastante comuns diálogos como este:

— Donato, Roberta está precisando de um par de tênis.

— De novo?

— Você sabe como são as crianças. Estragam rapidamente os calçados. E... Giuseppe também está com um par de tênis muito velho.

— Bem, em primeiro lugar as crianças. Deixarei um dinheiro para você cuidar disso. Mas esqueça a nossa ida ao cinema, como havíamos pensado.

— Tudo bem. Em primeiro lugar as crianças.

Sem muita reclamação, eles renunciavam a seu próprio bem-estar, a fim de que os filhos pudessem conviver de igual para igual com os coleguinhas de escola.

— Chegou junho, Donato.

— É verdade. Como o tempo passa rápido. Ainda ontem estávamos festejando o Natal.

— O que estou dizendo é que as crianças precisam de roupas para a festa junina da escola.

— E as do ano passado?

— Era tudo tão barato que na lavagem acabou se estragando. Fiz pano de chão com o que restou.

— Tudo bem, tudo bem. Verei o que posso fazer.

Sempre havia um jeito, se fosse para tornar as crianças felizes. Mesmo sem muito dinheiro, Donato, aos domingos, costumava levar os filhos a uma sorveteria, onde pagava uma taça especial para cada um. Sair pela manhã, rodeado pelas crianças, era como praticar um ritual.

— *Buongiorno,* Maurizio. Trouxe as crianças para tomar aquela porcaria de *gelato* que você faz.

— *Ma vá!* Quem desdenha quer comprar, Donato. Não liguem para ele, *bambini*. Podem escolher o sorvete que quiserem. De preferência o mais caro...

Enquanto as crianças saboreavam os sorvetes italianos, Donato conversava alegremente com Maurizio, conhecido de vários anos.

— Você leu o jornal *Fanfulla* desta semana?

— Não. O que diz?

— Muitos costumes italianos estão se perdendo.

— O mundo está mudando, Maurizio. E nós estamos ficando velhos.

— *Che dire?* Vire essa boca para lá. Quero viver muito ainda.

— Mas é verdade. Espero que meus filhos guardem um pouco das tradições do Cambuci, que também já não é o mesmo de vinte anos atrás.

— *Permesso!* Vamos mudar de assunto? *Come vá* nosso time?

— Com certeza, hoje dá de três no Corinthians.

— *Ecco il fato.* É o destino, *amico mio.* É o destino.

Enquanto isso, as crianças divertiam-se saboreando os deliciosos sorvetes de Maurizio, um calabrês sempre bem-humorado. Depois de algum tempo, saíam alegres com o pai, que ainda as levava até o largo do Cambuci, onde quase sempre encontravam com algum conhecido para um dedinho de prosa, seguindo dali para casa. Quando os três chegavam, Marcela achava que haviam demorado demais:

— Pensei que iam almoçar fora.

— *Non parla cosi, bella!* As crianças gostam de tomar sorvete.

Ela ria e perguntava:

— Por que você fala italiano, se nasceu em Campinas?
— Nasci lá, mas vivo no Cambuci, uma filial da Itália, não é mesmo?
— Aqui já não há tantos italianos assim! O Cambuci mudou muito.
— Não há italianos, mas há nordestinos e eu gosto deles, não é, *bichinho, meu xodó?*

Com essas brincadeiras, dava-se início ao almoço simples, mas repleto de amor e carinho.
— O frango está bom, Donato?
— E não ia estar? Foi minha princesa que assou.
— Fale sério.
— O que as crianças acham?
— O frango *tá* legal — dizia Roberta. E Giuseppe completava:
— O macarrão também.
— E eu vou ser diferente? — brincava Donato.

Mesmo com o dinheiro curto, as principais festas do ano eram bem comemoradas na Vila Roma. No Natal, por exemplo, a casa de dona Florinda era constantemente visitada pelas crianças e seus pais, para ver o presépio feito com capricho por seu Rodolfo. Ali havia, além das figuras tradicionais, um lenhador, um alfaiate, um sapateiro, um marceneiro, um pedreiro, uma costureira e até uma mulher fazendo polenta. E, para a curiosidade da criançada, tudo se movimentava por meio de um motor elétrico. Tal sucesso fazia o presépio, que havia crianças que o visitavam duas ou três vezes por dia.

Quando raiava o domingo de Páscoa, havia na janela de cada casa um pequeno ovo de chocolate, que algum desconhecido deixava ali. As crianças aguardavam ansiosas para poder pegá-lo e depois lambuzar-se, comendo-o com grande satisfação. Na verdade, quem juntava dinheiro para comprar esses simples ovos de Páscoa era um senhor idoso, apelidado de Nonno Elio. Muito querido na Vila pelo seu bom humor constante e pela ternura com que tratava as crianças, ele veio jovem de Gênova, na região da Ligúria, às margens do Mar Mediterrâneo. Seu pai trabalhava nas docas e tinha o apelido de "Colombo", pois o grande navegador era oriundo dessa mesma cidade. Don Colombo para os mais íntimos, ensinou ao filho o verdadeiro humanismo e o grande amor às crianças. Sua esposa, mãe carinhosa e dedicada, faleceu jovem, com apenas vinte e três anos. Assim, logo que pôde, veio como imigrante para o Brasil, trazendo consigo o seu querido Elio, hoje idoso e reverenciado por crianças e adultos.

O costume de distribuir pequenos ovos de Páscoa pelas janelas das casas era para Nonno Elio uma espécie de ritual, que vinha de longos anos. As crianças adoravam levantar-se no domingo festivo e ir buscar na janela o seu presente, que, mesmo muito simples, pois Nonno Elio não tinha muitos haveres, simbolizava o amor que alguém dedicava a elas.

Nos folguedos de São João acontecia uma grande festa no beco sem saída que constituía a Vila Roma. Cada família ficava responsável por um conjunto de atividades, de modo que não faltavam pipoca, pinhão, amendoim, paçoca, balas, fogos e, é claro, o famoso quentão. Fazia-se uma fogueira no meio da rua e as brincadeiras e danças prosseguiam até a meia-noite, quando a fogueira era apagada e todos se retiravam para suas casas. Donato e Marcela divertiam-se muito, sem despregar os olhos das crianças:

— Não chegue perto da fogueira, Roberta.

— Cuidado com o rojão, Giuseppe.

— Deixe que eu acendo o vulcãozinho.

— Nada de bombas, crianças.

Outro motivo de comemorações e tristezas eram os domingos em que o Palmeiras jogava. Comemorações nas vitórias e tristezas, é claro, nas derrotas. Chamado de Palestra Itália, seu nome original, recebia os elogios e também a indignação dos seus torcedores, conforme o caso. A Vila parecia tremer com os gols marcados pelos atacantes do time que aquecia o coração de seus habitantes.

— *Avanti*, Palestra!

— *In tutti la mia vita,* nunca vi esse time jogar tão mal.

— *Non me piace questo ragazzo* na ponta esquerda. Não me agrada, não. Ele é meia e não ponta!

— Não existe, no mundo, time melhor que o Palestra. *Questa è la verità!*

— Gol! Gooool! *Grazie mille,* Palestra! *Grazie mille!*

Contudo, quando falecia algum dos moradores de Vila Roma, tudo ficava em silêncio. As mães não permitiam que os filhos jogassem bola na rua para não fazer barulho. As brincadeiras eram feitas dentro de casa. E cada morador dava um jeito de conseguir algumas flores para colocar no caixão, que se transformava num canteiro matizado de cores e perfumes, ficando à mostra apenas as mãos e o rosto do defunto.

O velório era acompanhado por parentes, amigos e conhecidos do falecido. Serviam-se salgadinhos, café e refrigerantes a quem estivesse na sala da casa. Às vezes, reinava o silêncio, mas, vez por outra, havia muitas conversas, quase sempre relativas àquele que desencarnara.

— Era *un buon uomo,* certamente.

— Também *un marito esemplare e padre affettuoso.*

— *Operaio laborioso.*

Mas, se alguém tinha algum tipo de aversão ao falecido, a conversa era outra pela vizinhança:

— Já *va tardi.*

— Não passava de *un schifoso,* nojento.

— Até que enfim o *maledetto* partiu. Não faz falta.

O enterro saía da Vila e era acompanhado por um punhado de moradores até o cemitério, alguns consolando os parentes, tristonhos e chorosos. Depois, aos poucos, a vida voltava a borbulhar no reduto dos italianos.

Se os falecimentos levavam o silêncio aos moradores, os nascimentos eram acompanhados por muitos risos e estrepitosa alegria. O acontecimento logo corria pela Vila, levado pela boca de seus moradores:

— Nasceu o *bambino* do Rodolfo!

— Do jeito que estão falando, o *ragazzo* ainda vai jogar na ponta do Palestra.

— *Va via, va. Questo bambino* nem bem nasceu e já querem que calce chuteira.

O pai fazia questão de comprar charutos baratos na banca de jornal para distribuí-los entre os amigos, com um largo sorriso nos lábios.

— Parabéns! Mas cuidado, esse já é o sétimo. Agora chega, né?

— Se o garoto for da qualidade do charuto, o negócio vai mal, hein?

Assim, em meio a alegrias e tristezas, corria a vida de Donato e Marcela no intercâmbio com os irrequietos moradores da Vila Roma. Na intimidade, podia-se dizer que havia uma grande harmonia entre o casal, muito respeito e grande amor. Ambos não tinham muito estudo nem grandes ambições. Isso, porém, no tocante a eles próprios. Já com relação aos dois filhos, a coisa não era bem assim.

— Quero que o Giuseppe seja um médico, Marcela. Um médico! Assim como o dr. Constanzo.

— Esse é um bom médico, Donato. Mas tem uma coisa.

— O quê? Não gostou?

— Claro que gostei. O que estou dizendo é que não temos dinheiro. O estudo da Medicina é muito caro.

— Deus dá um jeito, Marcela. Deus dá um jeito.
— Tá bem. Isso também é verdade. Mas o que será da Roberta?
Donato não titubeava e respondia, convicto:
— Será professora.
— É, gostei.
— Será professora de Geografia. Vai falar muito bem do Brasil e da Itália para a criançada da Vila.
— Será que não estamos sonhando muito alto, Donato? O custo de vida vai de mal a pior.
— Eu sei, eu sei. Mas não será a vida toda assim. Vai chegar um momento em que as coisas vão melhorar. Você não confia em Deus?
— Claro que confio.
— Então, a nossa obrigação agora é fazer com que os dois estudem muito. Sem estudo não pode haver um bom futuro para ninguém. A não ser que seja um *playboy*, não é mesmo?
— É verdade. Eu vou supervisionar mais as lições deles, Donato. Eles precisam mesmo de muito estudo.
— É assim que se fala, mulher.

Mesmo sem dinheiro suficiente para colocar os dois filhos na universidade, eles vislumbravam um futuro acolhedor para as duas crianças. Tudo o que não tinham conseguido, queriam para Giuseppe e Roberta. O meio para conseguir isso ficava por conta de Deus. A eles cabia sonhar e a Deus, transformar os sonhos em realizações. Com essa filosofia de vida peculiar, passavam os dias em paz, com tranquilidade e muito amor. Quando as coisas não iam bem, apelavam para a religiosidade, que lhes era comum.

— Acabou o dinheiro, Donato. Não deu para comprar dois livros que as crianças precisam.
— Vá tocando esta semana assim mesmo. Deus vai dar um jeito de conseguirmos o dinheiro necessário.

— Mas a professora mandou um bilhete. Sem livro, nada de aula.

— A partir de quando?

— Da semana que vem.

— Então dá tempo.

— Mas hoje é quinta, esqueceu?

— Dá tempo. Fique tranquila.

De repente, aparecia Donato em casa com um largo sorriso.

— Por que tanta alegria?

— Eu não disse?

— Disse o quê?

— Eu não disse que Deus daria um jeito?

— Como assim?

— Aqui está o dinheiro para os livros. E mais para o mercadinho.

— De onde veio tudo isso?

— Dona Aurora pediu para eu consertar os seus móveis no fim de semana. E pagou adiantado.

A relação entre Deus e Donato pareciam muito claras e naturais para o marceneiro. Deus era o fornecedor e ele o cliente. O bom fornecedor tem sempre em estoque aquilo que é necessário ao consumidor. E não atrasa na entrega da mercadoria...

Giuseppe e Roberta eram crianças saudáveis, alegres e, para sossego dos pais, muito estudiosas. Não era necessário chamar-lhes a atenção, a fim de que se colocassem à mesa da sala para fazer as lições de casa. Elas mesmas pegavam seus livros, seus cadernos e todo o material escolar necessário, iniciando os exercícios, assim que chegavam da escola. Marcela tinha poucos conhecimentos, mas fazia o que lhe era possível para ajudar os filhos na execução das tarefas.

— Roberta, você não respondeu a esta questão.

— Deixei para o fim porque não sei o que significa *leis distintas*.

— Significa... Deixe-me ver. Ah! Significa *diferentes*. São leis diferentes.

— E você, Giuseppe? Alguma dúvida?

— Não, mãe. A lição está fácil. Sabe que a professora me elogiou hoje?

— Verdade?

— Ela disse que se eu continuar assim, ainda vou dar muitas alegrias a você e ao pai.

— Parabéns, filho! Você vai nos dar muitas alegrias, sim.

— Giuseppe é muito inteligente, mãe.

— E você também, Roberta.

— Sou mesmo?

— Claro! Eu sou muito feliz, pois tenho filhos que demonstram grande inteligência e muito amor.

— Que legal!

Assim seguiam os diálogos travados entre mãe e filhos, de modo que, sem muito esforço, chegavam ao fim das lições e, aí sim, cada uma das crianças ia à procura de seus amigos para os jogos e divertimentos do dia.

Donato alimentava inicialmente o sonho secreto de que o seu filho fosse jogador de futebol. Quem sabe ele viesse a tornar-se tão bom quanto Ademir da Guia, Luís Pereira ou Heitor. Ademir da Guia tinha sido um dos maiores meias de toda a história do futebol brasileiro. Luís Pereira, um dos melhores zagueiros da história do Palmeiras. E o velho Heitor, grande artilheiro que tanto empolgou a torcida do Palestra. Mas, em pouco tempo, o sonho foi se desfazendo. Primeiro, Donato mudou Giuseppe de posição: da artilharia, passou para o meio de campo, para a defesa e, de repente, lá estava ele no gol. Não deu certo. O negócio dele não era o futebol, mas os estudos. Foi quando, de muito boa vontade, mas impositivamente, decidiu que ele seria médico. "Eu sempre quis ser médico", pensava, "mas pobres como eram meus pais, isso nunca aconteceria". O pai também raciocinava: "por mais sacrifício que tenha de fazer, Giuseppe ainda vai trabalhar num grande hospital. E como cardiologista!". Já para Roberta, ele escolhera a profissão de professora. Lembrava-se de Geni, dos tempos do ensino primário. Era uma mulher de seus quarenta anos, muito bonita, afetuosa e que possuía uma didática invejável. Ela não se restringia a ensinar Geografia ou História. De cada aula tirava uma lição de moral, que apresentava às crianças na forma de histórias, deixando a classe silenciosa e atenta. Ela gostava particularmente das fábulas de Esopo. Donato maravilhava-se, cada vez que ela iniciava, com uma voz tranquila, mais uma história:

— Vocês conhecem a fábula dos dois camundongos, o da cidade e o do campo?

— Não! Não! — respondiam as crianças.

— Pois, então, ouçam atentamente.

Quando o silêncio se instalava na sala, dona Geni iniciava a narração da fábula:

"— Um camundongo que morava na cidade foi, certa vez, visitar um primo que vivia no campo. Foi muito bem recebido por ele, sendo-lhe oferecido o que havia de melhor em casa: feijão, toucinho, pão e, é claro, queijo.

O camundongo da cidade torceu o nariz e disse:

— Não posso entender, primo, como você consegue viver com estes alimentos tão pobres. Naturalmente, aqui no campo, é difícil obter coisa melhor. Venha comigo e eu lhe mostrarei como se vive na cidade. Depois de ficar lá durante uma semana, você ficará admirado de ter suportado a vida no campo.

Tudo pronto, os dois puseram-se a caminho. Tarde da noite, chegaram à casa do camundongo da cidade.

— Certamente você gostará de tomar um refresco, após esta caminhada — disse ele polidamente ao primo. Em seguida, conduziu-o à sala de jantar, onde encontraram os restos de uma grande festa. Puseram-se, então, a comer geleias e bolos deliciosos.

Não passou muito tempo e ouviram rosnados e latidos.

— O que é isso? — perguntou, assustado, o camundongo do campo.

— São apenas os cães da casa — respondeu o da cidade.

— Apenas? Não gosto dessa música durante o meu jantar, primo.

Nesse momento, abriu-se a porta e entraram dois cães enormes. Os camundongos tiveram de fugir rapidamente. O camundongo do campo, arrepiado e branco de susto, foi logo se despedindo:

— Adeus, primo. Estou de volta para a minha casa no campo.

— Já vai tão cedo? — perguntou o camundongo da cidade.

— Sim, já vou e não pretendo voltar.

E, sem mais nada, saiu correndo da casa."

Dona Geni fazia um silêncio proposital e depois dizia com vagar:

"— Moral da história: Mais vale o pouco certo, que o muito duvidoso."

Quando Donato se recordava dessa fábula, ficava pensativo: "Isso vale para mim e para Marcela. Não estamos querendo muito mais do que possuímos. No entanto, em relação a nossos filhos, eu quero muito mais, sim, mas tudo certo e nada duvidoso". E aí, concluía: "E pretendo que Roberta seja uma professora como dona Geni, a saudosa dona Geni".

Tudo parecia encaminhar-se para esse projeto arquitetado no fundo do coração de Donato. O gosto pelo estudo, que as crianças demonstravam, alimentava cada vez mais o sonho acalentado pelo casal. Mas as coisas caminhariam realmente para a concretização desses pensamentos forjados no íntimo dos pais, inocentemente interessados na felicidade dos filhos?

# A premiação

Os dias na Vila Roma transcorriam mecanicamente, como a combinação das peças do relógio faz com que sempre os ponteiros girem no sentido horário. E como as horas se sucedem, do mesmo modo, ininterruptamente. Entretanto, às vezes, o mundo parecia girar um pouco mais rápido e as coisas tomavam novo sentido. Foi o que aconteceu quando a escola em que estudavam Giuseppe, Roberta e outras crianças, resolveu fazer um concurso literário. Era fim de agosto. Em vinte e três de outubro seria comemorado o Dia da Aviação, em homenagem a Alberto Santos Dumont. Foi em vinte e três de outubro de 1906 que ele testou o seu avião 14-Bis, atingindo a altura de vinte e cinco metros, num voo oficial. O tema era bastante simples: "Santos Dumont, o Pai da Aviação". Para a premiação, seriam consideradas a correção gramatical, a pesquisa histórica e a criatividade do autor da redação. Empresas do Cambuci haviam colaborado com verba e mercadorias, de modo que ficou instituída uma premiação muito interessante. Os três mais bem colocados receberiam um prêmio em dinheiro. O primeiro colocado receberia ainda três agasalhos e alguns livros; o segundo dois agasalhos e três livros, e o terceiro, um agasalho e dois livros. Haveria também a premiação de livros para quem recebesse "menção honrosa". Os prêmios motivaram pais e mães a estimularem os filhos para a elaboração de monografias dignas das primeiras colocações. Durante os dias que antecederam a entrega dos trabalhos, notava-se a competição estabelecida entre as diversas famílias que conversavam sobre tudo, menos a respeito da monografia. As crianças foram proibidas pelos pais de falar qualquer coisa sobre o que estavam escrevendo. Houve até um casal que pediu encarecidamente a um professor aposentado que corrigisse a redação de um garoto ou a refizesse. É verdade que ele não aceitou e até os repreendeu. Mas a rivalidade foi instalada na Vila.

Marcela conversou com Donato e, sem dinheiro para comprar algum livro sobre Santos Dumont, levou os filhos à Biblioteca Municipal, no centro da cidade, onde eles ficaram maravilhados diante de tantos livros.

— Mãe, isso aqui é livro que não acaba mais — disse Giuseppe rindo.

— A molecada da Vila nunca viu uma coisa assim — completou Roberta.

As crianças ficaram durante toda a tarde colhendo dados para a redação escolar. Entre os dois irmãos, é bom que se diga, não havia nenhum tipo de rivalidade. Tanto assim que resolveram fazer a pesquisa em conjunto. Usariam depois as mesmas informações para escrever, cada um, o seu trabalho.

Donato teve também a ideia de Marcela levar os garotos à redação de um jornal, a fim de pesquisar artigos escritos em anos anteriores sobre a vida e os feitos de Santos Dumont. Foram também momentos de muita euforia, em que as crianças se encantaram com o local e com antigos exemplares do jornal, onde se viam variados artigos e reportagens sobre o personagem pesquisado.

Os dias passaram muito rapidamente. A entrega dos trabalhos seria feita em quinze de setembro e o anúncio da premiação no dia vinte e três de outubro, durante as homenagens ao Pai da Aviação. Mas a rivalidade ainda persistiu por alguns dias.

— Eu acho que já ganhei — disse Rômulo a um pequeno grupo de crianças, com ar de desprezo. — Meu pai me comprou um livro que fala tudo sobre Santos Dumont. E tem muitas fotos. É, eu acho que já ganhei.

— Ganhou coisa nenhuma, papudo. A minha tia me deu uma folha de revista que tinha mais sobre Santos Dumont do que todo o seu livro — respondeu com raiva Norberto, um garoto alto e atarracado.

— Acho que você nem sabe quem foi Santos Dumont.

— Foi o Pai da Aviação, *tá* legal? E vá ficando quieto senão arrebento esse nariz de batata.

Se não fosse a intervenção de um senhor que se dirigia à sua casa, certamente Rômulo, que era franzino, teria apanhado de Norberto. Mas, com o passar dos dias, estando as monografias nas mãos dos julgadores, as crianças foram se esquecendo do concurso e a normalidade se instalou. Entretanto, quando se aproximou o dia vinte e três de outubro, tudo recomeçou.

— Quero ver a sua *cara de tacho*, quando disserem que eu sou o vencedor.

— Eu é que quero rir na sua cara, bobalhão. Nem escrever você sabe.

— É mesmo. Estão dizendo que foi a sua mãe que escreveu o trabalho.

— O que você disse?

— Você escutou.

— E estão dizendo que foi sua irmã que escreveu aquela porcaria que você entregou para a professora.

— O quê?

— É isso mesmo! Não gostou? *Vai encarar?*

Estava instalada a balbúrdia em Vila Roma. Os dias que antecederam o anúncio dos vencedores foram muito tensos. Houve um dia em que duas mães discutiram asperamente em plena rua, cada uma defendendo o seu filho. Mas, depois de tantos boatos, desentendimentos e falatórios, finalmente raiou o dia vinte e três de outubro. O auditório da escola seria aberto às nove e meia da manhã e as solenidades teriam início meia hora depois. No entanto, às nove horas, já havia muitas mães e alguns pais fazendo fila na calçada. Novas discussões surgiram, pois havia pessoas que queriam passar na frente e eram vaiadas e até acoteveladas pelas que haviam chegado antes. Quando o portão se abriu, todos avançaram de uma só vez. Não houve feridos porque os policiais que montavam guarda diante da escola interferiram. Às dez horas, o salão estava abarrotado de pessoas que falavam em alta voz, não faltando risos nervosos de mães tensas e alunos ansiosos. Estava previsto que de um lado do salão ficariam os pais e familiares e do outro, os alunos. Todavia, as mães agarraram-se aos braços dos filhos e sentaram-se todas com seus rebentos ao lado. De início, tentou-se levar as crianças para os seus lugares, mas, depois de algumas tentativas, os funcionários da escola desistiram e deixaram que ficasse tudo como estava.

De repente, instalou-se o silêncio no auditório. A diretora entrou no palco acompanhada pelos professores que haviam avaliado as monografias e os representantes das empresas que tinham colaborado com verba e mercadorias. Estavam sendo iniciadas as solenidades. Depois de cantarem o hino nacional, os presentes sentaram-se e a diretora iniciou suas palavras:

— Distintos professores, prezados funcionários, ilustres representantes de empresas do Cambuci, queridos alunos, caros pais, familiares e convidados. Homenageamos hoje com orgulho, brasileiros que somos, o Dia da Aviação, em homenagem a Alberto Santos Dumont, eminente brasileiro, nascido em Minas Gerais, em 20 de julho de 1873, na cidade de Palmira, hoje conhecida como Santos Dumont. Foi do seu gênio inventivo que nasceram as sementes da aviação que, na atualidade, se espalham por todo o mundo. A própria era espacial não existiria, se Dumont não houvesse criado os seus protótipos, que hoje parecem brincadeira de criança, mas que ontem causaram assombro nas mentes mais evoluídas. A conquista do espaço, senhoras e senhores, mais que o próprio fato do progresso científico, simboliza as batalhas do ser humano na busca da sua autorrealização. À semelhança da mítica Fênix, Alberto Santos Dumont, renasceu das...

A partir daí, o silêncio foi, aos poucos, deixando de existir. Todos aguardavam ansiosos e aflitos o anúncio que se faria em seguida. As palavras da diretora não eram mais ouvidas. O ranger das poltronas indicava mais que ansiedade, a irritação que começava a tomar conta dos alunos, dos familiares e, principalmente, das mães. Infelizmente, o discurso foi longo, mas finalmente todos ouviram aliviados:

— E assim, senhoras e senhores, teremos a grata satisfação de ouvir o anúncio da relação dos premiados em nosso concurso que, a partir desta data, será anual. Por favor, senhor secretário, queira tomar a palavra.

O secretário da escola colocou os óculos e disse com vagar:

— Senhoras e senhores, é com satisfação que anuncio os premiados, lembrando que aqueles que não receberem os prêmios hoje, poderão ser os premiados de amanhã. Não desanimem. Continuem lutando que a vitória chegará. Bem, sem mais delongas, inicio pelos três alunos que obtiveram menção honrosa e receberão, além do certificado, três livros cada um. São eles: Manuel dos Santos Filho, Nino Bataglia e Roberta Beluzzo Callegari. Uma salva de palmas para esses três alunos aplicados!

Quando Marcela ouviu o nome da filha, deu um pulo na poltrona e abraçou fortemente Roberta, chorando de emoção.

— Filha, é você! Vá buscar seu prêmio.

A menina, ainda não refeita da surpresa, correu para o palco, a fim de receber o prêmio, juntamente com as outras duas crianças. Depois, novo silêncio e o secretário começou a anunciar os nomes dos três primeiros colocados:

— Conseguiu a terceira colocação, recebendo um certificado, um cheque, um agasalho e dois livros, o aluno Gianni Pietro De Marco.

Recebidos os prêmios, o secretário da escola anunciou:

— Agora virá receber a sua premiação a aluna que conseguiu o segundo lugar. Ela receberá o dinheiro, dois agasalhos e três livros. A aluna competente que alcançou essa elevada colocação, e que merece uma salva de palmas, é Paola Giacomelli.

Depois que a menina desceu do palco, um silêncio incomum tomou conta da plateia. Todos os pais que ali estavam queriam a todo custo que um de seus filhos fosse o vencedor ou a vencedora, nem tanto pelos méritos culturais, mas pelo valor do prêmio. O dinheiro ajudaria a pagar algumas dívidas e ainda sobraria para outros gastos. Ninguém ousava dizer o que quer que fosse. Ouvia-se o estalar de algumas poltronas e a respiração nervosa daqueles que aguardavam o anúncio do vencedor. O secretário, contribuindo para o aumento da ansiedade dos pais e das crianças, trocou algumas palavras no ouvido da diretora e seguiu, com o microfone na mão, até o centro do palco. Ali chegando, olhou firmemente para o público, tomou fôlego e disse, destacando bem as sílabas:

— Senhoras e senhores... O grande vencedor de hoje é um dos mais aplicados e competentes alunos da escola.

Quando os pais que tinham apenas meninas matriculadas na escola souberam que se tratava de um aluno, começaram a reclamar e a fazer gestos negativos com a cabeça. Alguns chegaram a soltar algumas imprecações, o que levou o secretário a pedir silêncio.

— Como as senhoras e os senhores bem sabem, não é possível premiar a todos que enviaram os seus trabalhos. Contudo, o simples fato de terem pesquisado a vida e os feitos de Alberto Santos Dumont já significa o interesse pelo conhecimento e pelo saber. Esse é, sem dúvida, para os pais o grande prêmio que os filhos merecem.

Essas palavras, ditas com entusiasmo, não convenceram os pais, cujas filhas já estavam fora da premiação, mas, aos poucos, voltou a ser restabelecido o silêncio e o secretário pôde continuar:

— Como eu dizia, o grande vencedor é um aluno aplicado e competente que, sem dúvida, se acha entre aqueles que nos honram pela sua presença nesta nobre casa de ensino. A sua monografia foi julgada a melhor de todas pelos professores que compõem a equipe de avaliação e premiação porque apresenta três itens essenciais para um trabalho elaborado de acordo com o padrão educacional desta escola: pesquisa histórica, correção gramatical e criatividade. Sem desmerecer as outras monografias, esta, sem dúvida, sobrepujou a todas...

— Fale logo!
— Não enrole!
— Desembucha!

Os pais já não se aguentavam mais. A ansiedade, o nervosismo e a impaciência tomaram conta da plateia. A diretora, percebendo que poderia haver algum tipo de tumulto, fez sinal para que o secretário anunciasse imediatamente o vencedor.

— O aluno que mereceu a nota máxima dos avaliadores e que merece também uma estrondosa salva de palmas é...

Havia garotos tão ansiosos que taparam os ouvidos. Mães olharam para os lados. Houve um pai tão exaltado que começou a empurrar o filho para ir buscar os prêmios, antes mesmo de ouvir o nome do vencedor.

— O vencedor é Giuseppe Beluzzo Callegari. Aplausos, minha gente.

Donato olhou perplexo para Marcela e para o filho. Em seguida, pulou da cadeira gritando:

— É o meu Giuseppe! É o meu filho! *Santo Dio, è la verità!*

Dizem os psicanalistas que a inveja está presente no ser humano desde a infância. Quando alguém sente inveja, sofre ao ver o outro possuir o que deseja para si. O invejoso não suporta a visão do desfrute de um bem que quer para si próprio. Sente-se à vontade apenas com o infortúnio dos outros. Há quem afirme que o invejoso não quer ver o que é bom, belo e verdadeiro. A sua vontade é destruir o bem que o outro alcançou.

Giuseppe, tímido, e ao mesmo tempo feliz, recebeu os prêmios a que teve direito.

Diziam os invejosos, com os olhos a lançar dardos de energia destrutiva:

— É *marmelada!*

— Já estava tudo combinado.

— Foi Donato quem fez os móveis da diretora. O que você podia esperar?

— Meu filho é muito mais inteligente do que *questo bambino maccherone!* Esse garoto abobalhado!

൭

No domingo seguinte, fizeram um almoço especial na casa de Giuseppe para comemorarem as premiações dele e de Roberta.

A felicidade era total. Os vizinhos, porém, ao cumprimentá-los, davam um sorriso amarelo, denunciando a falsidade. O jeito era esperar que os dias passassem e os resultados do concurso fossem esquecidos, de modo que tudo voltasse ao normal e se pudesse dizer com Shakespeare: "Nada de novo no Reino da Dinamarca". Foi de fato o que aconteceu, e as crianças se sentiram melhor ao sair à rua.

No lar de Donato e Marcela, o ocorrido foi comemorado por vários dias, chegando a se emoldurarem os dois certificados recebidos na data da premiação. Marcela escolheu um lugar de destaque na sala de visitas e Donato pendurou os dois quadros, dizendo que eles simbolizavam um novo tempo na vida de toda a família.

— Vocês são o nosso orgulho — disse Donato com emoção e olhos lacrimejantes. — O que eu e a sua mãe não conseguimos para nós, com certeza conseguiremos para vocês. Faremos todos os sacrifícios para que vocês sejam alguém na vida.

— Papai tem razão — completou Marcela, abraçando os dois filhos. — Tudo faremos a fim de que vocês sejam vencedores na vida. Tudo!

E assim encerrou-se um capítulo na vida dessa família simples e amorosa, que não poderia supor o roteiro que estava preparado para um futuro muito próximo...

# 3

# *Tempos nublados*

Começava dezembro na Vila Roma. Seu Rodolfo já estava preparando o presépio, que seria muito visitado até o início de janeiro. Os pais contavam as suas economias para saber como seriam comemorados o Natal e o Ano-Novo. A agitação tinha início.

— Como vai ser a sua árvore de Natal, Ada?

— Neste ano, Gênova, compramos uma nova ponteira. É *la più bela cosa*. E a sua?

— Comprei uma árvore nova. É feita de papel celofane verde e brilha muito quando bate a luz. Assim que estiver montada vou lhe mostrar. Chama-se: "*Stella di Natale*".

Cecília falava com certa empáfia:

— Neste ano, vamos comer *cappellacci di Zucca, riso di natale*, peru recheado e um *Vino Nobile di Montepulciano*. E a senhora, dona Giulietta?

Agastada, a vizinha respondia:

— Eu não tenho tanto dinheiro para esbanjar. Meu marido não teve a mesma sorte que o seu, dona Cecília.

— Ah... ma và! A senhora tá guardando muito dinheiro, dona Giulietta. Depois morre e não aproveitou nada.

Bem, os diálogos eram os mais diversos, todos, porém, voltados para as festividades que se aproximavam. E, nessas conversas, apareciam sempre as diferenças entre os vizinhos, as invejas, os ciúmes e até mesmo as malquerenças. Donato e Marcela procuravam fugir de todos esses aspectos negativos da vida, buscando não entrar em choque com ninguém, nem alimentar os boatos que sempre corriam rapidamente pelas casas, ferindo este ou aquele morador. Nesse Natal não foi diferente. Quando perguntavam a Marcela que prato faria para o almoço, ela desconversava e nada dizia. Na verdade, o casal procurava economizar todos os centavos para o futuro de Giuseppe e Roberta, de modo que o almoço natalino em sua casa seria muito simples, todavia muito alegre e festivo.

Os dias passaram muito depressa e logo todos estavam prontos para as comemorações. A maioria dos moradores fazia questão de ir à Missa do Galo, à meia-noite, na igreja mais próxima. Muitos faziam a ceia, que tinha início lá pelas onze horas do dia vinte e quatro. Donato e Marcela eram daqueles que iam à missa e ao voltarem para casa deitavam-se, pois tinham de preparar o almoço festivo do dia 25.

Entretanto, algo inesperado tirou todo o brilho daquela festa. Na antevéspera do Natal, Donato chegou em casa mais cedo e Marcela, não notando o seu desalento, comentou com bom ânimo:

— Que bom você já ter chegado. Vamos ao supermercado para comprar o que falta, principalmente o peru. Vou fazê-lo recheado. Anotei uma receita ótima que ouvi e vi na televisão.

— Tudo bem. Vamos, mas antes quero conversar com você.

— O que houve?

— Fui demitido!

Marcela pensou não ter escutado bem, pois era impossível que fosse verdade o que ouvira.

— O quê?

— Fui demitido.

— Não pode ser. Você é o funcionário mais dedicado da marcenaria. E o que tem mais experiência também.

— Parece que não basta apenas ser competente, Marcela.

— Mas o que houve? Alguma desavença com o patrão?

— Não houve nada. Ele apenas me chamou na sua saleta e disse: "Donato, sei que você é um funcionário exemplar e dedicado, mas as coisas não estão tão bem e eu terei de reduzir o número de empregados. Infelizmente, estou demitindo-o".

— Só falou isso?

— Disse-me também que vai me pagar tudo o que tenho direito.

— E a partir de quando você estará desligado?

— Já estou fora da marcenaria.

— Mas que pouca vergonha! Isso não se faz com alguém tão bom como você, Donato.

— A única saída é começar a procurar alguma coisa por aí.

— Meu Deus do céu, em que marcenaria você poderá encontrar colocação?

— Não sei, Marcela. Não sei.

Marcela quis desistir de ir ao supermercado, mas Donato foi veemente:

— Nada disso. Vamos fazer exatamente como estava programado. E lembre-se de uma coisa: as crianças não devem saber de nada até passarem as festas.

— Mas teremos de economizar mais daqui para a frente.

— Tudo bem. Mas se Deus quiser, logo estarei empregado novamente.

Marcela começou a chorar convulsivamente. Depois de certo tempo, disse com desânimo:

— Parece que Deus se esqueceu de nós, Donato. Vamos passar o Natal sem Ele.

— *Dio mio!* Não fale assim, *mia cara*. É sacrilégio.

— Sacrilégio é Deus virar as costas para nós, quando mais precisamos dele.

— Não, não. Não fale assim. Você vai piorar ainda mais as coisas.

— Mais do que já está?

— Deus fecha uma porta, mas abre outra, Marcela.

— Pois eu acho que Deus fechou todas as portas para nós. Você sabe o que é ficar desempregado com duas crianças para cuidar?

— Desse jeito você não me ajuda. Só faz com que eu me sinta pior ainda.

— Desculpe, não tenho nada contra você. É difícil encontrar um trabalhador tão dedicado. Mas é justamente neste ponto que eu me enfureço. Se você é tão bom, por que foi o escolhido?

— Não fui só eu. O Giovanni também.

— Está vendo? Os dois melhores funcionários da marcenaria. E você sabe que a mulher dele está adoentada, já pensou? O que vai ser da vida deles?

— Giovanni é um excelente marceneiro. Logo vai estar empregado num lugar melhor.

— E você? Também vai estar empregado num lugar melhor?

— Se Deus quiser.

— Pare de falar em Deus, Donato. Você não percebe onde Ele nos colocou?

Marcela estava furiosa com o que ela entendia ser um descaso divino em relação à sua família. Não entendia o fato de Donato ser um dos mais competentes marceneiros da empresa e ser demitido. "Com certeza, os outros bajulavam o chefe", pensava ela, "e na hora decisiva, permaneceram em seus postos. Já Donato e Giovanni, por não serem assim, receberam o troco no momento certo".

— Eu bem que falei que você devia ficar mais perto do patrão. Devia tomar um cafezinho com ele, fazer algum elogio disfarçado, coisas assim. Mas você, com esse jeitão de honesto e todo certinho, recebeu o troco pela desatenção demonstrada durante todos esses anos de trabalho duro.

— Você sabe que não sou de adular ninguém. Isso é verdade, mas também não sou tão seco!

— Está bem. De que adianta falarmos sobre isso? A bomba já estourou mesmo. Só resta agora ver o que fazer daqui para a frente. Mas se você conseguir um novo emprego, seja mais esperto.

— Se conseguir?

— Sei lá. A vida anda tão difícil. Você se lembra do seu Joaquim?

— Claro! Esse é gente fina.

— Gente fina ou não, perdeu o emprego e ficou um ano inteiro sem conseguir outro. Qual foi o fim da história? Teve de sair da Vila durante a madrugada. Deixou meses de aluguel sem pagar. Coitado, nem pôde se despedir dos amigos. Não se sabe nem para onde foi, nem como está agora.

— E você acha que isso vai acontecer conosco?

— Não sei, Donato. Não sei. Sinto tudo tão confuso.

— Nessas horas precisamos confiar em Deus, Marcela.

— Desculpe-me, Donato, mas como posso confiar num Deus que demite um trabalhador tão exemplar? Entenda: não é com você que estou brava. Como eu poderia recriminar alguém irrepreensível como você? Estou furiosa é com Deus, que nos abandonou justamente na véspera do Natal.

— Não fale assim, Marcela. É pecado. E dos graves. Não foi Deus que me demitiu. Foi meu patrão. Deus não nos abandonou. Não se esqueça de que Ele "escreve certo por linhas tortas".

— Está mais me parecendo que ele escreve torto por linhas retas.

— Falo agora como meu pai sempre dizia: *Che Dio abbia pietà de noi!* Que o Senhor tenha piedade de nós! Marcela, nunca a vi assim.

— Porque você nunca foi despedido.

— Em vez de ficarmos aqui vomitando ira e descrença, façamos uma prece pedindo a Deus um novo emprego... e melhor que o anterior.

— Mais uma vez, me desculpe. Não consigo. Reze você. Vou fazer coisas mais úteis.

Marcela dizia-se católica, às vezes ia à igreja, mas não era uma crente fervorosa. Já Donato, mesmo não frequentando regularmente os cultos católicos, tinha grande fé na providência divina e era dado às orações que aprendera no catecismo, quando criança. Assim, mesmo na situação difícil em que estava, sua fé não fraquejou. Segundo sua crença, de uma hora para outra apareceria um novo emprego. Deus não deixaria de atender às suas súplicas. Foi assim que, diante da resistência de Marcela, ele foi até o dormitório e fez a prece, deixando extravasar toda a sua fé e seu amor a Deus, pedindo até perdão pelas palavras ásperas da esposa em relação ao Criador. Quando saiu de lá, sentia-se mais leve.

∽

Don Genaro era um senhor de setenta e dois anos, que dedicara toda a sua vida ao trabalho de transformar madeira em belas peças decorativas. Tinha uma marcenaria com um sócio, no Cambuci, próximo ao bairro da Aclimação. Empregava quinze pessoas, pois as encomendas de móveis finos eram constantes. Sua clientela era principalmente dos Jardins e de bairros adjacentes, onde o bom gosto e o luxo eram uma exigência básica. Tanto Don Genaro quanto o sócio projetavam e executavam móveis elogiadíssimos pelos exigentes clientes. Durante anos trabalharam em perfeita harmonia e confiança mútua. Entretanto, havia quase um mês que o sócio, já idoso, desencarnara. Diante dessa situação inusitada, Don Genaro ficou muito preocupado, pois nenhum dos funcionários tinha habilidade suficiente para trabalhar sem supervisão cerrada. Ele agora precisava de alguém que projetasse as peças e supervisionasse os trabalhadores. Devido à sua idade, ele queria alguém que pudesse associar-se a ele, assumindo toda a supervisão dos marceneiros, deixando-o com a administração global e o contato com os clientes. Mas, por mais que pensasse, não conseguia lembrar-se de nenhum marceneiro que fosse hábil, cordial e honesto. "Giulio é hábil, mas é um tanto preguiçoso", pensava, ao lembrar-se de marceneiros conhecidos. "Norberto é honestíssimo, mas não é hábil o suficiente. Alberto é habilíssimo, mas é de um mau gênio incrível." E, assim, não conseguia recordar-se de uma pessoa que estivesse de acordo com o perfil do marceneiro que buscava. Já estava pensando em fechar a marcenaria e viver do dinheiro que conseguira investir. Contudo, quando pensava nos profissionais que perderiam o emprego de uma hora para outra, desistia da ideia. O esforço para encontrar alguém competente e comprometido com o trabalho começava a chegar ao fim. Don Genaro já estava cansado.

∽

Naquele Natal Marcela não foi à Missa do Galo. Alegou que as crianças estavam muito cansadas e sonolentas, deixando que Donato fosse sozinho, mesmo sob protestos. Donato, então, teve uma conversa muito séria com o Criador: "Meu Deus, o Senhor sabe melhor que eu como sou obediente à Vossa Majestade. Desde que, com minha querida mãe, aprendi a honrá-Lo, também aprendi a confiar em Sua misericórdia. Quero dizer que confio mesmo no Senhor. Mas, apesar disso, o Senhor não impediu que eu fosse demitido do emprego, apesar de ser o melhor dos funcionários da marcenaria. Para lhe ser franco, fiquei aborrecido. Não disse nada para Marcela porque ela já estava chateada com o Senhor. Se eu lhe dissesse a verdade, aí sim, ela *perderia as estribeiras*. Mas, apesar de tudo, ainda continuo confiando em Sua honestidade. Portanto, dou-Lhe ainda meu voto de confiança. Mas espero que o Senhor não falhe. Por esse motivo, afirmo confiante que já estou novamente empregado. E assim espero que as coisas aconteçam. Muito obrigado, Deus, e me perdoe se estou sendo ousado. Amém".

Quando chegou a casa, Marcela e as crianças já estavam dormindo. Procurou não acordá-los e deixou para entregar os presentes, comprados com sacrifício, na manhã que logo chegaria.

Logo cedo, Marcela acordou e foi tomar um banho. Donato não esperou muito mais para levantar-se. Quando saiu do banheiro, falou meio sem jeito:

— Feliz Natal, Marcela.

— Para você também.

— No que posso ajudar?

— A melhor coisa é, depois de as crianças receberem os presentes, você levá-las para passear, como de costume. Já adiantei quase tudo, de modo que pouco resta a fazer.

Mal acabara de falar, surgiu Roberta na porta da cozinha.

— Feliz Natal para vocês!

— Feliz Natal, filhinha.

— Para vocês também! — disse Giuseppe, ainda com cara de sono.

— Que bom já estarem aqui — falou Donato, demonstrando alegria. — Vão pegar os presentes debaixo da árvore de Natal.

— Oba! Lá vamos nós.

Quando o garoto rasgou o invólucro, sorriu satisfeito:

— Vocês compraram *Vinte mil léguas submarinas*! Que legal!

— Você não disse que queria ler o livro de Júlio Verne? Eu ouvi bem — falou Roberta, demonstrando bom humor. Nesse momento, ela acabava de ver o seu presente.

— Era isso o que eu queria: *O pequeno Príncipe*.

— Disseram para nós que é um livro para adultos. Será que você vai entender, filha?

Era a dúvida de Donato, que nunca ouvira falar em Saint Exupéry, mas que fora alertado pela vendedora da livraria que essa obra fora escrita para adultos.

— Eu já estou grandinha, né, pai?

— Está bem, está bem. Nós queríamos dar-lhes presentes bem caros, mas o dinheiro *está curto,* de modo que tivemos de economizar.

— E quer coisa melhor que livros? Sabe o que a professora Juliana falou de nós dois? — perguntou Roberta.

— Não. O que foi? — questionou Marcela.

— Ela viu quando a gente estava entrando na biblioteca da escola e disse: "Vocês são tão novos, mas já são intelectuais. Nessa hora está quase todo mundo brincando no pátio e vocês vêm procurar livros. Parabéns!".

— Foi isso que ela disse? — perguntou Donato.

— Assim como eu falei.

— É verdade, pai — confirmou Giuseppe.

— Eu me sinto orgulhoso por ter filhos como vocês.

Quando disse isso, os olhos de Donato marejaram. Marcela, percebendo o que se passava, não aguentou e disse, buscando ser honesta:

— Donato, não dá mais para ocultar o que aconteceu. Eles vão ficar sabendo mais cedo ou mais tarde. Então, vamos dizer logo.

— Tudo bem.

Procurando disfarçar a emoção, Donato olhou bem para os filhos e disse pausadamente:

— Giuseppe, Roberta, vocês sabem que o papai sempre foi trabalhador. Vocês sabem que... nunca rejeitei serviço. Às vezes, ia trabalhar até de domingo, não é verdade? Mas não reconheceram o meu valor, a minha dedicação, a minha...

Notando em Donato grande dificuldade para falar o que ocorrera, Marcela atropelou-o e disse de modo bem claro:

— Ele foi demitido. Perdeu o emprego. Vocês entendem?

— Claro, mãe. Acabei de falar que somos intelectuais e você acha que a gente não entende isso?

— Pois é por esse motivo que estamos economizando centavos. Sabe-se lá quando seu pai vai estar empregado de novo. Fiquei sabendo que o Belarmino também foi despedido. São os tempos, meus filhos.

— Não fale assim, Marcela. Pareço um imprestável.

— Não, isso você não é. Imprestável é o *desgraciato* do seu patrão.

— Você está até falando *italianado*.

— É que nessas horas eu perco a cabeça.

— Não exagere, mãe — disse Giuseppe, convicto. — Papai vai arranjar logo outro emprego. Ele é o melhor marceneiro do mundo. Não é verdade?

— É, filho, é. Eu sou uma tonta mesmo. Vamos ficar alegres. Afinal, hoje é dia de almoço festivo. Agora, vão passear com o pai, enquanto preparo o que ainda está faltando.

— Você não quer mesmo que eu ajude na cozinha? — perguntou Donato, um tanto preocupado.

— Não, querido. É melhor levar as crianças para um lugar alegre e festivo. Quando vocês voltarem, eu já estarei bem melhor.

Donato juntou-se aos filhos e saiu para um longo passeio. Tomou um ônibus e foi até o Parque da Independência, no vizinho bairro do Ipiranga. Era a segunda vez que iam até lá, mesmo não morando tão longe. Donato comprou um saquinho de pipoca para cada um e desfilou pela ampla área, sempre acompanhado dos filhos, que pareciam muito alegres. Entretanto, depois de meia hora de passeio, Giuseppe achegou-se ao pai e disse com seriedade, como um adulto:

— Pai, não fique triste. Eu tenho certeza de que o senhor vai conseguir, mais rápido do que pensa, um novo trabalho. E será muito melhor que o outro. Mamãe está muito descrente e isso não é bom. Prometa que quando você conseguir um novo emprego, vai fazer com que ela volte a crer em Deus.

Donato ficou perplexo. Aquele não parecia seu filho. É certo que ele era muito estudioso e até mais amadurecido que os outros meninos da sua idade, porém, ele falara realmente como um adulto. Até a postura foi diferente, pois ele abraçou o pai, enquanto falava, à semelhança da pessoa que pousa o braço no ombro de um amigo para fazer-lhe uma observação importante.

— Hoje em dia emprego não está fácil, mas eu confio em Deus. Sempre confiei.

Giuseppe olhou bem para o rosto do pai e respondeu:

— Não está mesmo, mas você é um homem de bem e já está com o trabalho garantido.

Ainda mais aturdido, Donato apenas concluiu:

— Acredito em você.

Em seguida, voltando à postura dos garotos da sua idade, Giuseppe disse alegremente para Roberta:

— Veja aquela borboleta! Você já viu uma tão bonita?

Roberta correu até ela, mas a borboleta saiu da flor em que pousara e escondeu-se atrás de um arbusto.

— Giuseppe, ela é linda! É toda azul e brilhante.

Donato continuou o passeio mais silencioso. Estava pensando nas palavras que ouvira do filho, na sua postura e até na voz, que lhe pareceu mais adulta. O que estava acontecendo? Nunca Giuseppe falara daquele modo. E a maneira como o fez foi com grande convicção. Vendo, no entanto, que ele voltara a ser a criança alegre e buliçosa de sempre, resolveu mudar de atitude e começou a falar despreocupadamente, até convidá-los a voltar ao Cambuci.

— Vamos à sorveteria, pai? — perguntou Roberta. Mesmo com o dinheiro contado, Donato não quis decepcionar os filhos, e respondeu com entusiasmo:

— Claro! Vou perder essa oportunidade?

Tomaram o ônibus de volta e logo estavam na sorveteria de Maurizio. As crianças saboreavam as suas taças de genuíno sorvete de frutas, enquanto o pai conversava com o amigo.

— Você chegou na hora certa. Hoje fecharei ao meio-dia.

— Tá rico *questo uomo*. Não precisa mais *lavorare*.

— Eh! Não é bem assim.

— Pois eu *estou no olho da rua,* sem trabalho nenhum.

— O quê?

— Fui despedido.

— Não pode ser! Você tocava aquela marcenaria nas costas.

— Para você ver. Não basta ser competente. É preciso alguma coisa a mais.

— *Con permesso,* com licença, mas eu falarei com todos os fregueses conhecidos para arranjar um *nuovo lavoro* aqui para o amigo.

— Obrigado, Maurizio. Mas vamos mudar de assunto. Gostou do Palestra, domingo passado?

Enquanto estava conversando sobre futebol, os problemas pareciam afastar-se por completo e Donato tornava-se alegre e completamente descontraído. Contudo, naquele dia uma ansiedade incomum tomava conta da sua alma. Enquanto falava sobre os jogos do Palmeiras, a tensão parecia aumentar. Estava ligando isso à situação difícil pela qual estava passando. Mas por que justamente na hora de distrair-se, começou a sentir-se desse modo? Ele ainda se perguntava a razão de tudo aquilo, quando entrou um senhor de certa idade e falou alto para Maurizio:

— Ainda se faz *sorbetto* decente *in questa droga di sorbettiera?*
— Maurizio riu e respondeu efusivamente:
— Que milagre! O senhor por aqui?

Donato estava de costas, de modo que se virou para identificar o visitante. Ficou atônito quando viu diante de si quem ele menos esperava encontrar na sorveteria do Maurizio.

∞

Quando Donato saiu com as crianças, Marcela sentiu uma tristeza imensa. Nunca estivera tão confusa, sem saber o que seria do seu futuro. "Por que Deus nos abandonou?", pensava, enquanto preparava o almoço. "Não praticamos nenhum crime, nem cometemos nenhum grande pecado. E Donato sempre foi um homem digno e trabalhador. Era o melhor marceneiro da empresa, o mais experiente, o mais dedicado. E agora, o que faremos? Emprego hoje em dia é coisa muito difícil de conseguir. Como dizem por aqui: '*O mar não está para peixe*'. Antes eu achava engraçada essa expressão, mas hoje sinto na pele o que realmente isso significa. Nem contei ao Donato a história completa de seu Joaquim, que, mesmo sendo um trabalhador exemplar, de repente, *se viu no olho da rua*. O que falei é verdade, ele ficou muito tempo sem arranjar emprego, o dinheiro acabou e teve de mudar-se com a mulher em plena madrugada, deixando vários aluguéis atrasados. Ele alugou um quartinho na Barra Funda e colocou ali o que pôde. Vendeu o resto para os moradores do pardieiro. Nos primeiros quinze dias, procurou emprego por toda a parte, mas, não conseguindo, passou a vender balas no cruzamento de uma das ruas próximas. O que conseguia dava para pagar o aluguel, mas não sobrava praticamente nada para comida e vestimenta. A esposa ficou tão triste, tão decepcionada com a vida, que adoeceu gravemente e ele não tinha nem como levá-la ao médico. Com a ajuda dos moradores do casarão, ela foi conduzida a um pronto-socorro e dali transportada para um hospital, onde faleceu depois de três meses. Não, não estou exagerando, foi dona Gênova que me contou. Bem, o fim da história é também muito triste. Seu Joaquim caiu num tal estado de prostração, que não tinha mais ânimo para continuar vendendo balas. Passado mais de um mês sem pagar o aluguel, foi posto na rua brutalmente, não conseguindo levar nem as roupas, que ficaram no quarto com os poucos móveis. Tornou-se morador de rua, mas, sem trabalhar nem mendigar, ficou muito fraco e foi encontrado morto debaixo da marquise de uma loja. É uma história muito aterradora. *E conosco, o que vai acontecer?* Donato está procurando ser forte, mas lá no fundo, também está sofrendo muito. Felizmente, as crianças ainda não perceberam a gravidade da situação. Mas logo a realidade vai cair sobre elas...".

Marcela, apavorada, conjeturava sobre as circunstâncias nefastas que haviam se abatido sobre a família quando bateram à porta. Era dona Bruna, a vizinha com quem mais se afinava, embora fosse muito mais velha. Trazia uma travessa coberta por um guardanapo.

— É para você, *bella*.

Retirando o guardanapo, Marcela ficou muito contente.

— *Insalata caprese!* Minha mãe sempre fazia esse prato. A senhora adivinhou que eu gosto muito.

— Fiz para vocês. Nós também vamos comer no almoço de hoje. Mas você está me parecendo abatida. Algum problema?

Marcela havia dito a si mesma que não contaria a ninguém sobre o desemprego de Donato até que não fosse mais possível ocultá-lo. Mas, com o coração oprimido, teve de desabafar.

— Entre, dona Bruna. Vou lhe contar.

A senhora entrou, sentou-se na poltrona e esperou que Marcela começasse a falar.

— Direi o que está acontecendo porque confio muito na senhora. Que fique apenas entre nós.

— Claro, Marcela. Fique tranquila.

— Estou com um problema. Donato foi despedido. Como a senhora sabe, trabalho não é fácil de se conseguir hoje em dia. Lembra-se do seu Joaquim? Que triste história, não, dona Bruna?

— É verdade.

— Pois o meu medo é que nós também... também tenhamos de sair daqui como fugitivos.

Marcela começou a chorar copiosamente, não conseguindo continuar. Bruna esperou que ela se recompusesse, e a jovem continuou:

— Sabe o que é morar num pardieiro? E sob um viaduto, então? Não sei o que fazer. Estive pensando em começar a trabalhar fora, como empregada doméstica ou faxineira. Mas onde vou deixar meus filhos? Não trabalho fora justamente para poder cuidar deles. Estou numa verdadeira enrascada. É por esse motivo que a senhora me viu com ares de preocupação.

Bruna pensou um pouco e, aproveitando o silêncio da vizinha, falou:

— Marcela, você sabe que eu tenho muita consideração por você e seu marido...

— Não tenho dúvida a esse respeito.

— Pois bem, estive aqui pensando, enquanto você falava, e cheguei a algumas conclusões. Em primeiro lugar, devemos ter confiança na providência divina. Deus não desampara ninguém. Não cai um fio de cabelo sem que Ele o permita. Assim, não se desespere. Ore em silêncio no seu quarto, pedindo e agradecendo a Deus pelo que já lhe está reservado. Faça isso com fé. Acredite no que lhe estou dizendo: Deus sempre responde. Ele não é surdo nem alheio ao que nos acontece. Mas nós temos de chegar até ele por meio da oração. Disse o pastor do templo que eu frequento que a oração é como um telefone, por meio do qual nós perguntamos ou pedimos e Deus nos responde ou doa, de acordo com as nossas reais necessidades. O fato de seu Joaquim ter ido parar debaixo do viaduto não significa que com você acontecerá o mesmo. E aqui vale o que lhe disse sobre a oração. Está entendendo?

— Sim... sim.

— Tenha calma e converse com as pessoas. Alguém pode saber de uma empresa que esteja precisando de empregados, mesmo que não seja um trabalho numa marcenaria. O importante agora é que ele esteja empregado. Depois, sem pressa, ele poderá procurar alguma boa marcenaria que necessite de profissionais tão bons como ele.

— Então a senhora acha que não devo esconder o fato de Donato ter sido despedido?

— Exatamente, se você ocultar isso dos outros, ficará sem saber de empresas que poderiam empregá-lo.

— Mas e as fofocas que vão fazer? A senhora sabe como são as pessoas da Vila.

— Vocês são superiores a qualquer tipo de fofoca, Marcela. Assim como haverá quem faça comentários menos dignos, também haverá aqueles que procurarão ajudá-los.

— É, parece que a senhora tem razão.

— E, por último, se você precisar arranjar algum tipo de trabalho por enquanto, conte comigo e com o Zeca. Nós cuidamos das crianças durante o período em que você estiver fora.

Marcela ficou sem palavras. Ela gostava de Bruna, mas nunca imaginou que ela fosse tão sensata e prestativa. Novamente lágrimas afloraram em seus olhos.

— Muito obrigada, dona Bruna. Mas seria dar muito trabalho à senhora e ao seu Zeca.

— Eu não estaria me oferecendo para ajudá-la se, de fato, não estivesse interessada em sua situação, Marcela. Não fique constrangida. Deixe as crianças conosco e vá à procura de emprego, se isso for necessário.

— Está bem. Vou conversar com o Donato. Agradeço-lhe desde já.

— Se ele estiver hesitante, mande-o falar comigo. Eu *dou um jeito* nele — disse rindo.

A conversa prosseguiu por mais um tempo, depois Bruna foi cuidar do seu almoço. Marcela ficou pensativa, mas procurou deixar as reflexões para depois, dando continuidade às tarefas que estava executando. Haveria muito para conversar nesse dia...

# 4

# Nuvens dispersas

Quando Donato notou que o semblante de Maurizio se tornara alegre, virou-se para ver quem estava chegando. Era Don Genaro, o dono da marcenaria onde ele sempre sonhou em trabalhar um dia. Donato era do tipo que gostava de fazer tudo benfeito. Foi assim que ganhou fama de marceneiro competente e dedicado. Como os marceneiros de Don Genaro eram todos qualificados e ele, Donato, fizera um curso de marcenaria no SENAI, nada melhor do que trabalhar numa marcenaria que primava pela qualidade dos produtos. Mas ele nunca teve coragem de deixar o seu local de trabalho, nem ao menos para conversar com aquele homem, que agora estava ali diante dele.

Ao pensar que aquele era um momento especial, em que poderia conversar mais à vontade com Don Genaro, sentiu um frio na altura do plexo solar. Como abordá-lo? O que falaria a respeito de seus conhecimentos, de suas habilidades, enfim, de sua experiência? E qual seria a reação daquele homem que nunca o vira antes? Acreditaria no que ele dissesse? Dar-lhe-ia atenção? E se estivesse com uma longa relação de marceneiros à espera de uma vaga? Tais pensamentos começaram a toldar a sua reflexão, quando ouviu a voz de Maurizio:

— Don Genaro, quero apresentar-lhe o melhor marceneiro que conheço no Cambuci.

— Desculpe, o que você disse?

— Quero apresentar-lhe o melhor marceneiro que conheço no Cambuci. Este é Donato. Faz móveis como ninguém.

— Sou conhecido por Don Genaro e tenho uma marcenaria aqui perto.

— Sinto-me honrado por conhecê-lo pessoalmente. A sua fama é muito grande.

— Boa ou má?

— Boa, é claro.

— Você é marceneiro, Donato?

— Era.

— Mas você disse "era", por quê?

— Venham aqui e sentem-se no *reservado* e fiquem à vontade. Sei que vai sair coisa boa dessa conversa — disse Maurizio.

Don Genaro e Donato sentaram-se num cantinho tranquilo e o diálogo continuou:

— Vou dizer-lhe a verdade, Don Genaro, fui demitido. Sinto vergonha, mas é *la più pura verità,* a mais pura verdade.

— E por que foi despedido, Donato, se Maurizio falou tão bem da sua pessoa?

— Esse que é o problema. Meu patrão não me explicou nada. Creio que seja porque eu ganhava mais que os outros, por ter mais experiência. Aliás, ele deu uma explicação, ao dizer que as vendas caíram e que não poderia mais me pagar.

— Entendo. Desculpe-me a indiscrição, mas você poderia dizer quanto ganhava?

Donato, embora não gostasse de falar sobre salário, vendo que estava diante do homem que tinha uma grande marcenaria, falou-lhe abertamente. Don Genaro olhou bem para ele e perguntou:

— Só isso? Mas você me disse que é experiente.

— Sim. Desde jovem trabalho como marceneiro.

Don Genaro riu e disse, tocando no ombro de Donato:

— Jovem você ainda é, mas acredito no que está dizendo. Você aprendeu marcenaria na própria empresa ou fez algum curso?

— As duas coisas, Don Genaro. Enquanto trabalhava, fiz um curso noturno no SENAI.

— Ótimo! Diga-me, que tipo de peças você produz?

— Costumo fazer armários embutidos, consoles, estantes, mesas para *living*, cadeiras e outras peças, cujos desenhos são levados pelos clientes.

— E quais estilos você conhece?

— Conheço os estilos ingleses *regency* e *vitoriano*; os estilos franceses *Luís XV, Luís XVI* e o *provençal*; o *colonial americano*, além do *colonial paulista* e do *colonial mineiro*.

— *Ma conosce todo questo buonuomo!* — disse, rindo alto. — Você conhece tudo, meu filho. Não tenho ninguém que trabalhe comigo e conheça todos esses estilos. Eu tenho especialistas em cada estilo, mas se você conhece todos ao mesmo tempo é o homem que estou procurando. Parabéns, Donato. Gostei do que ouvi.

Donato sentiu-se envergonhado. Não estava acostumado a receber elogios. O antigo chefe só procurava falhas para criticá-lo. Aliás, muitas vezes entre casais e pais e filhos acontece a mesma coisa. Há uma tendência geral em só se reparar nas falhas e nos erros alheios, esquecendo-se totalmente dos acertos, das coisas benfeitas e das virtudes que o outro tem. Isso faz com que o relacionamento fique truncado, difícil e até mesmo agressivo. Um elogio sincero de vez em quando não faz mal a ninguém. O que não se deve é fazer lisonja, ou seja, elogio fingido, bajulação. Nem se deve elogiar exageradamente ou a cada minuto, pois insufla a tola vaidade no semelhante. Entretanto, um verdadeiro elogio ocasional dá bom ânimo ao outro, para que continue aprimorando suas qualidades positivas, suas virtudes. Experimentemos agir assim, para verificarmos como o relacionamento interpessoal melhora e se fortalece. No entanto, estejamos acima dos elogios, isto é, não esperemos um elogio para fazermos as coisas benfeitas. O maior elogio que podemos receber é estarmos com a consciência tranquila, ir dormir sabendo que agimos melhor que no dia anterior.

Donato, feliz, agradeceu e sentiu-se com coragem para conversar sobre o seu desemprego e a necessidade de um novo local para trabalhar. Inesperadamente, Don Genaro pediu-lhe licença e foi conversar com Maurizio. Isolado naquele canto da sorveteria, o homem pensou que tudo o que ouvira fora apenas uma forma educada de se falar e nada mais. Don Genaro, porém, conversava seriamente com Maurizio:

— Quero sinceridade da sua parte: você conhece mesmo esse moço?

— Há muitos anos, Don Genaro. O que você quer saber a respeito dele?

— Vou lhe ser franco. Ele tem mesmo grande experiência como marceneiro?

— Quando lhe disse que é o melhor marceneiro do Cambuci é o que realmente penso.

— Pois você sabe que meu sócio faleceu há pouco tempo e eu sozinho não consigo mais tocar o negócio. A idade pesa, Maurizio. Estou procurando alguém com quem possa dividir a administração da marcenaria. O que você acha de eu fazer uma experiência com ele? É claro que preciso conversar mais, porém...

— Acho que o senhor não vai se arrepender. Faço até uma sugestão: fique com ele por alguns meses e depois decida. Posso dizer que é habilidoso, comprometido com o trabalho e de uma moralidade a toda prova. Experimente, Don Genaro.

Donato já se levantara e estava conversando com os filhos quando ouviu a voz de Maurizio:

— Donato, venha cá um instante. Don Genaro quer conversar mais com você.

O marceneiro voltou *ao reservado*, onde o empresário, já se acomodara novamente.

— Donato, você está desempregado e eu estou precisando de um marceneiro experiente. O que acha de juntarmos as duas coisas? Quer trabalhar comigo?

Para Donato, parecia mentira o que acabara de ouvir. Ele esperava tudo, menos ganhar um emprego de presente. Foi assim que, com um largo sorriso no rosto, respondeu sinceramente:

— É o que mais quero, Don Genaro. O senhor está me oferecendo um emprego?

— Se você responder "sim" à minha pergunta, já estará empregado. O salário não será ainda *aquelas coisas*, mas, sem dúvida será maior do que o que você recebia. Depois do período de experiência, nós reajustamos. Você aceita?

— Sim, Don Genaro. Não sei como lhe agradecer...

— Então, você é meu novo marceneiro. Esteja amanhã na marcenaria às oito horas em ponto. Precisamos conversar mais antes de você iniciar o trabalho.

Don Genaro ficou mais alguns minutos na sorveteria e fez questão de pagar o sorvete e os refrigerantes das crianças. Depois, despediu-se de todos e saiu satisfeito por ter conseguido, em princípio, solucionar um de seus problemas. Donato agradeceu demoradamente a Maurizio, que fora responsável por seu novo emprego.

Em seguida, saiu com as crianças, querendo chegar logo em casa para contar a novidade a Marcela.

∽

Depois que Bruna saiu, Marcela ficou pensando como conversaria com Donato para dizer que teria de deixar as crianças alguns dias na casa da vizinha até que ele conseguisse novamente um emprego. "Meu medo é que ele queira ficar com as crianças nos dias em que eu for fazer faxina", pensava Marcela. "Isso é ruim, pois enquanto estiver em casa com as crianças, não buscará emprego. E ele não pode dar-se ao luxo de ficar muito tempo sem trabalho. Justamente porque estamos num tempo em que emprego está difícil. Sei que não será fácil, mas é extremamente necessário. Por outro lado, terei de conversar com muito jeito, para que ele aceite que eu vá fazer faxina em casas próximas da Vila. Não ganharei muito, mas economizando dará pelo menos para comprar mantimentos. Ah! Se Deus nos ajudasse... Mas, por mais que Donato fale em fé em Deus, a minha eu já estou perdendo, sabe? Se Deus fosse mesmo um Pai amoroso, Donato já estaria empregado num lugar muito melhor do que aquela marcenaria." Assim estava Marcela a conjeturar quando as crianças irromperam na casa, correndo e rindo muito. Esforçando-se por expressar um rosto alegre, ela perguntou:

— Tomaram sorvete?
— Claro.
— E o pai?
— Ele não. Ficou conversando com um homem no *reservado*.
— Reservado?
— É um espaço que fica atrás de um biombo de madeira. Ali as pessoas não são vistas por quem passa na rua — respondeu Donato, que chegava sorridente. — Hum... estou sentindo um cheirinho gostoso!

— Estou procurando manter um pouco de alegria, Donato. Mas, depois do almoço, terei de conversar seriamente com você.

— Pois eu quero conversar seriamente com você, agora! Sabe por quê? Sabe?

— Não, Donato, mas...

— Porque eu já estou empregado.

— O quê?

— Já estou empregado. Não ouviu?

Marcela quase teve uma síncope. Segurou-se na cadeira, respirou fundo e perguntou novamente:

— Está empregado?

Donato riu, abraçou-a forte e disse sorridente:

— Um profissional competente sempre arruma um novo emprego.

— Eu não acredito, Donato. Como você conseguiu?

— Lembra-se de Don Genaro, que tem uma grande marcenaria? Eu até já quis pedir emprego para ele, mas nunca tive coragem.

— Sim. E daí?

— Eu estava conversando com Maurizio quando ele entrou na sorveteria. Eles são amigos. Pois bem, o Maurizio me deu a maior força.

— Isso que é amigo.

— E é mesmo. Ele falou tão bem de mim, que Don Genaro fez uma entrevista ali mesmo. Posso dizer que ele ficou impressionado com a minha experiência. Quando a conversa terminou, eu já estava empregado.

— *Que felicità, amore mio!*

— Já percebi que quando você está triste ou alegre, começa a falar em italiano.

— *Và bene!* Mas me fale mais sobre o emprego.

— Don Genaro me disse que eu ganhava pouco no último trabalho.

— Mas isso qualquer um sabe.

— Disse que vou ganhar mais trabalhando para ele.

— E você?

— Aceitei na hora. E mais: quando passar o período de experiência, ele aumentará o meu salário.

— Donato, parece que eu estou nas nuvens. Mas me diga uma coisa: quando você começa?

— Amanhã.

— *Per favore,* mostre toda a sua habilidade para ele. Não podemos perder essa oportunidade.

— É o que vou fazer, Marcela.

De repente, o espírito do Natal caiu inteiramente sobre aquela família. O almoço foi ornamentado pelos risos das crianças e o semblante de felicidade dos pais. A conversa fluía amena e tranquila.

— Como está gostosa *questa insalata caprese.*

— Foi dona Bruna que fez. Ela foi muito gentil em nos oferecer. Fiquei até envergonhada, pois não tinha nada para lhe dar. Mas ela compreendeu. Eu falei que você estava desempregado.

— Mas agora vá correndo dizer que estou empregado novamente.

— Eu vou, sim.

— Marcela, não é só a *insalata* que está boa. Tudo aqui está gostoso.

— Pensei que você não ia falar nada sobre a minha comida.

— E você acha que sou um *disgraziato,* que nem elogia os pratos que *mia moglie* faz?

— Claro que não, *amore mio.*

Assim, em meio a um português italianado, transcorreu o almoço. Depois, as crianças foram brincar na rua. Quando saíram, Marcela contou a Donato que estava preparada para fazer faxina, pelo menos enquanto ele não recebesse o seu primeiro salário. A princípio, Donato fez um ar muito sério, mas depois de analisar a situação, concordou.

— Mas apenas por um mês, Marcela, pois vou ganhar mais que antes. É importante que você fique ao lado das crianças. Esse, na verdade, é o trabalho mais importante da nossa família. O meu serve apenas para garantir o necessário à nossa sobrevivência.

— Está bem. Conversarei então com dona Bruna.

— Deixe que eu converse antes com o seu Zeca. Quero saber se ele concorda com isso.

— Ótimo. Será por pouco tempo. O que você disse sobre o meu trabalho de educar as crianças calou fundo em mim.

— E eu creio piamente nisso, Marcela. Aliás, como eu já lhe havia dito, eu creio também em Deus. Você já ouviu falar na providência divina?

— Para lhe dizer a verdade, não sei bem o que é isso.

— Durante a Missa do Galo, o padre fez um sermão sobre isso. "Providência divina", disse ele, "é o meio pelo qual Deus governa todas as coisas no universo. Deus tem controle completo de todas as coisas. Nada acontece ao acaso, mas segue a lei natural pela qual Deus se expressa". Está entendendo?

— Mais ou menos.

— Vou ser mais claro. A providência divina é a dedicação de Deus para com as suas criaturas. Foi Jesus quem disse: "Aprendei com os lírios do campo, como crescem, e não trabalham nem fiam. E, entretanto, eu vos asseguro que nem Salomão, em toda sua glória, se vestiu como um deles. Ora, se Deus veste assim a erva do campo, que existe hoje e amanhã será lançada ao forno, não fará mais por vós?".

— Você está parecendo um padre.

— Eu falo sério. Deus cuida de todos nós. Ele não esquece ninguém. Isso é providência divina. E, você, Marcela, demonstrou desconfiança em Deus. Isso não está certo, sabia? Lembra-se do que Giuseppe lhe disse?

— Que você arrumaria um novo emprego mais cedo do que pensava.

— Isso também é fé em Deus. É confiança na providência divina. Quando temos fé, as coisas acontecem. Se eu ficasse pensando como você, dizendo que Deus se esqueceu de nós, não teria nem saído de casa, nem teria encontrado Don Genaro. Estou certo?

— Está sim. Fico até com vergonha do que disse.

— Pois não faça mais isso, *bella*. Peça perdão a Deus e comece a ter fé. Na missa, o padre deu uma bronca em todos. Disse que falta fé nas pessoas. Todos querem ter do bom e do melhor, mas não se lembram de orar. E quando o pior acontece, põem a culpa em Deus.

— Era isso que eu estava fazendo. Desculpe, Donato. Procurarei não ser mais assim.

— Se você for como Giuseppe, está ótimo.

A partir daí, a conversa mudou de rumo e o casal começou a fazer planos para o futuro. Sem dúvida, aquele foi um Natal inesquecível na casa de Donato e Marcela. Significou para cada um deles que o trem estava de volta aos trilhos e que as nuvens negras haviam se dispersado.

# 5
# Novo emprego

Ao anoitecer, Donato viu Zeca sentado tranquilamente numa cadeira, diante da porta, como era costume na Vila Roma.

— Boa noite, seu Zeca.

— Boa noite, Donato. Espere que vou pegar uma cadeira.

Antes que Donato dissesse qualquer coisa, o vizinho foi até a sala e voltou com uma cadeira nas mãos.

— Sente-se. A noitinha está muito bonita.

— Parece que é homenagem ao Natal.

— E é mesmo. Deus nos brindou hoje com um dia maravilhoso.

— Sabe, seu Zeca, esse foi o melhor Natal da minha vida.

— Não me diga! O que aconteceu de tão bom?

— O senhor ficou sabendo que perdi o emprego, não é?

— Sim, *mia moglie* me contou hoje. Mas a partir de amanhã começarei a conversar com as pessoas do templo que eu frequento e tentarei conseguir algo para você.

— Agradeço-lhe muito, seu Zeca. Eu sei que o senhor é um homem de bem, mas eu já consegui novo emprego. É por esse motivo que este é o melhor Natal da minha vida. Ganhei um novo emprego de presente. Deus me presenteou, seu Zeca.

— Que maravilha! Fico feliz, pois gosto muito de você. Gosto de gente trabalhadora. *Mia moglie* vai ficar contente com a notícia.

— Só tem um problema. Durante o primeiro mês a Marcela vai ter de trabalhar como faxineira em alguma casa do bairro e não temos com quem deixar as crianças.

— *Mamma mia! Mia moglie* já disse que é para trazer *questi bambini* aqui em casa. Não se acanhe, Donato. Nós tomaremos conta deles. Aliás, se *tutti bambini* fossem comportados como os seus, eu montaria uma creche na Vila. Mas quando a sua *moglie* começa a trabalhar?

— Amanhã ela vai procurar quem esteja precisando de faxineira. Espero que durante a semana ela consiga alguém interessado.

— Então, uma pessoa ela já conseguiu, Donato — disse Bruna, que apareceu.

— Como, dona Bruna?

— Conversei com uma amiga, há pouco, no orelhão da esquina. Ela precisa com urgência de uma faxineira. Três vezes por semana. O que você acha?

— Eu só posso agradecer-lhe, dona Bruna. Marcela vai ficar muito contente.

— Pois eu vou conversar com ela, assim fica tudo acertado.

Bruna deixou o marido conversando com o vizinho e foi acertar o trabalho temporário de Marcela. Pouco mais meia hora, Donato agradeceu novamente a Zeca e voltou para sua casa a fim de saber como estava Marcela. Encontrou-a muito contente, pois no dia seguinte conheceria a senhora para quem iria trabalhar.

— Capricharei na limpeza e arrumação de tudo, Donato. Tocarei o trabalho como se fosse na minha própria casa. E vou agradecer a Deus por tudo o que nos fez neste Natal.

— Isso é o principal, Marcela. Faça as pazes com Deus. Afinal, Ele nunca esteve errado nesta história toda.

∞

No dia seguinte, Donato levantou-se muito cedo, tomou banho, vestiu-se e, mesmo sem tomar café, saiu rapidamente rumo à marcenaria de Don Genaro. Quando chegou, estavam lá apenas um ajudante e o proprietário. Feitas as apresentações, Don Genaro levou-o até uma saleta, onde havia café, leite, pãezinhos e bolos.

— É dia de festa hoje? — brincou Donato.

Don Genaro pousou a mão no ombro do novo empregado e disse rindo:

— Isso parece uma festa? Não, não é. Costumo servir café aos funcionários.

— Todos os dias? — perguntou Donato, que não estava acostumado com essa regalia.

— Sim, Donato. Servindo o café aqui, ninguém perturba a esposa, não é mesmo? Bem, fique tranquilo. Às oito, vá até a minha sala para conversarmos.

Donato conheceu um a um os empregados da marcenaria e, no horário combinado, estava diante de Don Genaro. A sala era espaçosa, adornada com móveis de primeira qualidade, fabricados ali mesmo. Notou que havia uma pequena geladeira e um ar-condicionado. Tudo era completamente diferente da marcenaria em que trabalhara durante vários anos. Don Genaro, percebendo que ele estava acanhado, procurou colocá-lo à vontade:

— O que você achou do Palestra Itália esta semana, Donato?

— Não jogou muito bem, Don Genaro. Parecia que a gente não tinha centroavante.

— Essa é uma grande verdade. A gente não tinha centroavante. Mas o São Paulo jogou muito bem. Isso não podemos negar.

— Por mais que doa, tenho de concordar. Mas se o técnico mudasse o ponta-esquerda e o centroavante, as coisas seriam diferentes.

— Penso que sim. Bem, o jeito é esperar até domingo. Vamos torcer para que as coisas sejam diferentes. Aqui na marcenaria a maioria torce pelo Palestra, mas há um são-paulino, um corintiano e um torcedor do lusa, também.

— Então, Don Genaro, o torcedor do São Paulo vai trabalhar bem hoje — disse Donato, enquanto se servia de uma xícara de café.

Notando que Donato já se sentia mais à vontade, Don Genaro começou a conversar sobre o trabalho:

— Bem, Donato, você deve estar ansioso para saber exatamente o que fará aqui, não é mesmo?

— Sim, Don Genaro. Estou também muito agradecido por sua bondade em me trazer para cá.

— Agradeça a Deus, Donato. Eu não fiz mais que a minha obrigação. Quanto ao trabalho, vou fazer-lhe uma proposta. Se você aceitá-la, sentirei a satisfação por tê-lo como mais um profissional dedicado nesta casa. Eu já estou com certa idade, não é difícil notar isso. Antigamente, eu fazia a supervisão de todo o trabalho aqui realizado e ainda recebia clientes, juntamente com meu sócio, mais idoso que eu. Com o seu falecimento, fiquei sozinho e não tenho condições de administrar a marcenaria, supervisionar os empregados e fazer a recepção de clientes. Contratei um funcionário para tratar dos assuntos de pessoal e outro para fazer a contabilidade da casa. Mas isso ainda é insuficiente. Preciso de alguém que supervisione o trabalho dos empregados para que eu possa ficar apenas com o relacionamento com os clientes, além da administração geral, é claro. Pelo que fiquei sabendo pelo que você mesmo me disse, creio que posso admiti-lo como supervisor de marcenaria. Haverá um período de experiência de três meses. Caso dê tudo certo, você será efetivado e seu salário será dobrado. Mas é preciso muita dedicação e um bom relacionamento com os empregados. Aqui, procuro tratar todos como gente, com respeito e fraternidade. Se descobrir que alguém está saindo desse perfil, demito e substituo. Acredito que o ambiente de trabalho deva ser tranquilo e alegre, mas também exijo disciplina, motivação e muita dedicação. Nossos clientes são muito exigentes, Donato, como você verá logo. Mas também são bons pagadores. Temos de servi-los exatamente de acordo com as suas necessidades e, se possível, até um pouco mais. Você está entendendo?

— Sim, Don Genaro. E estou satisfeito por saber que o senhor trabalha dessa forma. Sempre achei que o trabalhador deve ser respeitado e que ele também deve respeitar os outros. Acredito que num ambiente de amizade trabalhamos melhor.

— Concordo, mas não podemos cair no extremo, tornando o trabalho uma reunião social. Eu diria que devemos ter amizade, produtividade e qualidade, inclusive de vida.

— É como penso.

— Tenho ainda muito por falar, mas pelo que conversamos ontem e pela proposta que lhe fiz agora, qual é a sua resposta?

— Devo ser sincero com o senhor: eu já supervisionei o trabalho de colegas a pedido de meu patrão, mas nunca recebi orientação sobre a melhor maneira de fazê-lo. Se o senhor puder orientar-me nesse sentido, não há o que titubear: a minha resposta é positiva.

— É assim que se fala, Donato. Conte comigo e eu poderei contar com você. Hoje quero apenas que observe o trabalho dos marceneiros e converse com eles. Amanhã, começo a orientação sobre a supervisão que você fará. Quanto ao salário...

∞

Donato ficou muito contente com o novo emprego e com o salário, mas estava um tanto apreensivo, pois percebera que o trabalho ali era de um nível muito superior ao que era realizado na antiga marcenaria. O que o deixou um pouco mais tranquilo foi Don Genaro ter dito que iria orientá-lo. A dúvida era: "Conseguirei entender o que estiver sendo dito? Terei condições de acompanhar as explicações?". Ao chegar a casa, conversou com a esposa a esse respeito:

— Eu pensei que iria trabalhar exclusivamente como marceneiro, mas Don Genaro quer que eu supervisione todos os empregados. Só quando tiverem dificuldade ou quando for uma peça muito especial é que terei de manuseá-la.

— Ótimo, Donato. Isso significa que você está crescendo profissionalmente. Aliás, você já fazia um pouco de supervisão no último emprego.

— Nada do que eu fazia antes se compara aos trabalhos da marcenaria de Don Genaro. Ali, tudo é muito fino, bonito e perfeito. E a supervisão deve ser muito mais sofisticada também. No entanto, aceitei o desafio e amanhã estarei lá para as primeiras orientações.

— Muito bem. É assim que se fala. Eu confio em você. Tudo vai dar certo.

— Obrigado, Marcela. Mas estamos falando só de mim. Quero saber se você já se acertou com a senhora para quem vai fazer faxina.

— Tudo já está acertado. Dona Bruna foi comigo. A casa fica na rua Oliveira Lima, na Aclimação. É muito fácil chegar lá. Dona Ruth me pareceu muito boa e bem-humorada. Começo amanhã. Ela paga bem e semanalmente. Fique tranquilo, não passaremos fome.

— Também não é assim, mas que estamos precisando de um dinheirinho para os próximos trinta dias, isso é verdade.

∽

No dia seguinte, Marcela rumou para seu primeiro dia de trabalho. Foi de ônibus até certo ponto e percorreu as quadras restantes a pé. Dona Ruth a esperava na sala, enquanto lia passagens da Bíblia.

— Bom dia, dona Ruth.
— Bom dia, Marcela. Como vai?
— Tudo bem, e a senhora?
— Bem, como sempre, graças a Deus. Sente-se e tome um café.
— Obrigada, dona Ruth. Já tomei o meu café em casa.
— Então, venha bebericar um cafezinho preto. Em seguida, você começará o serviço. Sinto-me muito só em casa. É bom que você venha aqui três vezes por semana. Dona Bruna falou muito bem de você. Sei que é católica, mas sei igualmente que é uma pessoa de bem. Eu sou evangélica, o que não significa que seja intolerante. Intransigentes há em todas as religiões.
— A senhora tem toda razão. Eu também não julgo as pessoas pela religião que seguem.
— Quando você chegou, eu começava a ler o versículo 10, do Salmo 51: "Cria em mim, ó Deus, um coração puro, e renova em mim um espírito reto". Isso é um aviso do Senhor, Marcela.
— Aviso?
— Sim. Ele me diz que você busca por um coração puro e manifesta um espírito reto. Sendo assim, não importa a que religião pertença, sei que é uma pessoa de bem. Seja, portanto, bem-vinda.
— Gostei do que a senhora disse, dona Ruth.
— Então, pegue uma xícara na cozinha e venha tomar o cafezinho comigo.

Por quinze minutos, Ruth conversou animadamente com Marcela, depois alegou que tinha de ir ao supermercado e deixou que o serviço fosse iniciado. Marcela procurou executar um trabalho muito benfeito, no que foi elogiada pela patroa. Às duas horas da tarde, dona Ruth a chamou para almoçar.

— A comida vem de um restaurante das proximidades. É muito boa.

— Mas estou tirando parte do que a senhora iria comer.

— Eu pedi para nós duas, Marcela. Quero que almoce comigo todos os dias em que estiver aqui.

— Nesse caso, não posso negar. Mas noto que já estou dando trabalho.

— Não está, não. Eu já lhe disse que, às vezes, me sinto muito só. É bom tê-la por aqui. Meu marido faleceu há dois anos e fiquei sozinha. Daqui a pouco mais de um mês, virá uma senhora residir aqui, para que eu não fique só. Ela morará com o marido nos dois quartos dos fundos e, durante o dia, trabalhará na casa. O marido cuidará do jardim, do quintal e fará toda a manutenção da casa.

— Isso é muito bom, dona Ruth. Depois de conviver tantos anos com seu marido, não deve ser fácil ficar sozinha.

— Você tem razão. Não fosse a minha religiosidade, eu já teria partido também. Para compensar a solidão, oro muito. Também visito amigas. Mas minha maior amiga é mesmo aquela Bíblia sobre a mesa. Foi ela que me orientou para aceitar você neste mês. Ser crente em Deus é o melhor que pode acontecer na vida de uma pessoa.

— Entendo. O que acho difícil na oração é que nós falamos, falamos e ficamos sem saber se Deus ouviu.

— Não tenha dúvida, Marcela, Deus sempre nos ouve. O novo emprego do seu marido é fruto das orações que ele fez.

— Acho que é isso mesmo.

Quando voltou para casa, Marcela encontrou Zeca, que chegava da escola.

— Já levei os meninos para a escola, Marcela.

— Muito obrigada. Estou preocupada. Eles não deram trabalho?

— De modo algum. São obedientes e muito estudiosos. Fique tranquila, estou cuidando deles como um avô.

Mais aliviada, Marcela despediu-se e foi cuidar dos afazeres da casa.

ᄋᆞ

Donato chegou à marcenaria e aguardava ansioso as orientações de Don Genaro. Depois de tomar o café da manhã, foi até a sala do patrão.

— Como você supervisionava os funcionários em seu último emprego, Donato?

— Eu observava o trabalho de cada um e sempre que havia algum desvio do projeto, pedia que corrigisse, orientando mais, se fosse necessário. Praticamente, era só isso.

— Muito bem. Eu quero que você tenha uma visão mais ampla sobre administração e liderança. Portanto, começarei hoje, perguntando-lhe: "O que é administração?".

— Bem, penso que se resume em cuidar para que tudo saia de acordo com um projeto feito anteriormente.

Don Genaro pegou uma apostila, de baixo de alguns livros, e disse:

— Não é má resposta, Donato. Lendo esta apostila de um curso que fiz há vários anos, eu diria que administração é o ato de trabalhar com e por meio de pessoas para realizar os objetivos, tanto da organização quanto dos seus membros. Ou seja, você trabalhará *por meio* daquelas pessoas que estará liderando, mas se não estiver *com* elas, nada conseguirá. Entendeu?

— Entendi e concordo.

— Essas pessoas têm objetivos da marcenaria que devem ser atingidos, mas têm igualmente seus próprios objetivos. Devemos cuidar para que esses objetivos e metas também sejam alcançados. Assim agindo, começamos a criar uma verdadeira equipe. Portanto, supervisionar não é apenas ficar observando o que cada um faz de certo e de errado. É mais que isso. A supervisão é uma parte importante da administração.

Donato começava a entender por que a marcenaria de Don Genaro era considerada a melhor da região. E começava a aprender também como participar da administração daquele estabelecimento.

— Você sabe quais são as funções básicas da administração, Donato?

— Não, Don Genaro.

O patrão riu da cara de assustado que o novo supervisor fez e disse sorrindo:

— Não se preocupe, está tudo aqui na apostila. Vou ler:

"As funções básicas da administração resumem-se em planejamento, organização, direção e controle. Mas podemos também acrescentar coordenação, treinamento, aconselhamento e, ainda, outras, de que se fala na administração contemporânea. Inicialmente, vamos ficar com as quatro primeiras. A primeira dessas funções é o planejamento. Planejar, Donato, é definir antecipadamente *o que* deve ser feito e também *como, quando, onde*. Como você planeja a execução de um móvel?

— Verifico o estilo do móvel, o tipo de madeira, qual será o acabamento e a cor adequada. Busco também saber o custo de tudo isso e, sem dúvida nenhuma, qual a melhor maneira de fazer o móvel com qualidade e dentro de um prazo razoável.

— Muito bem. Isso é planejar.

Depois das primeiras explicações, Donato foi até o local de trabalho e deu início às suas atividades de supervisão. Estava fascinado com o que aprendera durante a manhã. Agora ele sabia por que Don Genaro era considerado um patrão muito exigente. Ele conhecia as minúcias dos trabalhos que eram desenvolvidos em sua marcenaria e sabia também como lidar com cada funcionário. Era preciso que ele, Donato, aprendesse tudo isso em tempo recorde. Ele não queria perder o emprego que lhe caíra do céu.

∾

Marcela estava conversando com os filhos quando Donato chegou. As crianças correram para abraçá-lo.

— Como foi o dia de vocês, crianças? Não deram trabalho a dona Bruna e seu Zeca, né?

— De jeito nenhum, pai. Seu Zeca é muito legal — falou Giuseppe.

— E dona Bruna também — completou Roberta.

— E o que vocês fizeram lá?

— Estudamos, assistimos à TV e almoçamos.

— E você, *bella?* O que achou do trabalho?

— Gostei do trabalho e de dona Ruth. É uma senhora de bom coração. Ela fez questão que eu almoçasse com ela. E quer que almoce lá todos os dias em que for trabalhar.

— Isso mostra que ainda há gente boa no mundo.

— Mas me fale do seu emprego. Você ainda estava receoso de não se dar bem?

— Cheguei lá com um friozinho na barriga, mas Don Genaro me deixou à vontade. Ele sabe tudo sobre administração. Tirou cópia de uma apostila e me deu. Está aqui. Pediu para estudá-la um pouco. Tenho certeza de que vou aprender a fazer a supervisão de maneira correta.

— Gosto de ouvir isso. Estou certa de que você vai aprender tudo direitinho, e vai ser um supervisor de primeira.

— Assim espero. Depois do jantar vou começar o meu estudo. Agora, quero tomar um banho relaxante.

∽

Começava uma nova etapa na vida do casal. Marcela estava feliz com a sua experiência de trabalho fora de casa e, ao mesmo tempo, preparava-se para estar ainda mais próxima dos filhos, quando voltasse a trabalhar apenas em seu lar. Já Donato, passou a estudar a apostila com afinco. Já sabia o que era planejar, organizar e controlar. Agora, começava aprender a dirigir.

— Dirigir, Donato, resume-se em três atividades básicas: liderar, motivar e comunicar — disse Don Genaro, com a apostila na mão. — Comecemos com *liderar*. O que significa liderança para você?

— Penso que seja comandar, fazendo com que os objetivos da organização sejam alcançados.

— Sua resposta está boa, mas quero lhe dar outra definição: "Liderança é a arte de fazer com que os outros desejem fazer algo que você está convencido de que deve ser feito". Não devemos forçar os marceneiros a fazer o melhor móvel. Precisamos persuadi-los, despertar neles a motivação para o trabalho eficaz.

— Concordo, Don Genaro. Usar da força faz com que os outros obedeçam, mas, assim que podem, fazem alguma coisa para pôr tudo a perder. Já vi isso na empresa em que trabalhei.

— Isso acontece mesmo. É por esse motivo que, em vez da força, precisamos usar a razão unida aos bons sentimentos. Quando promovemos a motivação dos marceneiros, eles procuram fazer o melhor e sentem-se bem agindo dessa forma. Tenha sempre em mente, Donato, você estará lidando com pessoas e não com coisas. Isso significa que, mais que um supervisor, você tem de ser um líder. Certa vez ouvi alguém dizer: "As pessoas não podem ser gerenciadas. Estoques podem sê-lo, mas pessoas precisam ser lideradas".

— Mais uma vez, só tenho a concordar.

— Está aqui uma coisa muito engenhosa, retirada de uma revista norte-americana: "O gerente administra, o líder inova; o gerente conserva, o líder desenvolve; o gerente apoia-se em sistemas, o líder em pessoas; o gerente conta com controles, o líder com confiança; o gerente faz certas as coisas, o líder faz as coisas certas". O que você acha?

— Don Genaro, parece que estou numa faculdade. O senhor conhece muito e está sendo meu professor.

— Nem tanto, Donato. Tudo o que digo está aqui na apostila, mas uma coisa é verdade: incorporei em minha vida o que aprendi, e tenho procurado agir dessa forma com os meus funcionários. Aliás, aqui está mais uma função de administração: treinar os funcionários. Mas o verdadeiro líder deve ir além, educando as pessoas da sua equipe. Educar é mais que treinar. Quando treino alguém para usar a serra elétrica, estou preparando-o para o trabalho, mas quando também o educo, estou preparando-o para a vida.

— Pretendo fazer o mesmo. Nunca pensei desse modo. O senhor está alargando minha visão do trabalho.

— E sua visão de mundo, Donato.

— Não entendi.

— Visão de mundo é uma ampla concepção que nós temos do Universo, do Homem, de Deus. É o conjunto de crenças ou princípios próprios de um indivíduo ou mesmo de um grupo social. É a visão de mundo que leva o ser humano a agir desta ou daquela maneira. Enfim, que lhe confere um sentido para a existência. Entendeu?

— Está meio difícil, Don Genaro. Não sou homem de estudo.

— Serei mais prático: há duas visões de mundo fundamentais: a daqueles que são materialistas e a dos que são espiritualistas. Materialista é quem afirma que só existe a matéria e nada mais. Ou, mesmo chegando a admitir a existência de algo além da matéria, dá primazia a esta, não se importando com mais nada.

— Nesse caso, quem vive pelo dinheiro e valoriza demais o seu corpo é materialista. Quer dizer, tem uma visão de mundo materialista.

— Exatamente, Donato. Parabéns. E quem é espiritualista?

— Aquele que acredita na espiritualidade do ser humano e dá maior valor a ela.

— Isso mesmo. De acordo com a visão de mundo espiritualista, além da matéria existe o espírito. O ser humano, nesse caso, é um espírito revestido de um corpo físico. O corpo material é apenas a sua vestimenta, digamos assim.

— Entendi. Minha vizinha, por exemplo, é evangélica. Isso significa que ela é espiritualista, não é mesmo? Afinal, acredita que não somos apenas corpo.

— Você está se saindo melhor do que eu esperava. Agora outra pergunta: sua visão de mundo é espiritualista ou materialista?

— Espiritualista. Afinal, sou católico e acredito que, além do corpo físico, tenho também uma alma.

— Agora você já sabe o que eu quis dizer ao comentar que, além de ampliar sua visão do trabalho, eu estava alargando sua visão de mundo.

— O senhor está fazendo com que eu entenda melhor como enxergar a realidade, além daquilo que está mais próximo de mim, como o futebol.

— Gosto de futebol, mas há coisas mais importantes, não é mesmo? Estudar, por exemplo. Portanto, falemos agora sobre como liderar os funcionários desta marcenaria.

— Posso fazer-lhe apenas uma pergunta?

— Claro.

— E a sua visão de mundo, qual é? Espiritualista? Materialista?

— Sem dúvida, a minha visão de mundo é espiritualista. Neste ponto, estamos plenamente de acordo, Donato.

A cada dia que passava, Donato aprendia mais com Don Genaro. Este não lhe dissera ainda, mas era graduado em Administração de Empresas, aplicando seus conhecimentos e habilidades na empresa que fundara com sacrifício e que prosperara devido à sua competência e seu comprometimento. Durante o primeiro mês, o novo supervisor aprendeu as habilidades desejadas para um profissional que exerce um posto de liderança. Depois que recebeu o primeiro salário, Don Genaro chamou-o para nova conversa.

— Donato, você está se saindo muito bem. Se continuar progredindo assim, terei o grande prazer de mantê-lo como supervisor dos nossos profissionais. Sugiro que, no próximo mês, conversemos sobre um ponto de fundamental importância para o supervisor: o relacionamento interpessoal. Supervisor que se relaciona desastradamente, acaba perdendo a liderança e, com ela, o próprio emprego.

— Eu gostaria muito de continuar com nossas reuniões. Tenho aprendido aqui mais do que em toda a minha vida. Permita-me dizer, o senhor está sendo um verdadeiro pai para mim, sem me esquecer de meu pai biológico, que, apesar de não ter estudo, ensinou-me — e isso é fundamental — a crer em Deus e a viver com dignidade.

— Esse foi o tesouro que ele lhe deixou de herança, Donato. Preserve-o sempre.

— Sem dúvida. A diferença é que o senhor me abre os olhos e faz com que eu enxergue melhor o mundo que me cerca.

— Fico feliz com isso. Ainda temos muito a conversar. Peço-lhe apenas que aplique em sua vida tudo o que está aprendendo.

Quando se cumpriram as quatro semanas de trabalho como diarista, Ruth demonstrou todo seu pesar por perder aquela trabalhadora que se mostrara, mais que excelente faxineira, uma verdadeira amiga. No entanto, Marcela queria estar mais próxima de seus filhos, a fim de poder educá-los condignamente. Ruth já contratara o casal que chegaria, após o cumprimento do mês de trabalho de Marcela.

— É pena que não possamos mais ter nossas confabulações de todo dia, Marcela. Devo dizer, com toda a sinceridade, que você foi uma dádiva de Deus para mim. Eu estava me sentindo muito só e teria sofrido muito neste mês, não fosse sua presença constante.

— Eu também gostaria muito de continuar com nossas conversas, dona Ruth. Aprendi muito com a senhora, que se tornou uma dádiva divina para mim.

— Deus nos abençoou, e é isso o que importa. Antes que você se vá, gostaria de abrir a Bíblia ao acaso para que recebamos mais uma lição de Deus.

— Por favor, abra-a.

Fechando os olhos, dona Ruth abriu a Bíblia sobre a mesa e, em seguida, de olhos abertos, falou, virando-se para Marcela:

— A citação que vou ler é da primeira carta de João. Trata-se do capítulo cinco, versículos catorze e quinze: "E esta é a confiança que temos para com Ele, que, se pedirmos alguma coisa segundo a Sua vontade, Ele nos ouve. E, se sabemos que Ele nos ouve quanto ao que Lhe pedimos, estamos certos de que obtemos os pedidos que Lhe temos feito". Olhe que mensagem bonita acabamos de receber, Marcela!

— Acho que foi um recado para mim. Afinal, fui eu que desconfiei de Deus quando meu marido ficou desempregado.

— Mas é também um alerta para mim, que ainda fico entristecida, remoendo a minha solidão pela morte do meu marido.

Preciso confiar que ele está nos braços do Senhor. O importante, Marcela, é que, de agora em diante, confiemos realmente em Deus, que é um Pai amoroso. Lembro-me de uma passagem de Lucas, que diz: "Qual dentre vós é o pai que, se o filho lhe pedir pão, lhe dará uma pedra? Ou se pedir um peixe, lhe dará em lugar de peixe uma cobra? Ou, se lhe pedir um ovo lhe dará um escorpião?".

— Que horror, dona Ruth.

— Você não conhecia essa passagem, Marcela?

— Não.

— Ela mostra que, se o pai terreno busca satisfazer as reais necessidades do seu filho, que dizer do Pai que está no céu em relação a nós?

— É isso mesmo. Precisamos de mais fé.

Depois de algum silêncio, em que começou a sentir a falta daquela que tanto a ajudara naquele mês, Marcela começou a despedir-se. Dona Ruth, porém, falou com sinceridade:

— Que esta não seja uma despedida para sempre. Quero sua amizade, Marcela. Quero recebê-la muitas e muitas vezes em minha casa como uma verdadeira amiga.

— Eu me sentirei feliz com a sua presença no meu humilde lar, dona Ruth. Ser considerada sua amiga é para mim uma grande honra.

Em seguida, Marcela seguiu para casa, feliz por ter cumprido a sua promessa de ajudar a família num momento difícil da sua vida, que se convertera em dias de muita luz.

∽

Donato estava feliz por ter encontrado em sua vida uma pessoa que se mostrava mais que um chefe e líder, era um verdadeiro pai.

— Então, você e Don Genaro se dão muito bem? — perguntou Marcela.

— Ele me falou que é meu pai e meu amigo. Já pensou? Aprendi com ele mais do que poderia imaginar. Aliás, amanhã completam os três meses de experiência. Estou ansioso para saber o que ele vai dizer.

— Só coisa boa, com certeza. Conheço o marido que tenho.

— Vamos ver.

∾

No dia seguinte, como de costume, Donato tomou seu café, conversou animadamente com seus colaboradores e rumou para a sala do patrão. Era um dia especial. Ele estava ansioso para saber o que escutaria de Don Genaro. Após uma conversa informal, o chefe pousou os olhos em Donato e disse com seriedade:

— Donato, amanhã faz seis anos que minha *sposa* partiu para o mundo espiritual. Estivemos casados por quarenta e seis anos, vivendo um do amor do outro. Não tivemos filhos, pois assim foi estabelecido pelos guias espirituais, antes de ela reencarnar. Tínhamos de resgatar dívidas passadas. E o fizemos condignamente. Até hoje tenho longos diálogos com ela. Estou caminhando para os setenta e três anos e há quatro meses meu sócio também se foi. Já não tenho mais a energia de outrora. A qualquer momento posso ser chamado para dar conta do que fiz nesta encarnação.

— Não fale assim, Don Genaro.

— Não quero dramatizar as coisas, mas a verdade é que não consigo fazer tudo o que realizava antes. Foi por esse motivo que o contratei, Donato. Para dar continuidade a parte do meu trabalho. Como você já sabe, quero apenas ficar com o contato que tenho com os clientes — isso ainda faço muito bem — além da administração geral da marcenaria, é claro. Mas a supervisão dos trabalhos já não me caberá mais. Você aprendeu tudo o que o ensinei. Estou surpreso.

Conversei com alguns de seus subordinados e posso dizer que você está sendo plenamente aprovado. Gosto muito da sua competência e da sua dedicação nos afazeres da marcenaria. Você foi aprovado no período de experiência e, se quiser continuar conosco, será realmente o supervisor de que preciso. Isso significa que o seu salário vai ser aumentado, como lhe havia prometido. Será dobrado, para que você receba o que realmente merece. O que me diz?

Donato não cabia em si de alegria. Foi com visível emoção que respondeu:

— Don Genaro, quando perdi o emprego, não deixei de confiar em Deus. Eu sabia que algo melhor estava reservado para mim. E meu filho, com inspiração, disse-me algo parecido. Eu só não sabia que iria encontrar um emprego tão perfeito! O senhor tem sido um grande amigo e um verdadeiro pai. Só posso agradecer-lhe por tudo o que tem feito. Gosto do trabalho que estou realizando, das pessoas com as quais trabalho, e admiro quem está me contratando. É claro que o meu sonho é continuar aqui.

Depois de mais algumas palavras elogiosas, Don Genaro deu um tapinha nas costas de Donato e falou, rindo:

— Se gosta mesmo de trabalhar aqui, chega de prosa. Como se diz na Itália: *"Punto e basta!"*.

— Ou — completou Donato —, *"Lavorare, lavorare, razza vagabonda!"*.

— Mas você não vai sozinho, Donato. Quero apresentá-lo a seus liderados, agora como um verdadeiro supervisor.

# Conversas à parte

JÁ FAZIA CERCA DE QUINZE DIAS QUE DONATO exercia o posto de supervisor quando Don Genaro o chamou para almoçarem numa cantina próxima à marcenaria. Aproveitando a ocasião e a amizade do patrão, ele fez-lhe a pergunta que apicaçava sua mente:

— Se a sua esposa faleceu há seis anos, como o senhor ainda tem *longos diálogos* com ela?

Don Genaro riu, tocou o braço de Donato, e respondeu com uma pergunta:

— Você quer mesmo conhecer essa história?

— Se não for intrometer-me em sua vida particular, eu quero.

— Tudo bem. Há quem creia que a vida termina com a morte, não é mesmo? — e, rindo, acrescentou: Há quem *morra de medo* da morte. Muitos materialistas deixam de viver por se preocupar em demasia com a morte

| 83

que, certamente, virá num futuro próximo ou distante. Não me esqueço da famosa frase de Baruch Spinoza: "Um homem livre não pensa em nenhuma coisa menos do que na morte, e a sua sabedoria é uma meditação, não da morte, mas da vida". E você sabe quem é o *homem livre* de Spinoza?

— Não, não sei. Mas gostei da afirmação. Quem é?

— É aquele que vive de acordo com a razão, não se deixando dirigir pelo temor da morte. Em vez disso, deseja diretamente o que é bom, ou seja, deseja agir, viver. Sua sabedoria se expressa tão somente pela meditação sobre a vida. E aqui voltamos ao que eu dizia no princípio: o materialista crê que tudo termina com a morte, mas pude verificar por mim mesmo que isso não é verdade.

— Concordo, segundo o catolicismo, a nossa vida continuará no céu ou no inferno por toda a eternidade.

— Poderei, mais tarde, conversar sobre esse tema. Mas não disso que falo quando afirmo que a vida prossegue indefinidamente.

— Então...

— Depois que minha esposa *morreu*, como se diz habitualmente, um dia eu peguei no lápis para desenhar um armário e comecei a escrever, sem ter pensado em fazer isso. Quando me dei conta, havia escrito:

*Não se deixe abater, Genaro. Estou bem. Continue tocando sua vida em paz e com alegria. Voltaremos a nos encontrar daqui a alguns anos. Viva tudo o que esta existência ainda tem para oferecer-lhe. Seja feliz. Um beijo e um forte abraço.*
*Giovanna.*

— Você escreveu para si mesmo?

— Não, Donato. A minha esposa escreveu para mim. Eu fui o instrumento de que ela se utilizou para passar-me a mensagem.

Também achei que talvez tivesse tirado essa comunicação do meu próprio subconsciente. Mas, como posso dizer, *senti* a presença dela ao meu lado e diante de mim. Era como se ela estivesse realmente ali. Foi muito bonito. Até hoje me emociono ao lembrar esse primeiro contato.

— Primeiro?

— Sim. Eu não lhe disse que temos passado por longos diálogos?

— É verdade.

— Pois bem, eu precisava falar com alguém sobre o que aconteceu comigo. E a melhor pessoa era Stéfano, meu sócio. Eu sabia que ele lidava com mediunidade em um Centro Espírita aqui do bairro, mas nunca havia conversado com ele a esse respeito. Eu procurava não entrar nesse assunto. Mas, naquele momento, eu precisava dividir com alguém minha experiência. Desse modo, procurei-o e contei o que me ocorrera.

— E qual foi a reação dele?

— A mais natural possível. Com um sorriso de amizade que só ele tinha, disse: "Você é médium".

— Desculpe, Don Genaro, mas não conheço bem esse negócio.

— Médium, Donato, é uma pessoa que consegue estabelecer contato com os espíritos desencarnados. É uma espécie de intermediário entre o mundo espiritual e o mundo terreno. Ele recebe a mensagem de um espírito e a repassa a outras pessoas.

— O senhor acredita nisso?

— Esqueceu que sou um médium? Eu tenho certeza do que estou afirmando, pois estou sempre vivendo essa realidade.

— Respeito muito seu conhecimento e sua experiência, Don Genaro, mas conversa com espíritos ainda não consigo assimilar. No entanto, devo deixar bem claro que não estou duvidando da sua honestidade. O senhor é um homem íntegro, de modo que confio plenamente no que me diz. Só que não estou habituado a isso.

— Eu também disse algo semelhante para Stéfano. Afinal, não queria nada com essa história de mediunidade.

— Ele ofendeu-se?

— De modo algum. Sorriu mais uma vez e falou para eu aprender a respeito desse assunto, pois tinha uma tarefa a cumprir, fazendo uso da minha mediunidade.

— E o senhor aceitou a sugestão?

— Aceitei e fui estudar. Estudei muito, durante quatro anos. E continuo estudando. Isso me deu conhecimento e segurança, de modo que não tenho mais medo que pensem que sou louco.

— Dizem que uma pessoa que fala com espíritos está *louquinha de pedra*.

— E você, Donato, o que diz?

— Bem... eu sempre pensei o mesmo, mas tendo ouvido o que o senhor me contou, preciso rever meu pensamento. Isso porque tenho certeza de que o senhor não está louco nem é mentiroso. Mas, diga-me: onde o senhor estudou esse assunto?

— Na Fonte Viva.

— O que é isso?

— É a Casa Espírita frequentada por Stéfano.

— Então, o senhor é... espírita?

— Sim, Donato. Depois de ter estudado, convenci-me dos princípios espíritas e hoje sou um dos trabalhadores dessa casa.

— Eu notei que o senhor é diferente das outras pessoas. Tratar os empregados como o senhor trata... nunca vi isso em minha vida.

— Precisamos pôr em prática o que aprendemos, senão de que vale o conhecimento que construímos?

— O senhor tem razão.

— Bem, a partir das comunicações com a minha esposa e dos estudos que realizei, passei a ter certeza de que o espírito é imortal. Espíritos somos nós também. Portanto, você e eu somos igualmente imortais.

— Nós também? Como assim?

— A nossa essência é divina, pois fomos criados por Deus. Ele nos criou como espíritos simples e ignorantes, mas com o gérmen da perfeição, destinado a desabrochar gradualmente. Isso significa que somos potencialmente perfeitos. E mais, nunca morremos. Somos imortais.

— Quer dizer que somos espíritos?

— Sim, somos *espíritos encarnados*, isto é, revestidos por um corpo físico. Estou vendo em você o seu corpo carnal, mas ele é apenas a vestimenta. O seu verdadeiro Eu é o espírito que se reveste desse corpo. Já os que partiram para o mundo espiritual, por não fazerem mais uso do corpo físico, são chamados *espíritos desencarnados*.

— Entendo.

— Isso, para você, não deve ser difícil de assimilar, pois os católicos também creem na imortalidade da alma.

— Quem vive de acordo com os Dez Mandamentos está destinado à felicidade eterna.

— Então, quando afirmo que somos imortais, você me entende, certo?

— Sim, mas daí para conversar com espíritos é outra coisa.

— Vamos esclarecer isso. Você faz orações?

— Todos os dias.

— A quem se destinam suas orações?

— A Deus, em primeiro lugar, mas também a alguns santos. Eu, particularmente, rezo muito para irmã Paulina, a primeira santa brasileira, embora tendo nascido na Itália.

— Você conhece alguma coisa sobre ela? Sobre sua vida?

— Sim. Sou seu devoto. E também ganhei na igreja um livreto que fala da sua vida.

— Conte-me um pouco.

— Vou dizer o que me lembro. O nome completo dela é irmã Paulina do Agonizante Coração de Jesus. Nasceu na Itália, em 1865. Como sua família era muito pobre, veio para o Brasil como imigrante ainda criança. Ela morava com os pais em Nova Trento, fundada pelos imigrantes italianos. Desde cedo ela queria ser freira, mas, por ser humilde, tudo era muito difícil. Para complicar, quando ela estava com vinte e dois anos, sua mãe faleceu e ela teve de assumir as responsabilidades da casa, inclusive cuidar dos irmãos mais novos. Quando seu pai se casou novamente, a esperança voltou no coração de irmã Paulina, que tinha o nome de Amábile. Nessa época, apareceu na cidadezinha uma mulher muito pobre que estava com câncer. Indicaram Amábile e sua amiga Virgínia para se dedicar à doente. Ambas começaram a cuidar dela num casebre que ganharam dos imigrantes. Pois foi ali, Don Genaro, que teve início a congregação religiosa fundada pelas duas moças, em 1890. E, devido a esse fato, hoje Santa Paulina é considerada a protetora dos cancerosos.

— Você sabe mais alguma coisa sobre ela?

— Haveria ainda muita coisa a dizer, pois já me contaram vários casos, mas, para resumir, ela se tornou freira e adotou o nome de irmã Paulina. Alguns anos depois, foi eleita para ser a madre superiora geral da congregação, mas o arcebispo de São Paulo a des... desti... desti...

— Destituiu?

— Sim, ele destituiu-a do cargo e a enviou para trabalhar com os doentes da Santa Casa e com os idosos de um asilo, em Bragança Paulista. Depois disso, irmã Paulina nunca mais ocupou nenhum cargo na congregação que ela mesma fundou. E ela aceitou tudo com muita humildade e resignação. Mais tarde, por interferência da superiora da congregação, voltou a morar no bairro do Ipiranga, em São Paulo, onde já residira, ali permanecendo até sua morte, por complicações do diabetes. Ficou cega e chegou a perder um braço por causa da doença. Dizem que suas últimas palavras foram: "Seja feita a vontade de Deus". Seu falecimento aconteceu em 1942.

— Sem dúvida, ela foi uma grande mulher.

— E uma grande santa.

— Diga-me uma coisa, Donato, você faz orações dirigidas a irmã Paulina?

— Sim, sou devoto.

— A oração é uma espécie de comunicação que travamos com Deus e com os santos ou por meio deles, não é mesmo?

— Sim. Mas aonde o senhor quer chegar?

— Então você fala com espíritos.

— Eu?

— Irmã Paulina é um espírito desencarnado. Se você conversa com ela por meio da oração, significa que também se comunica com espíritos. Logo, eu conversar com a minha esposa não é nada incomum, não é mesmo?

— Sob essa perspectiva, o senhor está mesmo certo. Sempre que as coisas não estão bem, eu *converso* com irmã Paulina. Afinal, ela também tem sotaque italiano. Mas, se não for pedir muito, explique-me novamente essa *história* de ser médium. *Ma che vuole dire questa parola?* O que significa essa palavra tão estranha, Don Genaro? Diga-me novamente.

— Não há nada de estranho com *questa parola*, Donato. *Médium*, em termos amplos, é toda pessoa que sente a influência dos espíritos em qualquer grau de intensidade. Nesse sentido, toda pessoa é, mais ou menos, médium. Médium, propriamente dito, é o indivíduo que, possuindo a faculdade mediúnica bem acentuada, coloca-se como intermediário entre os espíritos desencarnados e os homens. Vamos usar o exemplo de uma pessoa bastante conhecida: Chico Xavier. Você sabe de quem estou falando?

— Claro que sim. Todos o conhecem.

— Muito bem. Chico Xavier escreveu um livro chamado *Nosso Lar*. Acontece que não foi propriamente ele quem escreveu.

— Não entendi. Escreveu ou não?

— Todo o conteúdo do livro foi ditado por um espírito desencarnado. O seu nome é André Luiz. Neste caso, Chico Xavier foi o intermediário entre a dimensão espiritual, representada por André Luiz, e a dimensão terrena, representada pelos leitores. O espírito desencarnado valeu-se de uma pessoa para poder enviar sua mensagem aos seres humanos. Isso significa que Chico Xavier, ao redigir o livro, agiu como um médium, um intermediário entre os dois mundos.

— Entendi. Quer dizer que, ao receber as mensagens de sua falecida esposa, você também atua como um médium. Estou certo?

— Certíssimo.

— Agora, explique-me: tempos atrás, uma vizinha falou para a minha esposa ir com ela para tomar um passe. Na aplicação do passe também há médiuns? E de que maneira agem?

— Bela pergunta, Donato. Há uma variedade muito grande de médiuns, por exemplo, médiuns psicógrafos, psicofônicos, videntes, musicais, curadores e outros tipos. No caso do passe, especificamente, quem o aplica é o médium curador. Trata-se de um médium porque ele age como intermediário na transfusão de energias em benefício dos assistidos. Com as mãos impostas, ele emite um pouco dos seus fluidos, que se unem aos fluidos espirituais emitidos pelos espíritos que colaboram nos trabalhos de cura. Ele fica entre o mundo espiritual e o terreno, é um intermediário.

— O senhor explica bem, Don Genaro. Entendi tudinho. Só não deu para acompanhar quando o senhor falou em médium psi... psicó...

— Psicógrafo, psicofônico...

— É isso aí.

— Terei grande prazer em dar-lhe todas as explicações que puder, mas a hora do almoço já terminou. Precisamos voltar ao trabalho. O *console Luís XV* tem de ser entregue amanhã, lembra-se?

— Claro. Desculpe se tomei seu tempo.

— Não se desculpe. Para mim, falar sobre esse assunto é muito bom e, certamente, para você também. Para encerrar, vou fazer-lhe uma pergunta: ainda acha estranho falar com os *mortos*?

— Do modo como o senhor me explicou, não. Mas ainda acho um pouco estranho. Talvez, com o tempo, eu assimile melhor.

— Tudo tem seu tempo. Voltaremos ao assunto assim que possível. Você é um jovem muito inteligente e interessado em assuntos que outros acham perda de tempo.

Don Genaro levantou-se rapidamente e, dando um tapinha no ombro de Donato, disse, rindo:

— Está fazendo o que, aí sentado? *Lavorare, lavorare...*

∞

Marcela estava fazendo uma arrumação no quarto das crianças quando bateram palmas. Olhando pela janela, não foi possível saber de quem se tratava; assim, ela foi até a porta e, ao abri-la, teve uma grata surpresa: eram Bruna e Ruth. Depois dos cumprimentos efusivos, ambas entraram e sentaram-se no sofá da pequena sala.

— Fiquei com saudade de você, Marcela — disse Ruth. — Resolvi fazer-lhe uma visita. Como você está?

— Estou muito bem, dona Ruth, e fico muito grata pela sua visita. Eu também estava pensando em ir até a sua casa num dia desses.

— Pois já deveria ter ido. Afinal, você é minha amiga. Por que não marcamos para a próxima semana?

— Vamos combinar, sim. Mas como vão as coisas naquela belíssima casa?

— Já estou com o casal de empregados morando lá mesmo e prestando muitos serviços para mim. Com isso, tenho tido mais tempo para ir ao templo e estudar a Bíblia em casa.

— Ruth conhece muito bem a Bíblia — disse Bruna.

— Não diga isso, Bruna. Apenas estudo um pouco. Quem conhece mesmo o livro sagrado é o pastor Jeremias. Aliás, falei de você para ele, Marcela. Mas, antes, como estão as crianças? Pela sua expressão tranquila, creio que estejam muito bem.

— Graças a Deus, estão saudáveis e barulhentas, como todas as crianças.

— Seu marido está se dando bem no emprego?

— Está felicíssimo. Ele só conta coisas boas.

Bruna completou:

— Donato é um homem trabalhador, Ruth. Trabalhador e temente a Deus, embora seja católico.

— Quem sabe algum dia esse belo casal muda-se para a nossa igreja, não é mesmo?

— Sei não, dona Ruth. Mas eu respeito muito os crentes. Não é porque estou na sua frente, mas se todos os evangélicos forem como vocês, posso dizer que essa religião é abençoada.

— Fico muito contente por saber que você pensa assim, Marcela — disse Ruth.

— Quanto a mim, que sou vizinha, já sei há muito tempo que Marcela respeita a nossa crença e isso faz com que nos demos muito bem.

— Mas — interrompeu Ruth —, eu dizia que falei de você ao pastor Jeremias.

— O que a senhora disse, dona Ruth?

— Falei de seu bom caráter e da amizade que você dedica às pessoas, e que você, infelizmente, não era evangélica.

— E o que ele disse?

— Respondeu que iria fazer orações por você e sua família.

— Oração nunca é demais, venha de onde vier. Mas uma coisa é verdade: eu respeito a religião evangélica. Como nasci entre católicos, também me firmei nessa religião, embora não possa ser considerada exemplo. Meus pais, entretanto, deram-me uma educação muito rígida, sempre de acordo com a religião católica. Procuro seguir os seus ensinamentos, embora não seja uma grande frequentadora da igreja.

— Você age certo — disse Bruna. Ruth acrescentou:

— Durante todo o mês em que trabalhou em casa, não tive uma queixa sequer. Foi por esse motivo que passei a considerá-la uma amiga. Conheço Bruna de longa data e quando ela a indicou, aceitei-a de olhos fechados. Para melhorar, só se você fosse evangélica. Mas seja o que Deus quiser.

A conversa continuou por mais uma hora, quando se falou sobre a educação das crianças, a vida na Vila Roma e as lembranças do mês em que Marcela trabalhou como diarista. Em seguida, após terem tomado café, Ruth, que levava um exemplar da Bíblia em sua bolsa, sugeriu:

— Vamos ler um pequeno trecho da Bíblia que poderá servir para nossa meditação nos próximos dias?

Havendo comum acordo, ela tomou do livro, fechou os olhos e o abriu aleatoriamente. Depois de breve silêncio, leu com muita atenção:

*Salmo 125...*
*Os que confiam no Senhor serão como o monte de Sião, que não se abala, mas permanece para sempre.*
*Assim como estão os montes à roda de Jerusalém, assim o Senhor está em volta do seu povo desde agora e para sempre.*
*Porque o cetro da impiedade não permanecerá sobre a sorte dos justos, para que o justo não estenda as suas mãos para a iniquidade.*

*Faze bem, ó Senhor, aos bons e aos que são retos de coração. Quanto àqueles que se desviam para os seus caminhos tortuosos, levá-los-á o Senhor com os que praticam a maldade; paz haverá sobre Israel.*

Ruth ficou meditando, depois disse com um semblante aliviado:
— Eu estava com medo da mensagem que poderíamos receber. Mas Deus está abençoando Marcela.
— Eu também acho — disse Bruna sorrindo.
Ruth olhou mais uma vez para Marcela e falou em tom sério:
— O Salmo 125 expressa a proteção de Deus sobre nós. Mas faz uma ressalva, Marcela: *E os que se desviam por trilhas tortuosas, que Iahweh os expulse com os malfeitores!* Precisamos tomar cuidado, a fim de não nos desviarmos por trilhas tortuosas.
A visita chegou ao fim e Marcela ficou pensando nas palavras de Ruth. Estaria querendo dizer que, por não ser evangélica, ela estava no mau caminho? Ou as considerações diziam respeito às três amigas, como uma simples advertência? Tiraria a dúvida, assim que fizesse a visita de retribuição, na próxima semana.

∞

No dia aprazado, Bruna não pôde acompanhar Marcela até a casa de Ruth, de modo que ela rumou sozinha para a casa da nova amiga. Lá chegando, foi muito bem recebida. Depois dos cumprimentos, Ruth pediu-lhe desculpa por não ter enviado o motorista para buscá-la.
— Foi uma falha da minha parte. Mas, com certeza, ele vai levá-la mais tarde de volta à sua casa.
— Não se incomode, dona Ruth. Voltarei tranquilamente de ônibus.

— Não, não. Faço questão: meu motorista vai levá-la. Aliás, ele é jardineiro, encanador, eletricista, pedreiro e tudo de que necessito nesta casa. Trazer este casal para cá foi uma ideia muito boa.

Em seguida, tomaram chá com torradas e puseram os assuntos em dia. Marcela sentia-se muito à vontade com Ruth, mas ainda estava com dúvida a respeito do que ela dissera sobre o texto bíblico. Talvez ela quisesse levar Marcela à força para sua religião. E disso Marcela não gostava porque, afinal, ela nada fizera para converter a amiga ao catolicismo. Na primeira oportunidade, ela fez a pergunta que ficara entalada em sua garganta.

— Dona Ruth, o que a senhora quis dizer quando leu aquele trecho da Bíblia em minha casa?

— Eu li o Salmo 125, que nos mostra a proteção que Deus nos oferece. No fim, o salmista adverte que os que se desviam do bom caminho devem ser expulsos com os malfeitores. Com isso, ele quer dizer que as pessoas que se tornam ímpias perdem a proteção divina porque se desligaram do amor de Deus.

— A senhora pensa que eu sou ímpia por ser católica?

— Não, não foi o que eu quis dizer. É claro que eu me sentiria feliz por ter você entre os nossos, mas respeito sua escolha. Como evangélica, devo ser sincera; portanto, vou confessar-lhe uma coisa: pedi ao pastor Jeremias para orar pela sua conversão e de toda sua família. E ele está fazendo isso. Marcela, precisamos de pessoas boas e íntegras como você e seu marido em nossas fileiras. Mas, continuo dizendo, quem tem de fazer a escolha é você. Para não parecer que estou forçando as coisas para levá-la à minha igreja, não tocarei mais nesse assunto. Todavia, se algum dia você quiser conhecer minha religião, por favor, fale comigo. Terei imenso prazer de apresentá-la ao nosso pastor. Combinado?

— Combinado.

— Então, venha conhecer os canteiros dos quais Jerônimo está cuidando. Ele é quem vai levá-la depois para sua casa.

Depois das explicações de Ruth, Marcela ficou tranquila e a conversa prolongou-se por um bom tempo. Antes que ela se despedisse, Ruth pegou a Bíblia e escolheu um trecho aleatoriamente.

— A Bíblia sempre nos dá uma lição. Vejamos o texto que servirá para nossa reflexão. Aqui está: Provérbios, 27-32.

*O homem ímpio cava o mal, e nos seus lábios há como que uma fogueira. O homem perverso instiga a contenda, e o intrigante separa os maiores amigos. O homem violento coage o seu próximo, e o faz deslizar por caminhos nada bons. O que fecha os olhos para imaginar coisas ruins, ao cerrar os lábios pratica o mal. Coroa de honra são as cãs, quando elas estão no caminho da justiça. Melhor é o que tarda em irar-se do que o poderoso, e o que controla o seu ânimo do que aquele que toma uma cidade. A sorte se lança no regaço, mas do Senhor procede toda a determinação.*

Ao encerrar a leitura, Ruth ficou pensativa. Depois disse com tranquilidade:

— Marcela, neste pequeno intervalo, há muita coisa a ser meditada. O que você acha?

— Penso a mesma coisa. O que mais me chamou a atenção foi: *Melhor é o que tarda em irar-se do que... do que...*

— *Melhor é o que tarda em irar-se do que o poderoso, e o que controla o seu ânimo do que aquele que toma uma cidade.*

— É isso mesmo. De nada vale, por exemplo, termos um perfeito controle de nossos filhos se não controlarmos nossas próprias emoções. Aos nossos filhos o amor, às nossas emoções o controle total.

— Tenho a mesma opinião. E veja aqui também: *O que fecha os olhos para imaginar coisas ruins, ao cerrar os lábios pratica o mal.* Para praticar o mal não é necessário falar ou agir, basta imaginar. Por esse motivo precisamos tomar cuidado quando estamos sozinhos imaginando coisas. É melhor que tomemos o livro sagrado e alimentemos bons pensamentos.

A seguir, Marcela despediu-se e seguiu para casa, conduzida pelo empregado de Ruth. A conversa fora boa e Marcela ficara mais sossegada com relação às intenções da amiga. "É verdade", pensava, "ela fala muito a respeito de religião, mas é melhor do que *fofocar* sobre a vida alheia." Com esses pensamentos, ela chegou a casa e foi cuidar dos afazeres domésticos.

# 7
# O diagnóstico

O TEMPO FOI PASSANDO E DONATO ACOSTUmou-se de tal modo com seu novo emprego, que agradecia sempre a Deus por ter-se encontrado um dia com seu novo patrão, Don Genaro. Marcela, por sua vez, voltara às atividades caseiras, podendo estar mais próxima dos filhos e sendo a principal responsável pela educação deles. Tudo corria às mil maravilhas quando Giuseppe começou a demonstrar certo desinteresse pelas brincadeiras e pelos jogos com os amigos da Vila Roma. Marcela notou que ele havia emagrecido no último mês e demonstrava cansaço incomum. Depois de uma conversa com Donato, ambos resolveram levá-lo ao médico.

— Giuseppe deve estar precisando de vitaminas, Donato.

— Talvez esteja anêmico, pois perdeu aquela coloração rosada que possuía.

— Você não precisa faltar ao trabalho. Eu o levo ao dr. Alessandro.

— Está bem. Mas preste bem atenção ao que ele recomendar. Precisamos fazer com que Giuseppe volte ao normal.

— Fique tranquilo. Anotarei o que for preciso.

E assim, no dia seguinte, Marcela levou o filho ao médico que cuidava dele desde o nascimento. Após examiná-lo cuidadosamente, o médico olhou para Marcela e disse com ar preocupado:

— É preciso que o Giuseppe faça estes exames imediatamente. Assim que você estiver de posse dos resultados, traga-os para mim.

Diante do olhar apreensivo do dr. Alessandro, Marcela quis saber mais a respeito do exame preliminar feito pelo médico. Este apenas falou que, para poder prescrever medicação que fortalecesse o organismo do menino, era preciso analisar os resultados dos exames solicitados.

À noitinha, assim que Donato chegou, Marcela falou da sua inquietude perante os exames pedidos pelo médico.

— Hoje em dia é assim, Marcela. Quando você vai a um médico, sai com um monte de requisições para exames. Não se preocupe. Os exames serão feitos e os remédios apropriados serão receitados pelo dr. Alessandro.

Notando que Giuseppe se encostara nele, apreensivo, Donato procurou distraí-lo, dizendo:

— Olhe só que garoto fortão. Com algumas poucas vitaminas já vai estar pronto para correr três vezes em volta do quarteirão, não é Roberta?

Roberta riu e deu um tapinha nas costas do irmão. Marcela também se tranquilizou um pouco.

Os exames foram feitos e assim que os pegou, Marcela retornou com Giuseppe ao médico para conhecer o diagnóstico.

Alessandro conhecia bem Giuseppe, pois havia dez anos cuidava dele. O garoto sempre se mostrara robusto, vigoroso e muito alegre. No entanto, agora, apresentava-se enfraquecido e um tanto apático. O exame preliminar deixara o clínico preocupado. Daí ter pedido outros que pudessem orientá-lo para um diagnóstico definitivo. Agora, ele pensava em como conversar com a mãe, que olhava para os papéis com visível ansiedade. O médico pediu que Giuseppe ficasse na sala de espera. Depois, tomando ânimo, olhou para Marcela e disse, medindo as palavras:

— Dona Marcela, não vamos exagerar em nossas preocupações. Pode ser que, daqui a algum tempo, Giuseppe esteja novamente jogando futebol com os amigos. No entanto, é preciso que outro médico faça o acompanhamento deste caso: um especialista.

— E que especialista, doutor?

Alessandro procurou suavizar as palavras e disse da melhor maneira que conseguiu:

— Apenas para obtermos o diagnóstico mais correto possível, estou encaminhando Giuseppe para um oncologista. Esclareço: é apenas um procedimento de rotina.

— Desculpe-me, de que trata um oncologista?

— De doenças cancerígenas.

— O senhor está falando de câncer?

— Estou falando que é importante um especialista em doenças cancerígenas examinar o seu filho. Não estou dizendo que ele tem câncer, mas que é aconselhável que um oncologista analise os resultados. Mesmo que venha a ser diagnosticado um câncer, essa doença pode ser tratada.

Marcela não ouviu mais nada. Ficou petrificada. Alessandro ministrou-lhe um calmante e, após falar ao telefone, orientou-a para que levasse Giuseppe naquela mesma tarde ao médico indicado. Chegando a casa, Marcela deixou que o filho ficasse conversando com uns amigos na calçada e ligou imediatamente para Donato. Em prantos, contou o que ouvira do médico.

— Tenha tranquilidade, Marcela. O diagnóstico só será fornecido pelo especialista. Conversarei com Don Genaro e vou com você ao oncologista. Mantenha a calma. Não deixe transparecer para Giuseppe que você está preocupada. Logo estarei aí.

Marcela não quis almoçar. Assim que Donato chegou, foi com ele ao dormitório e desandou a chorar convulsivamente.

— O dr. Alessandro suspeita de que Giuseppe esteja com câncer. Não posso acreditar! Não posso!

— Acalme-se, Marcela. É só uma suspeita. Não há nada de concreto. Se você quiser, eu levo Giuseppe ao médico e você fica aguardando aqui.

— Não, não. Eu quero ir também.

Fazendo o máximo esforço para não demonstrar nada ao filho, Marcela foi com Donato ao oncologista, sem largar a mão de Giuseppe. A tensão era muito grande e o peso que se derramava sobre os ombros do casal tornara-se imenso.

∾

Depois de acolher por trinta dias Roberta e Giuseppe em sua casa, Zeca sentia-se um verdadeiro avô das crianças, não podendo passar um dia sem vê-las. Foi assim que notou uma diferença nítida em Giuseppe.

— Bruna, você reparou como Giuseppe emagreceu e tornou-se pálido?

— Eu ia dizer isso para você. *Il bambino* está mudado. Vou conversar com Marcela.

— Se eu encontrar o Donato hoje à noite, também vou dizer para levar *il bambino* ao médico. Eu gosto muito dessas crianças. É difícil encontrar crianças educadas como Giuseppe e Roberta.

— E estudiosas também.

— Isso mesmo, estudiosas.

Enquanto conversavam na sala, Zeca olhou por entre a cortina da janela e viu o casal que saía com o garoto.

— Bruna, eles estão saindo. Realmente, Giuseppe emagreceu.

— Aconteceu alguma coisa, Zeca.

— Por quê?

— Não era para Donato estar na marcenaria agora?

— *Dio mio!* Era mesmo. Será que estão levando *il bambino* ao médico?

— Pode ser. Vou *ficar de olho*. Assim que voltarem, vou até lá.

Zeca e Bruna estavam preocupados. A figura de Giuseppe não saía da mente deles. Talvez fosse anemia ou raquitismo.

— Zeca, acho que Giuseppe está com anemia.

— Pode ser. Lembra-se daquele *bambino* que jogava bola todo dia aqui em frente? Era o melhor jogador de todos. O nome do pai é Filippo.

— Claro. Mudou-se com a mulher está fazendo um ano. Dona Anna, a mãe dele, era trabalhadeira. Fazia balas de leite, que ele vendia nos bares.

— Balas muito boas. Mas eu ia dizer que *il bambino* ficou anêmico um pouco antes de se mudarem.

— Eu não sei bem o que é anemia, mas a criança anêmica emagrece, perde peso e fica pálida, e isso está acontecendo com Giuseppe.

— Já devíamos ter alertado Donato.

— Até a gente ter certeza do que está dizendo passa um bom tempo, Zeca. Mas agora que tanto você como eu pensamos a mesma coisa... É importante falar com Donato e Marcela. Anemia tem cura, mas é preciso cuidar logo.

Quando Donato e Marcela entraram no consultório médico, havia duas pessoas aguardando. A espera pareceu longa demais, até ouvirem a voz da atendente que os conduziu até o oncologista. Após fazer algumas perguntas a Giuseppe e apalpar alguns pontos do seu corpo, o médico analisou detalhadamente os resultados dos exames. Em seguida, deu uma revista em quadrinhos a Giuseppe e pediu que aguardasse na sala de espera. Quando a porta se fechou, ele olhou nos olhos de Donato e Marcela e disse com muito cuidado:

— Já vi os resultados dos exames e tenho o diagnóstico. O filho de vocês está com linfoma de Burkitt.

Marcela e Donato entreolharam-se, sem entender absolutamente nada. O doutor continuou:

— Os linfomas são um grupo de doenças que se originam nas células do sistema linfático. Trata-se de um sistema paralelo ao circulatório. É constituído por órgãos e tecidos que produzem, armazenam e distribuem os glóbulos brancos do sangue, que combatem a infecção e outras doenças. Entretanto, pode acontecer de células do sistema linfático normal transformarem-se em células malignas, crescendo de modo descontrolado e espalhando-se pelo organismo.

— E o que isso significa? — perguntou Marcela com ansiedade.

— Trata-se de uma neoplasia, ou seja, alteração celular que acarreta um crescimento exagerado das células, uma proliferação celular anormal, sem controle. Neste caso, é uma neoplasia de células B, madura e altamente agressiva, que costuma acometer mais a faixa etária infantil.

— O senhor pode ser mais claro? — perguntou Donato.

— Giuseppe está com câncer em estado avançado. Precisa de internação urgente, a fim de se procurar conter o avanço da doença.

Marcela olhou para Donato e começou a chorar. Tal notícia não cabia em sua mente. Devia ser algum engano. Pediu que o médico examinasse melhor os resultados dos exames, mas o diagnóstico já fora feito.

— Vou providenciar a internação de Giuseppe — disse o médico, enquanto pedia a presença da atendente na sala.

— Ligue para a dra. Yolanda. Tenho de conseguir a internação urgente do garoto.

Ficou acertado que até a manhã seguinte, Giuseppe deveria ser levado para a ala infantil do hospital especializado em doenças cancerígenas. Marcela, porém, não estava convencida. O médico deveria ter errado no diagnóstico. A fim de acalmá-la, Donato ligou para Don Genaro. Depois de dizer o que estava acontecendo, o patrão ficou de conversar com um médico que conhecia de longa data, procurando conseguir uma consulta ainda naquela tarde com outro oncologista. Em pouco tempo, veio a resposta: estava marcada uma consulta com o dr. Paulo Alencar Noronha, conceituado oncologista de São Paulo. Don Genaro fez questão de levar o casal e o filho até o consultório médico, nas proximidades da avenida Faria Lima. Depois de examinar os resultados dos exames, o médico solicitou que a atendente ficasse com Giuseppe e, olhando para o casal, disse em tom baixo:

— O seu filho está com um tipo de linfoma de alta agressividade. É necessária a internação urgente, pois já avançou por diversas áreas do corpo.

Marcela ainda perguntou, aflita:

— Doutor, não pode ser um engano?

— Não, dona Marcela. Sou médico há trinta anos e, infelizmente, o diagnóstico é exatamente esse. Vocês têm um hospital para onde levar o menino?

Donato confessou-lhe que já levara Giuseppe a outro oncologista e que o diagnóstico fora o mesmo.

— Viemos aqui na esperança de que o senhor nos dissesse algo diferente. Mas se é esse o diagnóstico, o outro médico está conseguindo um hospital para internar nosso filho.

A volta para casa foi de uma tristeza sem tamanho. Entretanto, os dois médicos haviam dito para os pais não deixar transparecer nada a Giuseppe, de modo que Donato foi conversando com ele, dizendo que ele seria internado num hospital para que pudesse sarar logo.

— Quando eu voltar poderei jogar bola com a garotada?

— Claro, filho. Mas para que você possa voltar rapidamente, é preciso fazer tudo que o médico mandar. Combinado?

— Combinado!

Marcela estava aterrorizada. Nunca lhe passara pela cabeça que o filho pudesse ter uma doença tão grave como a que fora anunciada. Os pensamentos cruzavam-se aceleradamente em sua cabeça. Seu peito estava apertado. Como podia estar acontecendo aquilo com uma família de gente boa? Como seria dali para a frente? Nenhum dos médicos falara a respeito de cura. A pressa era no sentido de internar o seu filho, mas o que seria feito depois da internação? Nada ficara claro. O futuro estava nebuloso e ela, completamente perdida. Cada vez que olhava para o rosto do filho, uma lágrima escorria, mas, imediatamente, ela se recompunha, a fim de que ele não tomasse conhecimento da infelicidade que lhe ia na alma.

Don Genaro deixou os três em casa e foi pessoalmente até o consultório médico para colher informação sobre a internação de Giuseppe. Ficou acertado que o garoto deveria ser levado ao hospital no dia seguinte. De volta à Vila Roma, Don Genaro prestou todas as informações ao casal, dizendo que os levaria ao hospital. Após muitas palavras de conforto ao casal, deixou a residência de Donato, seguindo para o Centro Espírita que frequentava.

∽

Assim que Don Genaro se despediu de Donato, dona Bruna resolveu ir até a casa da família, a fim de se inteirar sobre o que estava acontecendo. Quando Marcela viu a vizinha entrando, irrompeu num pranto desesperado.

— Aconteceu uma desgraça, dona Bruna. Meu filhinho querido está com câncer.

Dona Bruna sentiu uma dor no peito, mas fez o possível para não deixar transparecer o que estava sentindo.

— Quem disse isso?

— Dois médicos, dona Bruna. Dois médicos!

— Mesmo que seja verdade, não se deixe abater.

— Eu não sei o que fazer. Amanhã cedo ele será internado. Daí para a frente, nada me falaram.

— Certamente, ele passará por um tratamento muito sério, do qual poderá vir a cura.

— Poderá?

— Virá, com certeza, mas é preciso que você colabore, mostrando-se forte e passando muita alegria, carinho e amor para Giuseppe.

— Carinho e amor eu vou passar, mas o difícil é ser forte e demonstrar alegria. Como posso estar alegre numa situação tão triste como esta?

— Bem, vou pedir ao pastor da minha igreja para orar muito por vocês. O plantio pode ser duro, mas a colheita é abundante.

— Como assim?

— O pastor Daniel disse isso a uma mulher cujo marido estava acamado havia um ano. Quer dizer que depois da tempestade vem a bonança.

— Será que isso vai acontecer comigo?

— É preciso ter fé, Marcela. Quando somos tementes a Deus, tudo muda para melhor em nossa vida. Jesus é o Senhor, e o demônio não tem poder sobre ele. Você me entende?

— Claro, claro. Mas por que a dor se abateu sobre a minha família? Havia necessidade disso? Não somos do mal, somos do bem.

— Acredito, mas o Senhor guarda intenções que escapam à nossa compreensão. Diz o livro dos Provérbios: "Muitos propósitos há no coração do homem, mas o desígnio do Senhor permanecerá".

— Para mim soa tudo nebuloso. Parece que entrei numa cápsula do tempo e estou agora noutra parte do universo, em uma época afastada, sem ligação com o presente. O chão que piso não parece o mesmo.

— Pois vou contar-lhe a história de uma mulher que conheci muito tempo atrás, quando o câncer era considerado incurável. Chamava-se Débora e frequentava a mesma igreja que eu. Era uma senhora alegre e brincalhona até o dia em que soube que estava com câncer. Com a notícia, o mundo veio abaixo. Mesmo tendo começado o tratamento, ela emagreceu muito e não saía da cama. Todos que a conheciam achavam que ela deveria ter apenas alguns meses de vida. Entretanto, um dia, ao acordar e abrir a Bíblia, ela deparou com o Salmo 30: "O choro pode durar uma noite, mas a alegria vem pela manhã". "Agora é manhã", pensou ela, concluindo: "Então, o que faço pesarosa sob estas cobertas?". Assim levantou-se, tomou banho, colocou uma roupa de passeio e disse à filha que queria dar uma volta no quarteirão. Preocupada, a filha a acompanhou, amparando-a durante todo o trajeto. Débora não só deu a volta completa no quarteirão, como parou para conversar um pouco com os conhecidos que encontrou. A partir desse dia, ela voltou a viver. Levantava-se pela manhã e saía para conversar com as vizinhas. Depois, almoçava e descansava, lendo a Bíblia. À tarde, fazia roupinhas para bebês, utilizando-se de suas habilidades com o crochê. Essas roupas eram doadas ao serviço social da igreja e destinadas às mães carentes. Para encurtar a história, depois de pouco menos de um ano, os médicos não mais diagnosticaram o câncer e ela passou a ter uma vida normal. Viveu ainda por uns dez anos, vindo a falecer alguns anos atrás por complicações resultantes de uma pneumonia. O que você acha? Não é maravilhoso?

— Sim, mas...

— O mesmo pode acontecer com Giuseppe. Não é porque está com câncer, que deverá estar com câncer amanhã. Jesus é o médico por excelência. Se ele curou tanta gente, por que não pode curar seu filho? Tenha ânimo e fé em Deus. E não se esqueça: enquanto for necessário, Roberta ficará em casa até Donato chegar do trabalho.

Marcela ficou um pouco mais reconfortada, mas, ao ver o filho ressonando na cama, teve uma nova crise de choro. Donato, embora abatido, procurou também reanimá-la. Não foi fácil. Havia ainda a necessidade de falar cuidadosamente com Roberta a respeito da doença do irmão. Quando ela soube que Giuseppe ficaria no hospital, começou a chorar.

— É por pouco tempo — disse Donato. — No hospital vão cuidar melhor dele. Em casa, não temos os remédios nem a habilidade dos médicos e das enfermeiras, que tratarão muito bem dele.

— Mas ele vai ficar sozinho o dia todo?

— Não. Sua mãe vai estar com ele. E à noite poderemos visitá-lo.

— Ele vai sarar, pai?

— Claro. Você vai vê-lo jogar bola aí na rua logo, logo.

— *Tá* bem. Mas quero ir toda noite ao hospital com você para visitar meu irmão.

— Combinado, Roberta. Faremos isso todas as noites.

∽

Eram sete e trinta da manhã quando Don Genaro chegou para levar Giuseppe ao hospital. Marcela estava abatida, mas se esforçava para não demonstrar a angústia e o desalento que lhe iam na alma. Era como se os portais da vida tivessem sido fechados em seu rosto. Ou como se o Sol tivesse deixado de brilhar sobre a Terra. Uma sensação de frio e vazio permanecia em seu plexo solar, tornando difícil estabelecer contato com os demais. Giuseppe estava de pé, mas demonstrava no rosto a tristeza por ter de deixar a família e ausentar-se da escola de que tanto gostava. Don Genaro procurou mostrar-se alegre, tentando levantar o ânimo daquela família, prostrada sob o peso da dor. Roberta quis acompanhar o irmão, deixando pela primeira vez, naquele ano, de ir à escola. Os pais compreenderam a importância de sua companhia para Giuseppe naquela triste internação. Assim, em silêncio, todos deixaram Vila Roma. Don Genaro insistia em se manter alegre. Giuseppe e Roberta riam de algumas brincadeiras. Mas, quando o carro parou no estacionamento, um ar gélido banhou a alma de cada componente daquela família, que vivia as agruras de um tempo encoberto pelas interrogações fatais do destino.

Feitas as apresentações, Giuseppe foi encaminhado para a ala infantil do hospital, ficando num quarto com direito a acompanhante.

— Como pagaremos tudo isso? — perguntou Marcela, assustada.

— Eu e o doutor conseguimos a internação gratuita de Giuseppe — mentiu Don Genaro. Na verdade, ele iria pagar tudo.

Uma lágrima de gratidão escorreu na face daquela jovem senhora, que se esforçava por manter-se calma diante da situação inusitada.

— O senhor é um anjo, Don Genaro. Muito obrigada.

— Como poderia deixar de ajudá-los? Agradeça a Deus, nosso Pai, dona Marcela. Fique tranquila. A senhora não pagará por nenhum dos serviços que lhe forem prestados. E se o atendimento não for bom, é só dizer. Tenho um amigo influente aqui.

Estando tudo pronto, Don Genaro, antes de se despedir, pediu para fazer uma oração. O casal concordou e ele, após concentrar-se por alguns segundos, disse em voz audível:

— Meu Deus, meu Pai. Estamos diante de Vós para agradecer por tudo de bom que nos oferecestes no transcorrer desta encarnação e de vivências passadas. Sabemos que só existe um poder: o Vosso poder. E sabemos também da Vossa divina providência, que a todos acolhe com amor e misericórdia. E é amparados por esta certeza de proteção e amor que colocamos diante de Vós este espírito maravilhoso, que se chama Giuseppe nesta encarnação. Pela pureza, bondade e humildade desta criança, nós Vos pedimos, Pai Compassivo, a sua completa recuperação e o seu breve restabelecimento. Que seja feita a Vossa vontade, pois não conhecemos os Vossos desígnios. E que o Vosso amor ampare esta família que a Vós recorre, agradecida por Vossa divina bondade e complacência. Que assim seja.

Lágrimas afloraram no rosto de Marcela, que abraçou Giuseppe e disse, comovida:

— Você vai ficar bonzinho. Eu tenho certeza.

Chegara, porém, o momento das despedidas. Don Genaro deu um forte abraço em Giuseppe, dizendo-lhe palavras de conforto. Donato apertou-o contra o peito e Roberta deu-lhe um beijo na face, dizendo com os olhos avermelhados:

— Você vai sarar, Giuseppe, e ainda vai ser um médico famoso.

A volta para casa foi feita em silêncio. Don Genaro tentou melhorar o ambiente, mas a tristeza imperava no coração oprimido pela dor. A fim de afastar um pouco a inquietação de Roberta, Donato foi dispensado do trabalho naquele dia.

— Eu quero que você leve Roberta a um passeio, Donato. Não fiquem fechados em casa, hoje. Por que não vão ao Zoológico? Passem a tarde lá. Isso vai lhes fazer bem. Pegue este dinheiro para o táxi e para os lanches.

— Que é isso, Don Genaro? Já não chega todo o trabalho que estamos dando?

— Hoje não se fala em trabalho, *amico mio*. Amanhã nos vemos. Distraia bastante esta linda *bambina*.

Donato e Roberta almoçaram na casa de Zeca e Bruna. O casal fez o possível para animar um pouco Roberta, que demonstrava grande tristeza.

— Logo Giuseppe vai estar brincando alegre, aí na rua — disse Bruna.

— E se não tomar cuidado, ainda vai quebrar o vidro da minha janela — completou Zeca, rindo.

Roberta comeu pouco e recusou o manjar, de que tanto gostava. Depois, sem muito ânimo, seguiu de táxi com o pai para o Jardim Zoológico.

∾

Depois que todos saíram do quarto, uma tristeza imensa se abateu sobre Marcela. Seu filho estava sonolento e logo adormeceu. Sentada a seu lado, com as mãos caídas sobre as pernas, ela soluçava baixinho, sentindo-se desamparada diante das paredes brancas que a aprisionavam em sua angústia desoladora. O tempo custava a passar e, mesmo tendo transcorrido apenas alguns minutos, parecia que estava ali havia horas, quando uma médica entrou sorridente no quarto e se apresentou:

— Bom dia! Eu sou a dra. Yolanda e vou cuidar desse menino lindo que está com sono.

Giuseppe acordou e olhou timidamente para a médica. Diante do sorriso contagiante da moça, ele também sorriu.

— Que nome lindo você tem. Se eu tivesse um filho, iria pôr esse mesmo nome nele.

— Você gostou?

— Adorei.

Marcela sentiu-se mais à vontade e perguntou:

— O que será feito daqui para a frente?

— Em primeiro lugar, ele receberá soro na veia. À tarde, fará outros exames e somente após a análise dos resultados, decidiremos o que fazer.

Deixando Giuseppe com a enfermeira que chegava, Yolanda levou Marcela para fora do quarto e disse:

— Você já sabe o que se passa com seu filho?

— Disseram-me que está com câncer. E parece que o caso é grave.

— É verdade. Pelos exames feitos até agora, esse é o diagnóstico. Faltam, entretanto, dois resultados. Assim que recebê-los, vou lhe dar o diagnóstico definitivo.

Eram cinco horas da tarde, quando Yolanda entrou no quarto, perguntou por Giuseppe, que dormia, e pediu que Marcela fosse até a sala da frente para conversarem.

— Marcela, já tenho o diagnóstico. Formei uma equipe de três médicos, cujo diagnóstico é o seguinte: Giuseppe está com linfoma de Burkitt, que é uma leucemia linfoide aguda. Trata-se de uma forma rara e agressiva de linfoma. Em linguagem leiga, devo dizer que ele está com câncer em estado avançado.

— Tem cura, doutora?

— Existe essa possibilidade. Entretanto, nada podemos garantir. Como eu disse, a doença já está em estado avançado. Esteja certa, porém, de que faremos o que estiver ao nosso alcance. O tratamento terá início ainda hoje. Ele passará pelo processo de quimioterapia.

— Não dá para Giuseppe ficar em casa e vir fazer o tratamento sempre que necessário?

— Infelizmente, não. A presença dele aqui é imprescindível.

— E por quanto tempo ele terá de ficar internado?

— Ainda não sabemos. Tudo dependerá da reação ao tratamento.

Marcela viu mais uma vez a porta fechar-se diante do seu rosto, e o desânimo que tomou conta do seu ser foi apenas a consequência natural da circunstância que estava enfrentando. Depois de pouco tempo, iniciou-se a primeira sessão de quimioterapia, tendo Marcela sido avisada dos efeitos colaterais que poderiam ocorrer, inclusive queda de cabelo.

∞

À noite, quando Donato e Roberta chegaram, acompanhados de Don Genaro, Giuseppe voltou a sorrir. Depois de uma hora de muita conversa e risos, Marcela viu-se sozinha na penumbra do quarto. Giuseppe teve ânsia de vômito e demorou para conciliar o sono.

Os dias passavam lentamente, quando Don Genaro chamou Donato em sua sala para uma conversa. Com muito cuidado, disse-lhe:

— Conversei com a dra. Yolanda e devo dizer-lhe que a situação de Giuseppe é muito grave. Por esse motivo, ela pediu que fôssemos ao hospital à tarde. Ela estará nos esperando para algumas explicações.

Donato não sabia o que esperar. Seus pensamentos embaralhavam-se. Amparado pelo amigo, deixou a marcenaria e foi para casa. Mais tarde, Don Genaro chegou, levando pai e filha ao hospital. Yolanda pediu que uma enfermeira levasse Roberta ao quarto onde estava Giuseppe e iniciou a conversa:

— Donato, serei franca: a situação de Giuseppe inspira muitos cuidados. É mais grave do que pensávamos. O câncer está instalado também em seus intestinos, de modo que ele terá de passar por uma cirurgia, logo pela manhã. Não podemos garantir nenhum resultado, mas temos de nos esforçar para conseguir o melhor. Você terá de assinar o termo de autorização. Quando vier visitar Giuseppe, amanhã à noite, procure-me. Vou lhe dar todas as informações sobre os resultados da cirurgia.

    Donato olhou aflitivamente para Don Genaro e não conteve o pranto que estava preso em sua garganta.

# A mensagem

Don Genaro afeiçoara-se muito àquele moço de pouco estudo, mas de muita competência para o trabalho e bondade na alma. Sentia-se muito mais amigo que patrão, de modo que, ao sair do hospital, após breve diálogo, convidou-o a ir até o Centro Espírita para conversar com uma trabalhadora da instituição.

— Sei que você é católico, Donato. Portanto, devo dizer-lhe que não estou tentando convertê-lo à Doutrina Espírita. Apenas gostaria que tivesse um diálogo com uma senhora que faz entrevistas. Ela é conhecedora profunda do ser humano e consegue penetrar o íntimo de nossa alma. Creio que você não vai se arrepender. Vamos ter com ela amanhã cedo.

— Não sei se devo, Don Genaro, mas, na situação em que me encontro, qualquer palavra de ânimo deve fazer bem. Eu vou com o senhor.

Rosalba era uma senhora de oitenta e dois anos, que fazia questão de estar presente duas vezes por semana no Centro Espírita para o trabalho de entrevistadora. Estudiosa do Espiritismo havia muitos anos, e portadora de um coração generoso, era muito bem conceituada entre os trabalhadores e frequentadores da casa. Tendo tomado conhecimento do caso de Giuseppe, prontificou-se a conversar com Donato para oferecer-lhe as palavras de que ele mais necessitava. Foi assim que o recebeu com um largo sorriso, embora não fosse dia nem horário de atendimento.

— Então, você é o bom jovem de quem Don Genaro tanto fala?

Donato, um tanto sem jeito, aceitou o abraço que ela lhe ofereceu e sentou-se na cadeira que lhe foi indicada. Depois de algumas palavras introdutórias, Rosalba perguntou-lhe com naturalidade:

— E como vai o seu garoto?

Donato caiu num pranto sentido. Depois de recompor-se, respondeu:

— Não sei, dona Rosalba. Não sei. Ele sempre foi um menino saudável, esperto e estudioso. Só me deu alegrias. Ele e minha filha. Mas, de repente, do nada, adoeceu gravemente e a cada dia que vou ao hospital, onde ele está internado, tenho uma notícia pior. O câncer de que sofre é muito raro e agressivo, disse-me a médica. E, diante desse quadro, o que devo fazer? Orar, eu sei. E devo confessar que tenho me esquecido disso. Mas voltarei a conversar com Deus e seus santos, para que o meu Giuseppe se restabeleça.

Rosalba esperou que ele dissesse mais alguma coisa, entretanto, ele ficou olhando o vazio e não abriu mais a boca. Parecia esperar palavras de conforto, diante da situação que lhe tirava todas as forças. E ela disse:

— Donato, não cai uma folha da árvore sem o consentimento divino. Imagino qual deva ser o sofrimento que lhe vai na alma. Todavia, se Giuseppe está passando por isso, assim como você e sua esposa, é porque é necessário. Hoje, o seu filho é uma criança, mas por trás desse fato, ele é um espírito milenar. Não sabemos de suas vidas anteriores.

— A senhora me diz que ele está sendo castigado por erros cometidos em existências anteriores? Não acredito nisso, dona Rosalba. Sou católico apostólico romano.

— Eu não quis dizer que Giuseppe está sendo castigado. Deus não castiga ninguém. Tudo o que nos acontece é resultante de algo que praticamos ou deixamos de praticar anteriormente. Prevalece a Lei de Causa e Efeito. O que passamos hoje é o efeito do que fizemos no passado. Nós vivemos inúmeras existências, para que possamos aprender e evoluir. Não lhe peço que creia nas vidas sucessivas. Continue com a sua fé. Apenas busque encontrar um significado para o que está ocorrendo com seu filho.

— Desculpe, mas a senhora, por acaso, tem alguma explicação?

— Diga-me antes, qual a explicação que você encontra?

— Nenhuma. Estou perdido. Se Deus não castiga, precisaria fazer com que meu filho tivesse câncer para aprender alguma coisa? Não lhe parece que pensando assim estamos dizendo que Deus não tem nenhuma consideração pelas suas criaturas?

— Não foi Deus que fez com que seu filho tivesse câncer, Donato.

— Ah! Não? Então, quem foi?

— A doença do seu filho tem origem no passado, como eu disse. Há duas situações possíveis para que hoje ele esteja doente. A primeira é que esteja resgatando dívidas de encarnações passadas. A segunda é que ele mesmo, antes de reencarnar, tenha pedido para passar por esse sofrimento, a fim de evoluir mais rapidamente para estágios superiores na escalada para a perfeição. De qualquer modo, Deus não castiga ninguém e não faz com que ninguém fique doente. Nós é que causamos nossas próprias doenças.

— Em relação aos adultos, posso até concordar, mas às crianças, não! O que fizeram de destrutivo para colher um fruto tão amargo?

— Só posso responder a partir da doutrina das vidas sucessivas, Donato...

— Já vi que andamos e voltamos ao ponto de partida. Diga-me uma coisa: há algum texto que me mostre de modo convincente esse assunto? Antes que a senhora me responda, mesmo que eu venha a acreditar em reencarnação, isso não vai fazer com que meu filho recupere a saúde. Então, como devo agir?

Rosalba notou que Donato já se sentia um pouco melhor, mas era necessário dar-lhe um consolo e uma diretriz.

— No tocante à segunda pergunta, a oração é o passo fundamental. Ela é um diálogo sincero que mantemos com Deus e seus emissários. Foi Jesus quem disse: "Pedi e recebereis. Batei e a porta vos será aberta". Ore todos os dias, com muita fé e muito amor. Nós não sabemos qual será o futuro do pequeno Giuseppe, mas lembre-se de que, aconteça o que acontecer, é o melhor para ele. Sendo assim, você e sua esposa deverão aceitar os desígnios divinos, com humildade e fé inabalável. Isso pode acontecer dentro do espiritismo, do judaísmo, das igrejas evangélicas, do catolicismo ou do espiritismo. Em síntese: ore todos os dias, reservando um momento de conversa elevada com Deus e seus emissários.

— Farei isso, dona Rosalba. Hoje mesmo terei um diálogo com Deus e com santa Paulina. Confio muito nessa freira que santificou sua vida enquanto viveu entre nós.

— Ótimo! Quanto à primeira pergunta, há muitos livros que abordam o tema da reencarnação, das vidas sucessivas. Temos uma biblioteca aqui no Centro Espírita. Vou emprestar-lhe um excelente livro. Mas lembre-se de que nós, espíritas, não buscamos arrebanhar ninguém para as nossas fileiras, tirando-o do seio de sua religião. Acreditamos que quando o discípulo está pronto, o mestre aparece.

— O que me deixa um pouco mais tranquilo é que a senhora não pretende me convencer a adotar a Doutrina Espírita. Quer apenas me ajudar. E a sua experiência de vida me dá segurança também. Só quero entender melhor: por que meu filho está com câncer? Por que ele e não outro?

— Cada um de nós é um espírito com experiência diversificada em muitas existências. Desse modo, cada um tem sua própria história e segue seu próprio caminho. Não sou capaz de dizer por que seu filho está com câncer; contudo, pode ser tanto o resgate de dívidas de existências passadas ou uma escolha dele mesmo, enquanto espírito, antes de reencarnar.

— Desculpe, dona Rosalba. Quanto ao resgate de dívidas até dá para entender, desde que se admita a reencarnação. Mas quem, em sã consciência, iria querer reencarnar para ter uma doença como o câncer?

— Já lhe disse que temos de ressarcir dívidas pretéritas, seja agora ou mais à frente. Pois bem, há quem prefira resolver a questão mais rapidamente, a fim de dar prosseguimento ao seu desenvolvimento e aperfeiçoamento espiritual. Nesse caso, escolhe algum impedimento físico, como a cegueira, a surdez ou algum tipo de doença. E há aqueles que, voluntariamente, pedem uma prova, a fim de que, vencendo-a, possam dar passos mais largos rumo à perfeição. É como se você deixasse de fazer viagens por dois ou três anos e guardasse o dinheiro para fazer um curso universitário, com a intenção de começar a exercer a profissão dos seus sonhos. O sacrifício seria compensado pela alegria posterior, quando pudesse exercer a profissão com que tanto sonhou. Seja, porém, qual for o motivo pelo qual Giuseppe está doente, o importante é tratá-lo da melhor maneira possível e orar com fé e persistência para o seu restabelecimento. Não podemos também esquecer, Donato, que os males físicos ainda fazem parte do nosso mundo terreno e não devem ser entendidos como castigo. São consequências naturais do nosso modo de existência, de ontem ou de hoje.

A conversa ainda prosseguiu por mais alguns instantes. Depois, Rosalba emprestou a Donato um livro que tratava da reencarnação. Se ele não ficou plenamente convencido a respeito do que ouviu, pelo menos notou que aquela senhora tinha grandes conhecimentos sobre a vida e que falava com honestidade.

∞

À noite, antes de ir ao hospital, Donato resolveu fazer uma prece, abrindo o seu coração a Deus e a santa Paulina, de quem ele se dizia devoto:

— Meu Deus, trata-se de uma criança ativa, obediente, estudiosa e, acima de tudo, inocente. Por que o Senhor deixou que essa doença insidiosa atacasse o seu corpo? Bem, não me cabe julgar, mas se o Senhor permitiu que ela surgisse, também poderá permitir que ela desapareça. É por intercessão de santa Paulina que lhe peço a cura do meu filho. Amanhã ele vai passar por uma cirurgia delicada. Guie, meu Deus, a mão do médico, a fim de que todo o mal seja retirado e Giuseppe possa voltar a viver com a mesma saúde que sempre teve. Santa Paulina, em sua bondade e compaixão, rogue por meu filho a Deus, para que ele sare o mais rápido possível. Eu confio na senhora e no amor de Deus. Amém.

Após encerrar a oração, Donato ficou paralisado, como se o mundo estivesse longe e ele voasse por entre as nuvens.

∞

No hospital, antes da visita ao filho, Donato, acompanhado de Don Genaro, procurou Yolanda. Pedindo que se sentassem, ela falou:

— Donato, há vários tipos de câncer. Uns mais, outros menos agressivos. Há também tipos comuns e outros nem tanto. Devo primeiramente dizer que estamos fazendo tudo o que podemos em relação a seu filho. Entretanto, o caso dele é gravíssimo. Pior do que imaginávamos. A doença espalhou-se por várias regiões do corpo. Pensávamos que iríamos tirar nódulos dos intestinos, mas, infelizmente, a doença generalizou-se.

— Isso quer dizer que não há possibilidade de cura?

— Para Deus, Donato, tudo é possível, mas para nós, seres humanos, existem muitas limitações.

— Diga-me, doutora — implorou Donato —, quanto tempo de vida ele ainda tem? Um ano? Alguns meses?

— Talvez algumas semanas, porém, médico nenhum pode prever o tempo de sobrevida de um paciente. Isso escapa aos prognósticos humanos. De qualquer modo, não o faremos sofrer. A alimentação está liberada e conseguirei horários extras de visitas. Os seus últimos dias devem ser de muita alegria e satisfação.

Don Genaro colocou a mão no ombro do amigo, que abaixou a cabeça e deixou que lágrimas escapassem de seus olhos. No seu entender, tudo estava ficando cada vez mais difícil, entretanto, ainda restava a esperança de Deus reverter a situação...

∾

Na manhã do dia seguinte, Giuseppe estava sorrindo enquanto assistia a uma comédia na televisão. Marcela olhava fixamente para o rosto dele, chegando até a esboçar também um sorriso. Mas logo pensamentos soturnos invadiram sua mente. Ela estava cansada, muito cansada. As semanas em que se encontrava enclausurada naquele hospital, vendo o filho fenecer, tiravam-lhe energias, como sanguessugas a extinguir o sangue do paciente até o fim.

Enquanto alimentava sentimentos de tristeza e desânimo, ouviu duas vozes conhecidas que entravam pela porta semiaberta.

— Bom dia, Marcela. Bom dia, Giuseppe.

Eram Ruth, Bruna, e Zeca. Entravam sorridentes, fora do horário de visitas, tentando levar novos ares àquele quarto obscurecido pelo sofrimento.

— Como está o nosso Giuseppe? — perguntou Bruna.

O garoto riu. Estava feliz por ver aquele casal que o recebera tão bem durante o mês em que a mãe trabalhara como faxineira. Depois de alguma troca de palavras, Ruth e Bruna pediram que Marcela saísse do quarto, a fim de conversarem.

— E então, Marcela, o que dizem os médicos?

— O pior possível, dona Ruth — respondeu Marcela, caindo em longo pranto. Após recompor-se, continuou:

— A cada dia que passa vem uma notícia pior. Esse tipo de câncer linfático, segundo os médicos, é muitíssimo agressivo. E Giuseppe já está com a doença espalhada pelo corpo. Que esperança posso ter?

— Deus é grande, Marcela. Confiemos em Deus, em nome de Nosso Senhor Jesus Cristo.

Disfarçadamente, Bruna enxugou uma lágrima e continuou:

— O que você acha de entrarmos e fazermos uma oração pela recuperação de Giuseppe?

Sem muito ânimo, Marcela respondeu favoravelmente. No interior do quarto, Ruth, escolhida para conduzir a oração, iniciou em voz alta:

— Em nome de Nosso Senhor Jesus Cristo, peço-Vos, Pai, que olheis para esta criança que Vos implora saúde. Não permitais que a doença tome conta do seu ser, mas, com Vosso poder absoluto, rogo-Vos que destruais todas as células cancerosas, substituindo-as por novas células saudáveis e fortes. Com a saúde recuperada, Giuseppe

Vos agradecerá com orações nascidas no interior de seu coração, rendendo-Vos graças pela cura consentida. Nós confiamos em Vós, Pai de Misericórdia, e na intercessão de Vosso Filho, Jesus Cristo.

Durante alguns segundos imperou um silêncio profundo, rompido pelas palavras de Giuseppe:

— Obrigado, gente. Deus vai responder do Seu jeito. Tenho certeza.

Marcela tentou entender o que Giuseppe quis dizer com a expressão "do Seu jeito", mas foi despertada por Ruth que procurou mudar o rumo da conversa, tornando-a mais alegre. A visita durou meia hora. Antes de sair, Ruth pediu licença para abrir a Bíblia e ler um trecho tirado aleatoriamente.

— Trata-se de Provérbios, 3. Diz o texto:

*Filho meu, não te esqueças da minha lei, e o teu coração guarde os meus mandamentos.*
*Porque eles aumentarão os teus dias e te acrescentarão anos de vida e paz.*
*Não te desamparem a benignidade e a fidelidade; ata-as ao teu pescoço; escreve-as na tábua do teu coração.*
*E acharás graça e bom entendimento aos olhos de Deus e do homem.*

— É uma bela mensagem — disse Bruna.
— Maravilhosa — completou Ruth.

Zeca passou a mão nos ralos cabelos de Giuseppe e disse, com sentimento no coração:

— Com certeza você é um dos escolhidos de Deus, Giuseppe. Alegre-se com a mensagem.

Mais algumas palavras e os três retiraram-se, procurando demonstrar bom ânimo e otimismo. Já na rua, Zeca abriu o coração:

— Por mais que tente pensar o contrário, creio que Deus esteja chamando Giuseppe para a eternidade.

— Só Ele sabe o que é melhor para o garoto. Que seja feita a Sua vontade — concluiu Bruna.

A volta foi feita em silêncio. Não havia muito o que dizer.

∞

À noite, em casa, Donato resolveu conversar com santa Paulina. Era preciso intensificar sua oração.

— Santa Paulina, mensageira de Deus, nosso Pai, e protetora dos cancerosos, sei que aqui na Terra a senhora cuidou de uma pessoa com essa doença, assim como estou certo de que tem todos os recursos no céu para fazer com que meu filho Giuseppe seja curado. É isso que lhe peço com todas as forças da alma: que me conceda a graça de ver o meu filho completamente curado da doença que tomou conta de todo o seu corpo. Com o seu poder e com o consentimento de Deus, Giuseppe voltará a ser uma criança saudável e poderá, mais tarde, tornar-se médico e ser uma pessoa útil para a sociedade. O que lhe estou implorando, santa Paulina, sai do mais profundo do meu ser, por esse motivo tenho certeza de que a senhora não recusará atender ao coração de um pai e de uma mãe que lhe rogam humildemente o auxílio divino. Amém.

Após fazer a oração, exausto, Donato caiu em sono profundo. Na manhã seguinte, foi até a marcenaria, procurando cumprir com suas obrigações da melhor maneira possível. Notando seu abatimento, Don Genaro convidou-o para almoçarem numa cantina italiana. Lá, procurou fazer com que colocasse para fora o que lhe ia na alma:

— Como você está se sentindo, Donato?

— Para dizer a verdade, Don Genaro, estou péssimo. Espero que isso não esteja atrapalhando o meu trabalho na marcenaria.

— Sossegue! Não está. O que estou lhe pedindo é que ponha seus sentimentos para fora. Isso vai lhe fazer bem.

— Pois é, estou completamente despedaçado. O senhor não sabe o que é ver o próprio filho definhando num leito de hospital.

— Nunca passei por isso. Imagino, porém, o sofrimento de quem vivencia tal situação.

— Se eu não fosse uma pessoa de princípios cristãos, não sei o que seria de mim.

— Esses princípios lhe dão sustentação, Donato. Não os abandone agora.

— Eu os recebi de meus pais e não pretendo desfazer-me deles. Entretanto, devo ser honesto com o senhor, que tanto tem me ajudado, e dizer que não acredito mais na cura de Giuseppe.

— O que o levou a essa conclusão?

— Tive um sonho esta noite. Um sonho muito claro que não me sai da mente. Ontem à noite, fiz uma prece a santa Paulina, pedindo-lhe a graça de curar o meu filho. Orei com fé e confiança, depois fui dormir. Durante a noite, sonhei que uma freira muito bonita me chamou e disse: "Donato, escutamos a sua prece. Sabemos o quanto você e sua esposa amam o seu filho. Gostaríamos muito de atendê-lo, mas Deus tem um plano melhor para ele. Não se entristeça. Alegre-se, pois o melhor para Deus é o melhor para o seu filho". Em seguida, deu um breve sorriso e eu acordei. Mesmo tendo ouvido suas palavras de consolo, caí num pranto desesperado e não consegui mais dormir. Foi um aviso, Don Genaro. Qual é a sua opinião?

— Diz um conceituado escritor espírita, Martins Peralva, que há sonhos em que a alma do sonhador é envolvida na onda de pensamentos que lhe são próprios, assim como de outras pessoas. São aqueles que refletem nossas vivências do dia a dia. A alma, ao desligar-se parcialmente do corpo, absorve as ondas e imagens de sua própria mente, daquelas que lhe são afins e do mundo exterior. São os sonhos *comuns*, em que há uma diminuta exteriorização do perispírito do sonhador. Temos, todas as noites, sonhos desse tipo. Há igualmente sonhos em que ocorre maior exteriorização que nos sonhos comuns. O espírito registra acontecimentos, impressões e imagens, arquivadas no subconsciente, isto é, no cérebro do corpo fluídico, ou perispírito. Nesse tipo de sonho, o espírito flutua na atmosfera sem se afastar muito do corpo. Por assim dizer, mergulha no montante de pensamentos e imagens, que de todos os lados rolam pelo espaço, deles se impregna, e aí colhe impressões confusas, tem estranhas e inexplicáveis visões. Podem estar presentes também lembranças de existências anteriores. É o que se chama de sonho *reflexivo*. Mas temos sonhos em que há uma exteriorização ainda maior do perispírito. Afastando-se do corpo e conseguindo maior liberdade, a alma passa a ter uma atividade real na dimensão espiritual. Ela se liberta do corpo físico, desprendendo-se da matéria, e percorre a superfície da Terra alcançando o mundo espiritual, onde procura os seres amados, seus parentes, amigos, guias espirituais e até desafetos, os inimigos. O que acontece em tais sonhos é real e não uma fantasia da mente, a isso se dá o nome de sonhos *espíritas* ou sonhos *reais*.

— Foi esse último o sonho que tive. Não resta dúvida. Só não entendi o que é peri...

— Perispírito. Nós somos espíritos imortais. Como espíritos, somos revestidos de um corpo físico. Vivemos no mundo, não é verdade?

— Sim.

— Por essa razão precisamos de um corpo físico, que se adapte às características materiais deste mundo. Mas o espírito, para poder utilizar este corpo, feito de matéria densa, precisa de um elemento intermediário, pois o espírito é imaterial. O intermediário é um corpo feito de matéria fluidificada, rarefeita, sutil. Trata-se do elo que une o espírito ao corpo físico. Denominamos esse intermediário de corpo fluídico, corpo espiritual ou perispírito.

— Entendi.

— Chamamos de alma ao espírito encarnado. E a alma está sempre ligada ao perispírito. Ela é inseparável. Ao adormecermos e, como espírito, deixamos o corpo físico, desligamo-nos dele e levamos conosco o perispírito, que também fica ligado ao corpo por meio de um filamento denominado cordão fluídico ou cordão de prata. O perispírito, Donato, é o corpo semimaterial do espírito. Por meio dele, o espírito tem as sensações referentes ao mundo material, através dos sentidos, e envia ordens ao corpo físico, transmitindo-lhe os movimentos expressos pela sua vontade. Quando este corpo sólido é destruído pela morte, o espírito separa-se definitivamente dele, mas continua envolto pelo perispírito.

— Acho que entendi, Don Genaro. Mas, neste momento, o mais importante é que o sonho que tive não foi comum. Foi mesmo um *sonho real*. Aconteceu de verdade. Por isso, não tenho mais dúvida: Deus está chamando meu filho de volta.

Nesse momento, Donato não chorou. Pareceu ter entendido a mensagem no fundo de sua alma. Mas, mesmo assim, ficou pasmo diante do que lhe fora revelado em sonho. Sem pensar em si, perguntou:

— E agora? Como vai se sentir Marcela? E Roberta? Meu Deus! Não sei o que fazer.

# 9
# O desenlace

FAZIA POUCO MAIS DE UM MÊS QUE Giuseppe estava internado. Emagrecera muito, perdera os fios de cabelo e demonstrava sinais evidentes de exaustão física. No fundo, Marcela já sabia o que estava acontecendo, mas o seu coração de mãe não aceitava as evidências do desenlace próximo. Cuidava do filho com todo amor e carinho, tendo por retribuição os sorrisos constantes que Giuseppe não perdia, mesmo em meio ao sofrimento que o dilacerava. As visitas eram constantes, principalmente porque fora quebrada a regra do horário. Numa tarde, enquanto Giuseppe dormia, bateram à porta e quando Marcela a abriu, entraram cinco palhaços, rindo e chamando o garotinho pelo nome:

— Giuseppe! Giuseppe!

Ao acordar, um largo sorriso surgiu em seus lábios. Um dos palhaços imediatamente lhe perguntou:

— Está vendo esta flor, Giuseppe?

Ao responder afirmativamente, o palhaço colocou um pano vermelho sobre ela e fazendo gestos engraçados, enquanto os outros dançavam, retirou rapidamente o pano e, para surpresa de Giuseppe, no lugar da flor apareceu uma bola de plástico.

— O que você fez, Giuseppe? Não era uma flor que estava aqui?

— Era — respondeu o menino, rindo. — Você é mágico?

— Não. Bem, como a flor sumiu e apareceu uma bola na minha mão, ela é sua.

— Você gosta de chocolate? — perguntou outro palhaço.

— Gosto.

— É por esse motivo que está com um tablete em cima da cabeça? — dizendo isso o palhaço fingiu que retirou a barra da cabeça de Giuseppe e lhe mostrou. — Veja o que estava na sua cabeça. Agora ela é sua.

Outras mágicas foram feitas, deixando o menino feliz como nunca estivera entre as paredes daquele apartamento. Uma mocinha também entrou no quarto e cantou algumas músicas, acompanhada por um violonista. Giuseppe prestava muita atenção a tudo o que acontecia. Por fim, deixaram-lhe um jogo de tabuleiro de presente, que ele colocou ao seu lado. Após esses minutos de muita alegria, os palhaços saíram alegremente do quarto e se deslocaram para outro aposento. Os olhos de Giuseppe estavam acesos. Pareceu recobrar forças. Quando o pai e Roberta chegaram, à noite, ele quis jogar com a irmã, colocando com cuidado as peças no tabuleiro.

Donato notou a diferença na expressão fisionômica do filho e comentou com a esposa, que ficara muito agradecida aos atores daquele *show* inesperado.

— Você sabe que os palhaços são médicos ou voluntários deste hospital?

— Verdade?

— Disseram-me que fazem todas essas brincadeiras para levar alegria e descontração às crianças doentes e também a seus familiares. Fiquei muito contente por ver Giuseppe se divertindo.

Depois de algum tempo, tendo Giuseppe adormecido e Roberta saído do quarto com uma psicóloga do hospital, Donato, que havia conversado antes com Yolanda, tentou relatar com muito tato a condição terminal do filho. Marcela, contudo, não aceitava a verdade que se revelava mais clara a cada dia que passava.

— Deixe de ser pessimista, Donato. Vire essa boca para lá.
— Conversei ainda há pouco com a dra. Yolanda.
— Você gosta de ouvir notícias tristes, não é mesmo?
— Marcela, temos de ser realistas.
— Só porque você teve um sonho bobo? Não era você que tanto falava na tal da providência divina? E então?
— Você tem razão. Desconhecemos o que Deus destina a Giuseppe, mas devemos estar cientes de que, pela medicina, ele está desenganado.
— Acho que vocês estão enganados. Ele vai ficar bom, mesmo que só eu acredite nisso.

Não dava para manter um diálogo racional com Marcela. Ela simplesmente não aceitava a realidade que se desenhava cada vez mais clara. Em psicologia clínica, costuma-se dizer que a pessoa que assim age está usando um *mecanismo de defesa* chamado *negação*. Dessa forma, o indivíduo não aceita na consciência algum fato que perturba seu ego. Ele fantasia que certos acontecimentos não são, de fato, do jeito como realmente são. Trata-se, pois, da tendência de negar sensações dolorosas, que causam o que parece ser uma situação insuportável. Admitir que o filho poderia desencarnar a qualquer momento era demais para o amor materno de Marcela. Daí não aceitar que ninguém falasse a respeito, fosse a médica, a psicóloga ou mesmo o marido. Donato achou melhor mudar de assunto e falou um pouco sobre Roberta.

— Como ela está, Donato?

— Apesar do momento que estamos vivendo, ela está bem.

— E na escola?

— Tirou nove e meio na prova de Português que fez ontem e dez em Ciências.

— Que bom! Ela é muito estudiosa. E o Giuseppe também. Assim que ficar bonzinho, vai voltar a ser o *aluno nota dez*, que sempre foi.

Já estava na hora de retirar-se. Donato deu um beijo na testa do filho que, acordando, disse-lhe, como numa despedida:

— Papai, eu o amo e sempre vou amá-lo. Você é o pai que pedi a Deus.

Donato apertou-o contra o peito e ele concluiu:

— E você, mãezinha, é uma santa. — Riu e falou quase ao ouvido de Marcela: — santa mãezinha, eu a adoro.

Nesse momento Roberta entrou; vendo o irmão acordado, abraçou-o com muito amor.

— Não fique triste, Roberta. Eu ainda vou ajudá-la muito em seus estudos, mesmo você não precisando. — E concluiu, numa linguagem premonitória: — Você vai dar muitas alegrias ao papai e à mamãe. Estou orgulhoso de você, maninha.

Estava encerrada a visita. Don Genaro acabara de conversar com Yolanda e, encontrando-se com Donato, levou-o com Roberta até o carro. Giuseppe voltou a dormir e Marcela, embora extremamente fatigada, não conseguiu adormecer.

෴

Era início da madrugada, quando Giuseppe recebeu a visita de uma enfermeira e de um médico de plantão. Apenas sorriu e adormeceu novamente. Marcela, a conselho médico, tomara um sonífero para conciliar o sono.

Pouco tempo depois, Giuseppe acordou. Viu o avô Terêncio e a avó Ernestina entrarem no quarto. Chegaram sorridentes e de braços abertos.

— *Nonno! Nonna!* Que bom vocês terem vindo!

— Nós não iríamos faltar nesta hora, lindinho — falou a avó, afagando a cabeça do neto.

Terêncio e Ernestina tinham desencarnado havia alguns anos, quando Giuseppe era muito pequeno. Porém, ao vê-los, ele não teve dúvida de quem eram.

— Viemos buscá-lo, Giuseppe — disse o avô. — Você vai morar num lugar muito bonito e feliz.

— E meus pais, minha irmã?

— Eles, por enquanto, vão ficar. E pensarão sempre em você com muito amor no coração. Eles o amam muito, Giuseppe.

— Eu sei, mas gostaria que fossem comigo.

— Um dia todos vão se encontrar novamente.

— Vocês prometem?

— Prometemos.

— Então eu vou.

Nesse momento, ele viu Roperto, um amiguinho que falecera vítima da tuberculose. Sorriu e perguntou:

— O que você faz aqui, Roperto?

— Vim chamá-lo para jogar bola comigo. Sua *nonna* disse que você virá morar no mesmo lugar que eu.

Giuseppe ainda teve tempo de dar um beijo na face da mãe, que se debruçara a seu lado, e partiu suavemente, amparado pelos avós e ladeado pelo amiguinho. Estava cumprida a sua estada no planeta, na presente encarnação.

O Sol começava a lançar seus raios quando Marcela acordou sobressaltada. Olhou para Giuseppe e achou que ele dormia tranquilamente. Passados, porém, alguns segundos, olhou novamente e notou algo estranho. Levantou-se e tocou o rosto do filho. Estava frio. Sentiu uma pontada no peito, enquanto apertava o botão para chamar alguma enfermeira, que chegou rapidamente, dirigindo-se à cama do garoto.

— Pelo amor de Deus, diga que tudo está bem.

A enfermeira apenas disse:

— Já volto.

Rapidamente, chegou ao quarto o médico que atendera Giuseppe na madrugada. Após tocar na testa e no pulso da criança, disse, com um desconsolo visível:

— Dona Marcela, Deus chamou Giuseppe. Ele não está mais aqui.

Atordoada, Marcela sentou-se na cama e desfaleceu, sem dizer nenhuma palavra. Quando recobrou a consciência, caiu num pranto desesperado.

— Meu filho! Meu filho! Responda! Giuseppe, diga alguma coisa, pelo amor de Deus!

Logo chegaram Donato e Don Genaro. O pai beijou a testa gelada do filho e derramou lágrimas sentidas, enquanto dizia para Marcela:

— Sejamos fortes, *amore mio*. Giuseppe não está mais sofrendo.

Marcela demonstrava nada ouvir. Fora sedada, mas parecia ter-se encapsulado no mundo interior, não percebendo o que se desenrolava à sua volta. Apenas, de vez em quando, balbuciava tristemente:

— Giuseppe, meu menino...

Quando Roberta chegou, acompanhada por Bruna e Zeca, Donato correu para abraçá-la e, levando-a para o corredor, procurou dar-lhe com toda delicadeza possível a notícia. Para sua surpresa, ela falou pausadamente:

— Fique tranquilo. Eu já sabia, pai.
— Como assim?
— Quando eu estava dormindo, de madrugada, tive um sonho. Giuseppe chegou até mim, abraçou-me e disse: "Eu preciso partir, Roberta. Não fique triste. Irei para um bom lugar e estarei sempre com você, irmãzinha". Depois me deu tchau e desapareceu.
— E você?
— Chorei um pouquinho, mas como ele pediu para eu não ficar triste, procurei atender ao seu pedido.
— Você é um anjo, filhinha. Vamos, então, consolar sua mãe.

Marcela parecia em outro mundo. Respondia com monossílabos ao que lhe diziam e não saía da cadeira onde se instalara.

Em pouco tempo, o corpo foi preparado pelos funcionários da agência funerária e levado para o velório, no próprio hospital. Aos poucos, chegaram parentes e amigos do casal. Cada um levava uma palavra de consolo, mas todos estavam muito entristecidos com o que ocorrera. Era meio-dia quando compareceram ao velório a diretora da escola e seus auxiliares. Às três da tarde, chegaram os funcionários da marcenaria. Devido ao estado avançado da doença que vitimara a criança, escolheu-se o enterro para o fim da tarde. Colegas de escola, amigos e familiares estiveram no cemitério. Não faltaram também os moradores da Vila Roma, pasmos com o que ocorrera. Ouviam-se palavras ditas em voz baixa:

— O menino parecia tão saudável, tão esperto!
— Era muito inteligente. Foi até premiado na escola.
— Alguma coisa me dizia que o fim seria esse.
— O que será de Marcela? Ela adorava Giuseppe.
— Deus sabe o que faz.

Antes de o caixão ser baixado à sepultura, Ruth leu um pequeno texto da Bíblia e Don Genaro foi instado a dizer algumas palavras. Também um padre fez suas preces e finalmente consumou-se o enterro.

A volta para casa foi muito triste. Algumas pessoas permaneceram ali por poucos minutos e depois se despediram. Quando todos haviam deixado a residência, Donato pediu a Don Genaro que dissesse algumas palavras a Marcela. Com suavidade, e procurando levar-lhe o máximo de consolo, o amigo de Donato conversou alguns minutos com a mãe desolada. Ela apenas balançava a cabeça, dando a entender que estava ouvindo. Também Don Genaro despediu-se, pedindo insistentemente a Donato que ligasse a qualquer hora, caso precisasse de alguma ajuda.

— Obrigado, Don Genaro. O senhor se mostrou mais uma vez um verdadeiro pai. Muito obrigado. Se precisar, ligarei. Agora, por favor, vá descansar. O senhor fez mais do que eu poderia esperar.

O amigo deixou a casa e o silêncio tomou conta do ambiente. Apenas Roberta recordava para os pais algumas passagens da última existência de Giuseppe.

∾

Eram sete horas da manhã quando a campainha tocou. A família iniciava o café. Ao abrir a porta, Donato viu Don Genaro, que o abraçou.

— E aí, Donato? Está melhor?

— Mais ou menos, Don Genaro. Mas entre, por favor.

Don Genaro cumprimentou Marcela que, mesmo sem nenhuma vontade de fazer o desjejum, tinha preparado o café e servia Roberta.

— Desculpe o meu ar de abandono, Don Genaro, mas é assim mesmo que estou me sentindo.

— Eu entendo. O que você está passando é uma verdadeira provação. E você, lindinha, como está?

Roberta sorriu e foi abraçar Don Genaro, que ela considerava um grande avô, mesmo o conhecendo havia tão pouco tempo.

— Como sei que você gosta de estudar, trouxe-lhe um livro muito bonito.

— Corpo humano! Que legal! Obrigada, Don Genaro.

— Você merece, lindinha. Você é muito bacana. É minha *bambina* preferida.

— Sente-se, Don Genaro, venha tomar um café conosco.

— Obrigado, Donato. O aroma não poderia ser melhor. Mas vim aqui convidá-los para darem um passeio comigo.

— Desculpe, estou tão abatida que não seria boa companhia para ninguém — disse Marcela, sem jeito. — Nunca vou me recuperar da morte do meu filhinho querido — e começou a chorar.

— Eu ficaria preocupado se a senhora estivesse se sentindo diferente, dona Marcela.

— Não precisa me chamar de dona. Uma pessoa tão superior como o senhor não precisa de cerimônia conosco. Mas eu sempre o chamarei de "senhor".

— Agradeço, mas não sou nada superior. Só se for o superior de Donato na marcenaria.

— Por falar nisso, Don Genaro, amanhã estarei lá, sem falta. Não me sinto bem, ficando em casa.

— Eu também quero ir à escola — disse Roberta, aproveitando a ocasião.

— Tudo bem, Roberta, você vai à escola. Será melhor.

Don Genaro deu um tapinha nas costas de Donato e disse:

— Sei que você é um funcionário exemplar, mas é melhor que fique com sua esposa nesta semana. Segunda-feira você volta ao trabalho. Marcela não pode ficar sozinha.

— Eu não ficarei, Don Genaro. Passarei os dias na casa de dona Bruna. Ela já me disse que não vai deixar que eu fique aqui sozinha.

— Nesse caso, Donato, espero você na marcenaria amanhã. Mas não me cause problema com a CLT, hein! — Depois de rir, perguntou: — E o meu convite? Foi recusado? Isso não é uma desfeita?

— Falando assim, sou praticamente obrigada a aceitar. Jamais faria uma desfeita ao senhor.

— Bem, nesse caso, só se Roberta recusar — disse, rindo, Don Genaro.

— Eu quero ir com o senhor.

— Aonde vai nos levar? — perguntou Donato, curioso.

— Passaremos o dia numa pousada, nas redondezas da rodovia Castelo Branco.

— Mas o senhor já pagou o enterro e agora...

— Agora pagarei um dia muito gostoso. Quero ver se Roberta sabe nadar.

— Tem piscina lá, Don Genaro?

— Antes que Marcela diga alguma coisa, esclareço que Roberta ficará com uma profissional especializada em cuidar de crianças. A recreacionista sabe nadar muito bem. Fiquem tranquilos. Quanto a nós, bateremos bons papos. Aliás, já estamos atrasados.

Marcela sentiu uma onda de tristeza e de sentimento de culpa.

— Será que devo ir? Afinal, o enterro foi ontem. Meu Giuseppe está morto.

— Sobre isso, falaremos mais tarde. O que devo dizer-lhe, na condição de pessoa mais velha e mais experiente, é que você não pode ficar fechada em casa remoendo o passado. Isso faz muito mal e pode tornar a situação muito mais difícil, tanto para você como para seus familiares.

— Não quero ser um estorvo nem pretendo prejudicar ninguém.

— Daí a importância de dar continuidade à sua vida. Você precisa de bom ânimo e saúde para administrar a sua casa e, principalmente, para manter a educação desta *bambina* maravilhosa.

— Tudo bem. Eu vou, mesmo sem vontade.

Em pouco tempo, todos saíram. Marcela avisou Bruna, que a incentivou a fazer o passeio. Mais tranquila, ela entrou no carro e eles partiram rumo à pousada. Durante o trajeto, Don Genaro contou casos alegres e falou a Marcela sobre o trabalho de Donato na marcenaria.

— *Questo supervisore* é melhor do que eu poderia esperar, Marcela. Todos seguem as suas instruções e aceitam suas correções. Ele sabe como agir para motivar os marceneiros. Acho até que já não sou mais necessário ali.

— Não exagere, Don Genaro. Sem o senhor, a marcenaria não funcionaria um dia sequer.

— Não ouça o que ele diz, Marcela. Consegui o profissional certo para a marcenaria, mas, acima de tudo, encontrei um grande amigo.

Marcela foi melhorando, à medida que a conversa se tornava cada vez mais descontraída. E, para sua surpresa, quando menos esperava, Don Genaro já saía da via principal e entrava por uma estrada asfaltada bem mais estreita. Em pouco tempo, o carro parava diante do casarão da pousada.

— É aqui que passaremos o nosso dia — afirmou Don Genaro.

Andando um pouco pela área, Roberta ficou feliz com a beleza do local.

— Que bonito, Don Genaro. Nunca estive num lugar assim.

Após conversar com o funcionário da recepção, Don Genaro saiu com os três amigos, dando explicações sobre o local. Depois, deixou Roberta com a recreacionista, pedindo todo o cuidado com a garotinha, e saiu a passear com Donato e Marcela. Sentaram-se mais tarde na varanda, à beira da piscina, de onde podiam ver Roberta divertindo-se com outras crianças na piscina infantil.

— É isso que vocês precisam manter em seu lar daqui para a frente.

— O que, Don Genaro? — perguntou Donato.

— A alegria de Roberta. Eu os trouxe aqui exatamente para que pudessem ver como deverá ser a vida de vocês daqui para a frente.

— Mas, Don Genaro, com a perda do meu filho, como posso voltar a ser alegre?

— Marcela, permita-me fazer duas observações: primeiro, você não *perdeu* seu filho; segundo, se vocês não mantiverem um ambiente alegre e saudável, o que será de Roberta? Deixem-me começar pela segunda observação. Roberta precisa, principalmente, a partir de agora, de muito cuidado, carinho, amor e muita alegria. Tristeza traz doença e doença da mente. Vocês querem que Roberta caia em depressão?

— Deus nos livre, Don Genaro — disse Marcela, olhando instintivamente para a filha, que ria das brincadeiras de um garoto na piscina.

— Então, vocês têm de demonstrar alegria. É claro que nesses primeiros momentos, isso será bastante difícil e vocês têm todo o direito de chorar, sempre que a saudade bater. A tristeza autêntica não é um mal, estejam certos disso. Mas a tristeza crônica torna-se depressão. Logo vou lhes contar por que não há motivo para caírem no desespero. O importante agora é que deem vazão à tristeza que sentem, mas não deixem que Roberta seja levada ao desalento. Façam com que ela mantenha o amor que sempre dedicou ao irmão. Um meio de manter esse vínculo saudável é fazer todos os dias uma oração por Giuseppe, para o seu bem-estar no mundo espiritual.

— O senhor tem razão, Don Genaro. Você não acha, Marcela?

— É. Pensando bem, sim. Devo dizer, entretanto, que vai ser muito difícil. Cada vez que penso no meu Giuseppe, o meu peito parece que vai partir em dois e sinto vontade de chorar. Como agora, Don Genaro — e começou a soluçar.

— Isso é perfeitamente normal. Dê vazão à sua tristeza, Marcela. — Esperando que ela se recompusesse, Don Genaro continuou: — Marcela, você expressa agora, por meio do choro, todo o seu amor pelo filho que partiu. Qualquer mãe que ama o filho faz o mesmo. O que estou dizendo é que Roberta vai precisar de um ambiente alegre. Ela também está triste e vai chorar ainda várias vezes. Não a interrompa e não permita que a vida de vocês se torne uma lamentação ininterrupta. Veja como Roberta entrega-se neste momento à alegria das outras crianças. É como se ela doasse ao irmão, não as lágrimas, mas a alegria que ele também merece onde se encontra. O que você acha?

— O que o senhor fala faz sentido. Continuo dizendo que vai ser muito difícil, mas farei o possível para dar a Roberta uma vida cheia de alegria e de realizações.

— Concordo. Don Genaro acaba de nos alertar para que não caiamos numa tristeza sem fim, o que faria um mal terrível não só à nossa filha, mas também a nós mesmos.

Pairou um silêncio reflexivo entre os amigos, enquanto na piscina as crianças brincavam, riam e falavam alto, sob o olhar atento da recreacionista. Don Genaro chamou um garçom e pediu um suco de frutas naturais para cada um. Após alguns minutos de silêncio, Donato perguntou:

— O senhor disse que falaria também a respeito da segunda observação.

— Sem dúvida. Refere-se ao que disse Marcela quanto à "perda do seu filho". — E, dirigindo-se a ela: — Na verdade, você não perdeu seu filho. Você é católica, não é mesmo?

— Sim, embora esteja decepcionada, pois Deus não ouviu nossas orações. Se tivesse ouvido, Giuseppe estaria vivo.

— E está, Marcela. Na verdade, ele não morreu, apenas mudou de domicílio. Trocou de endereço.

— O senhor diz isso só para me consolar, não é mesmo?

— Não, Marcela.

Nesse momento, chegou Roberta falando sobre a delícia que estava a água e a fome que já estava sentindo.

— Muito bem — falou Don Genaro —, então por que não almoçamos?

— E a explicação que o senhor ia dar?

— Cuide agora desta linda menina. Vamos almoçar e quando ela for brincar na sala de jogos com os amiguinhos, conversaremos tranquilamente. O que vocês acham?

Tudo combinado, Don Genaro aguardou, enquanto Donato e Marcela levaram Roberta ao apartamento que lhes fora destinado. Era necessária muita paciência, nesse período de transição.

# 10
# *Explicações*

Terminado o almoço, enquanto a recreacionista conduzia Roberta e as outras crianças à sala de jogos, Don Genaro propôs fazerem um passeio sob o arvoredo da pousada. Depois de andarem por algum tempo, pararam sob uma grande árvore, em cujo local, muito agradável, havia alguns bancos de madeira em formato de círculo. Marcela, suspirando, pediu:

— Fale-nos, Don Genaro, sobre a segunda observação, a de que Giuseppe não morreu e de que não o perdi.

Olhando nos olhos de Marcela e de Donato, Don Genaro principiou a explicação:

— Sendo vocês espiritualistas, sabem muito bem que somos espíritos revestidos de um corpo físico para viver no plano terreno, não é mesmo?

— O senhor já nos falou sobre isso — comentou Marcela —, mas gostaríamos que falasse novamente.

— A visão espírita é diferente da católica, entretanto, ambos concordam que somos espíritos imortais. Ora, se somos espíritos imortais, Giuseppe também é, concordam?

— Claro! — respondeu Donato. — Estamos de pleno acordo, não é, Marcela?

— Sim.

— Portanto — continuou Don Genaro —, se ele é um espírito imortal, significa que não morreu. Ou, então, vocês não são católicos.

Marcela e Donato entreolharam-se e baixaram a cabeça.

— Esse assunto é de uma lógica irrefutável, meus caros — completou Don Genaro, continuando: — Sendo espírita, vou falar-lhes sobre esse tema, segundo a visão do próprio espiritismo. Pois bem, somos espíritos criados por Deus simples e ignorantes, mas contendo em potência, em gérmen, a perfeição. Foi por esse motivo que Jesus disse certa vez: "Sede perfeitos como vosso Pai Celestial é perfeito". Faz parte da perfeição possível ao espírito o atributo da imortalidade. Portanto, somos imortais. A nossa natureza é divina, pois a nossa origem está em Deus, nosso Criador.

— Mas, se somos perfeitos, por que cometemos tantos erros? — perguntou Marcela.

— Porque somente atingimos a perfeição depois de muitas encarnações. Você acha, Marcela, que seria possível numa única existência alguém se tornar perfeito?

— Não, mesmo que vivesse mais de cem anos. Pelos idosos que conheço, só posso concordar com o senhor.

— Pois é. Vivemos inúmeras encarnações, tantas quantas necessárias para atingirmos o ápice da perfeição e nos tornarmos espíritos puros.

— E isso vai acontecer?

— Deus nos criou para que fôssemos perfeitos e felizes. Não fomos criados para sofrer.

— Então, por que sofremos?

Marcela estava muito interessada, afinal, o assunto dizia respeito não apenas a ela, mas ao filho que acabara de desencarnar. Donato estava mais silencioso, pois já tivera conversas semelhantes com o amigo.

— Sofremos porque nos desviamos da Lei de Deus. São nossos desvios que nos levam a trilhas de dor e sofrimento. Mas Deus é paciente. Ele aguarda nosso retorno. E, infalivelmente, segundo a lei do progresso, voltamo-nos outra vez para Ele e damos sequência ao nosso autoaperfeiçoamento. É verdade que temos toda a eternidade para atingirmos a perfeição, mas por que esperarmos se podemos alcançar a felicidade de forma mais rápida? Vocês notam que a rapidez ou o retardo na caminhada para a perfeição depende de nós, do nosso livre-arbítrio?

— Gostaria, Don Genaro, que o senhor nos explicasse melhor sobre esse livre-arbítrio, mas agora estou mais interessada no meu filho. Se ele não morreu, como o senhor acaba de dizer, onde está?

— Como lhe disse, vivemos muitas encarnações até nos tornarmos espíritos puros e não precisarmos mais reencarnar. Entretanto, quando a reencarnação ainda é necessária e desencarnamos, passamos a viver num estado de erraticidade. Trata-se do período de transição entre uma encarnação e outra.

— E onde o espírito fica nesse período?

— Depende de seu progresso espiritual. Pessoas que passaram a existência presas à matéria ou que praticaram atos injustos em relação ao próximo, transgredindo as Leis Divinas, permanecem em regiões próximas à crosta terrena ou, em casos extremos, em regiões umbralinas e até abismais, de onde só saem quando o arrependimento toma conta do coração e elas imploram pelo socorro divino. Ali, como disse Jesus, "há choro e ranger de dentes". Mas não é o inferno. Para os católicos, o inferno é a região para onde vão as almas daqueles que cometeram pecados mortais e lá estes sofrem eternamente pelos erros cometidos voluntariamente.

— É o lugar destinado à punição das almas dos condenados e onde habitam os demônios — disse Marcela, fazendo o sinal da cruz.

— Essa é a visão católica. Nós, espíritas, quando falamos das regiões umbralinas, não nos referimos ao inferno. Não existe quem seja punido por toda a eternidade. Sempre temos, pela misericórdia divina, a possibilidade do perdão. É verdade que temos de resgatar todas as dívidas acumuladas, uma a uma, porém, mais cedo ou mais tarde, ressarcimos todas elas, dando continuidade à nossa evolução espiritual. As regiões umbralinas são temporárias e não eternas.

— E aqueles que passaram a existência no cumprimento das Leis de Deus, para onde vão? — perguntou Marcela.

— Vão para os níveis correspondentes ao seu desenvolvimento espiritual. Quanto mais elevado o nível, maior a alegria e a felicidade de que desfrutam. Não se trata, porém, do céu, como entendido popularmente, ou seja, um lugar onde se goza de uma felicidade passiva, onde se adora eternamente a Deus, ouvindo-se músicas belíssimas e vivendo-se em ociosidade por toda a eternidade. Aqueles que atingem o grau supremo da perfeição possível ao ser humano, tornando-se espíritos puros e não precisando mais reencarnar, assumem o papel de mensageiros divinos e continuam a ajudar o progresso espiritual dos que ainda não atingiram esse nível. Quem atingiu esse ponto supremo já não tem nenhuma influência da matéria e possui superioridade intelectual e moral absoluta. Goza de inalterável felicidade, porque não está mais sujeito nem às necessidades nem às instabilidades da vida material. Além de assistir os homens nas suas aflições e de estimulá-los ao bem, ele executa as ordens divinas para a manutenção da harmonia universal. Esse trabalho, para ele, é uma ocupação agradabilíssima.

— Nunca tinha ouvido alguém falar do céu desse modo. Mas achei muito interessante. Contudo, o que acontece com uma criança que acaba de morrer? Afinal, ela não é má, mas não teve tempo de executar o bem necessário para gozar da felicidade eterna. Mais uma coisa: será que Giuseppe sofreu ao morrer e se ver sozinho, isolado da mãe, do pai e da irmãzinha de quem tanto gostava?

— A sua preocupação é razoável, Marcela. Quero, pois, apaziguá-la. Em primeiro lugar, Giuseppe não sofreu ao desencarnar. O seu sofrimento ocorreu durante a vida terrena, particularmente quando a doença consumia seu corpo frágil. No momento do desenlace, ele não sofreu. Em segundo lugar: ele não partiu sozinho.

— Não?

— Ele recebeu a ajuda de amigos e familiares já desencarnados. Foram eles que o levaram ao lugar de refazimento que lhe estava destinado. Ele esteve, portanto, sempre muito bem acompanhado e não sentia mais nenhuma dor, pois estava livre do corpo físico, cujas células haviam se tornado doentes.

— O senhor tem certeza de que ele não está sofrendo?

— Tenho, Marcela.

— E de onde o senhor tirou todo esse conhecimento?

— Da Doutrina Espírita. Já estudei inúmeros relatos de pessoas que passam pelo fenômeno chamado "morte". Vários pesquisadores já chegaram a conclusões semelhantes. E tenho o testemunho da minha esposa, também desencarnada. Mas sobre isso falarei com você em outra oportunidade. Agora quer saber para onde vai a criança que desencarna, não é?

— Exatamente.

— Devo dizer-lhe inicialmente que uma criança pode ser um espírito muito antigo, em uma nova encarnação. Nesse sentido, pode ser até mais velha que os próprios pais.

— Não entendi nada, Don Genaro. Dá para explicar melhor?

— O espírito, para chegar à perfeição, precisa de muitas encarnações. Isso significa que, a cada nova reencarnação, ele toma o corpo de uma criança que vai se desenvolvendo até se tornar um ser adulto, prosseguindo rumo à velhice. *Capisce,* Marcela? E você, Donato, entendeu?

— Sim.

— Ótimo. Então, acompanhem o meu raciocínio. Se um espírito, que já reencarnou muitas vezes, está novamente encarnando, ele toma um corpo infantil. Fisicamente é uma criança, no entanto, trata-se de um espírito já vivido. Em outras palavras, como espírito, está ali um adulto. Entretanto, ele precisa esperar que o corpo físico desenvolva-se para exercer com eficácia a razão e a vontade, agindo realmente como um adulto. Suponhamos, porém, que ele venha a desencarnar com nove anos. Como o corpo é de uma criança, o cérebro não está ainda plenamente desenvolvido, de modo que o espírito só podia agir como uma criança. Estão acompanhando?

— Creio que sim — disse Marcela. — Quer dizer que o espírito, mesmo sendo antigo, só pode agir como criança, porque o cérebro, ainda não desenvolvido, só permite que ele se comporte assim.

— Exatamente. A inteligência do espírito fica limitada, enquanto a idade não lhe amadurece a razão. Somente com o desenvolvimento completo dos órgãos da inteligência é que ele pode fazer uso pleno da razão e da vontade. Mas quando uma criança de nove anos desencarna, teoricamente, como o espírito não depende mais do cérebro físico, recobra logo as faculdades intelectivas, passando a comportar-se como um adulto. Na verdade, o espírito, condicionado que estava pelo corpo físico, só muito devagar recobra a lucidez anterior.

— E quanto tempo demora?

— Varia de caso para caso. Quando o espírito já alcançou elevado nível evolutivo, logo assume o comando mental de si mesmo e segue seu aprendizado no mundo espiritual. Mas não é o que acontece para a maioria.

— Nesse caso, o que ocorre? — perguntou Marcela, aflita.

— Em vez de o espírito assumir a forma adulta, permanece como criança, agindo com a mentalidade de uma.

— E ele sofre?

— Não. Ele sofre um período de recuperação e reeducação até atingir o pleno uso da razão, passando a conduzir-se como adulto, na própria forma de um adulto. Há espíritos preparados para cuidar com amor e desvelo dessas crianças que passam pelo período da erraticidade, entre uma encarnação e outra. Esses espíritos nunca são abandonados. Portanto, Marcela, Giuseppe logo retomará sua forma adulta ou será amparado amorosamente até que isso venha a ocorrer, com o passar do tempo.

Marcela parecia refletir sobre tudo o que acabara de escutar. Donato já tivera oportunidade de conversar com Don Genaro a esse respeito, de modo que estava mais tranquilo. Depois de algum silêncio, a jovem mãe fez uma ressalva:

— Desculpe, Don Genaro, mas não é isso que os padres dizem. Como Giuseppe foi batizado e era uma criança pura, ele deve ter ido direto para o Céu.

— Então, por que você estava preocupada?

— Bem, não tenho certeza se isso é mesmo verdade.

— Não estou aqui no papel de um conversor, uma pessoa que busca a mudança de alguém de uma religião para outra. O que falo é apenas a constatação feita por inúmeros médiuns. Não haveria justiça nem racionalidade se uma criança, pura e inocente, fosse impedida de entrar num suposto céu por não ter sido batizada. Onde estaria a compaixão divina? Mas não é por esse caminho que quero enveredar. Basta que lembre o que foi registrado por pesquisadores que se apoiaram nas comunicações feitas por espíritos do bem.

— E o que dizem tais comunicações?

— Todas atestam que uma criança, ao desencarnar, recebe o apoio da espiritualidade, particularmente de seus entes queridos, que partiram antes para o mundo espiritual.

— Isso significa que Giuseppe não está perdido como uma alma penada?

— Com certeza, não. Ele foi muito bem recebido e já está sob os cuidados de espíritos cuja tarefa é providenciar para que ele tenha um pleno desenvolvimento até chegar o momento de um novo reencarne.

Mesmo sendo católica e nunca tendo se interessado pelos fenômenos espíritas, Marcela sentiu uma onda de tranquilidade que pareceu banhar todo seu corpo e toda sua alma. Pela primeira vez, desde que seu filho desencarnara, ela conseguiu respirar aliviada.

— Mãe, estou na sala de jogos com minhas amigas — disse Roberta passando por eles.

— Cuidado, filha.

— Fique tranquila.

∞

No início da noite, Don Genaro levou todos ao refeitório da pousada, onde foram servidos pratos saborosos, acompanhados de sucos naturais. Em seguida, voltaram para o Cambuci. Quando entrou em casa, Marcela sentiu uma pontada no peito, mas as palavras animadoras de Don Genaro fizeram com que se acalmasse e fosse tomar um banho reconfortante. Já fazia um dia que Giuseppe deixara o plano terreno...

∞

Enquanto Marcela e Roberta procuravam distrair-se, vendo televisão, Donato foi até seu quarto. Queria conversar com santa Paulina sobre o acontecido. Concentrou-se, fez uma prece inicial e, em seguida, iniciou conversação:

— Santa Paulina, serva de Deus, escute-me, por favor. Tenho de abrir meu coração para a senhora. Não estou nada contente com a sua atitude diante do acontecido em minha família. Eu tanto que lhe pedi para que devolvesse a Giuseppe a saúde de que desfrutava alguns meses atrás. E o que a senhora fez? Nada, ou melhor, veio em meu sonho dizer que iria acontecer algo melhor para o meu filho. Desde quando morrer é melhor que viver, santa Paulina? Com a morte dele, a felicidade de que desfrutávamos acabou. Nada vai ser como antes. Haverá sempre um vazio no seio da minha família. E nada, santa Paulina, nada fará mudar a situação. Perdoe-me, mas parece que, desta vez, Deus não respondeu às preces da minha família. Estou profundamente decepcionado.

O choro convulsivo tomou conta de Donato, que não conseguiu dizer mais nada. Em seguida, cansado e abatido, adormeceu. Depois de algum tempo, teve um sonho. Estava andando por uma rua movimentada quando viu uma freira andando em sentido contrário. Ela se aproximou e disse com ar sério: "Donato, eu sei que você está muito triste. Sei que sua família está com o coração partido, mas não podemos fechar-nos em nós mesmos, buscando apenas o que nos traz alegria e felicidade, sem nenhuma consideração pelos outros. Isso é egoísmo. Você já se perguntou se não foi melhor para Giuseppe sua partida? Você pode afirmar, em sã consciência, que ele não está melhor agora? Quem pode assegurar-lhe que a permanência do seu filho com vocês seria uma providência melhor do que a sua estada na espiritualidade? Pense mais nele e menos em você. Creia, ele está muito bem. Anime-se e continue a orar por ele".

O sonho terminou. Donato acordou com a estranha sensação de ter estado mesmo num lugar diferente e de ter encontrado a freira, que lhe dissera aquelas palavras dignas de reflexão. "Essa foi a resposta de santa Paulina", pensou, enquanto se certificava de estar mesmo acordado. Em seguida, foi até a sala, onde Marcela continuava diante da televisão.

— Você não vai dormir, Marcela?

— Não tenho sono. Coloquei Roberta na cama e voltei para distrair-me um pouco, mas Giuseppe não sai da minha mente. Estou desapontada, desiludida mesmo. Deus não ouviu nossas orações. O que fizemos, Donato, para merecer tamanho castigo? Que Deus é esse que pune quem o adora?

— Não fale assim, *amore mio*. É blasfêmia. É pecado grave contra Deus.

— E o que você quer que eu faça? Que me conforme com a vontade Dele? Por que Ele tirou de nós o nosso filho tão querido? Diga-me, qual crime cometemos para recebermos tremenda punição? Não sei o que fazer, Donato...

Diante do televisor sem som, Marcela chorava baixinho, pondo para fora toda a sua dor e decepção. Donato, com prudência, antes de dizer qualquer coisa, deixou que ela extravasasse sua mágoa. Quando o choro cessou, buscando palavras, ele iniciou suas considerações:

— Don Genaro já nos falou muita coisa que me fez pensar seriamente, Marcela.

— Ele é um santo, Donato, mas nem tudo o que diz é verdade. Ele está equivocado em muita coisa.

— Com todo respeito, discordo de você. Ele conhece muito mais que nós. É por nossa ignorância que, às vezes, o que ele diz parece um equívoco. Ele é estudado. Nós não somos.

— Há tanto estudado por aí que só diz besteira...

— Certamente não é o caso de Don Genaro.

— Claro! Não estou dizendo isso. Apenas me pergunto se o que ele diz não é resultado da sua própria imaginação.

— Ele me falou, Marcela, que foram escritos muitos livros sobre a vida após a morte. Foram feitos muitos estudos por pessoas idôneas. Aliás, o catolicismo também crê na imortalidade da alma. Você se esqueceu?

— Tudo bem, mas isso não impede que Deus tenha nos esquecido.

— Cuidado com as palavras, *amore mio*. Deus não esquece ninguém.

— E como você explica a morte de Giuseppe?

— Don Genaro já me disse que todos nós temos um tempo de vida. É nesse tempo que precisamos cumprir as tarefas que nos foram determinadas.

— Mas uns têm mais tempo que outros, não é mesmo? Uns são privilegiados, outros esquecidos.

— Lá vem você com seus despropósitos.

— Você acha que, uma criança consegue realizar tudo o que precisa para merecer o céu? Não é preciso mais tempo?

— Nesse caso, você está resvalando para a necessidade de novas existências. Isso é reencarnação, Marcela. E é exatamente o que disse Don Genaro. Segundo ele, em uma única existência não é possível alguém se tornar perfeito. São necessárias inúmeras reencarnações. Tanto para quem vive cento e quarenta anos como para aqueles que falecem com dez ou onze anos. Ele afirma que o espírito é criado simples e ignorante, mas com a potencialidade para tornar-se perfeito. Para isso, entretanto, uma encarnação não basta. São necessárias muitas delas a fim de que esse espírito, ou seja, você, eu, possamos atingir o ponto máximo de aperfeiçoamento, para não precisarmos de novas encarnações e vivermos definitivamente no mundo espiritual.

Marcela não respondeu. Ficou pensativa por um bom tempo. Depois, olhando diretamente para Donato, argumentou:

— Mas por que Deus permitiu que Giuseppe nos deixasse?

— Posso contar-lhe o que me aconteceu agora há pouco?

— Claro.

— Quando fui para o quarto, estava decidido a ter uma conversa com santa Paulina. Afinal, ela nasceu na Itália e tinha sangue semelhante ao nosso. Pois bem, reclamei muito e demonstrei claramente o meu descontentamento com a sua falta de ajuda para com o nosso filho. Depois, a tristeza tomou conta do meu coração, de modo que chorei muito e dormi. Nesse meio tempo, tive um sonho...

Marcela ouvia atentamente. O marido contava-lhe da melhor maneira possível o conteúdo do sonho que tivera, e afirmou convicto:

— A freira do sonho era santa Paulina. E ela quis dizer, certamente, que estamos pensando apenas em nós mesmos e não no nosso filho.

— Ah! Não me venha com essa. Se estivéssemos apenas pensando em nós mesmos, não estaríamos chorando nem comendo o pão que o diabo amassou. Discordo.

— Pense bem, Marcela O que santa Paulina disse no sonho?

— Ah! Sei lá.

— Disse que o nosso Giuseppe está melhor no céu do que aqui.

— O que você quer dizer?

— Que esta vida não pode ser melhor do que a que Giuseppe tem agora no céu, ou seja lá onde estiver. Don Genaro disse que ele está tendo todo o auxílio necessário para recompor-se e seguir sua jornada. Você não escutou? E mais, o fato de ele estar recebendo a ajuda de que necessita não é exatamente a resposta às nossas orações?

Marcela silenciou. Depois, levantou-se, desligou o televisor e falou, enquanto se dirigia para o banheiro:

— Talvez você esteja com a razão, Donato. Talvez... Mas não tenho cabeça para pensar nisso.

Donato chegou cedo à marcenaria. Foi cumprimentado pelos companheiros de equipe, que procuraram distraí-lo, deixando de fixar o assunto das conversações no desenlace de Giuseppe. Don Genaro ficou alerta quanto ao comportamento do supervisor. Notando que, aparentemente, tudo estava bem, avisou-o que iria visitar dois clientes e só voltaria no fim da tarde. O dia transcorreu normalmente. Os subordinados de Donato esforçavam-se para manter um clima de alegria e bem-estar. Como combinado, por volta das cinco horas Don Genaro voltou à marcenaria, chamando Donato em sua sala.

— E aí, *amico mio*, como foi seu dia?

— Muito produtivo, Don Genaro. Os marceneiros terminaram as duas peças em estilo colonial, exatamente de acordo com o desenho. Já os felicitei pelo excelente trabalho.

— Muito bem, Donato. Eu sabia que tudo sairia de acordo com nossos planos, mas não foi a isso que me referi. O que perguntei é como você está por dentro? Como passou o dia?

— Na maior parte do tempo me concentrei no trabalho, de modo que passei bem. Mas houve momentos em que a imagem de Giuseppe me veio à mente e eu senti um nó na garganta. Uma vez corri ao banheiro para chorar um pouco. Essa é a verdade.

— Você fez bem. Temos de dar vazão adequada aos nossos sentimentos genuínos, autênticos. O que não podemos, entretanto, é cair no desespero. Quando assim fazemos, emitimos vibrações densas para aquele por quem choramos. Nesse caso, em vez de ajudá-lo, estamos prejudicando sua recuperação. O desespero é o desalento total, que leva ao desatino, à perda do juízo. E, além disso, perturba aqueles a quem amamos e que precisam de tranquilidade para recompor-se após a desencarnação.

— Devo confessar-lhe, Don Genaro, que só não caí no desespero devido ao sonho que tive com santa Paulina e às suas palavras e de dona... dona...

— Dona Rosalba, a entrevistadora do Centro Espírita.
— Ela mesma.
— Você está se referindo ao sonho que teve tempos atrás?
— Não. Falo do sonho que tive esta noite. Vou contar-lhe.

Depois que Donato narrou os acontecimentos, Don Genaro perguntou:

— Você acha que esse foi um sonho comum ou...
— Não foi um sonho comum, Don Genaro. Ela veio falar comigo ou eu fui falar com ela. Foi um sonho espírita, como o senhor chama. Só não sei como tive um sonho espírita sendo católico.
— Sonho espírita quer dizer *sonho espiritual* e não sonho que só os espíritas têm. De acordo com Allan Kardec, os espíritos podem aparecer em nossos sonhos com a finalidade de nos dar avisos e instruções. Eu diria que até mesmo admoestações. Durante o sono, quando o corpo está repousando, em completo relaxamento, a alma tem mais liberdade e condições de entrar em contato com os desencarnados. Os espíritos amigos aproveitam a oportunidade para entrar em comunicação, oferecendo-nos ajuda desinteressada. Ou seja, a alma do sonhador desdobra-se e entra em contato com os espíritos desencarnados. *Desdobrar* refere-se a desdobramento, isto é, o fenômeno por meio do qual a alma afasta-se do corpo físico, que permanece em descanso, ligado a ela por um cordão fluídico, muitas vezes chamado *cordão de prata*. Durante o desdobramento, a alma pode visitar outros locais e entrar em contato com desencarnados.
— E se a alma não voltar? Podemos morrer?
— Não, Donato. Eu disse que a alma permanece ligada ao corpo físico por meio de um cordão fluídico, que é parte do perispírito, o elo semimaterial que une a alma ao corpo. A alma apenas se desliga do corpo físico quando ocorre a desencarnação, de modo que você pode ficar tranquilo.

— Ainda bem. Don Genaro, com a ajuda que estou recebendo, mesmo sendo um momento difícil, creio que passarei com mais tranquilidade por esse período.

— Estarei sempre pronto para orientá-lo. Pode contar também com dona Rosalba. Ela ficará feliz por prestar-lhe ajuda.

— Nesse caso, será que o senhor poderia marcar uma nova entrevista com ela? Procurarei levar Marcela. Coitadinha, ela está sofrendo mais que eu. Decepcionou-se com Deus. Acho que dona Rosalba poderá ajudá-la.

— Tenho certeza de que as palavras que ela lhes disser estarão respaldadas na verdade do Cristo e trarão o consolo de que vocês necessitam.

Donato ficou mais tranquilo. Sabia que, em outros momentos, a imagem de seu filho iria aflorar à memória e, com ela, voltaria a dor da separação. Mas alimentava a esperança de que fora melhor para Giuseppe seguir para o mundo espiritual. Ali, certamente, ele estaria melhor que em meio às contradições do mundo. A recordação da sua inteligência, da sua pureza e do seu amor filial permaneceriam para sempre. E isso era fundamental na circunstância difícil por que passava aquela família habituada ao amor e à união.

# 11

# *Entrevistas*

Marcela passou quase o dia todo na casa de Bruna. A vizinha procurou distraí-la o quanto pôde. Difícil, porém, foi quando Roberta chegou da escola sozinha. A mãe abraçou-a e começou a chorar. A garotinha também abraçou a mãe e, apesar da idade, disse-lhe no ouvido:

— Mãe, não precisamos mais chorar. Giuseppe está muito bem.

— Como você sabe, minha filha?

— Tia Giovanna me falou.

— O quê? Tia Giovanna morreu há mais de cinco anos! Não seja mentirosa. Nem vamos comentar isso com dona Bruna. Em casa a gente conversa.

— Estão falando comigo?

— Sim, dona Bruna. Já está na hora de voltarmos para casa. Preciso preparar alguma coisa para o jantar.

— Hoje você não vai preparar nada. Fiz o suficiente para todos nós. Vou preparar tudo para você levar.

— Muito obrigada, dona Bruna. A senhora está sendo um anjo para nós.

Em casa, Marcela quis que Roberta repetisse o que havia dito.

— Tia Giovanna contou-me que Giuseppe está muito bem.

— Tia Giovanna já morreu, Roberta.

— Mas eu a vi. Ela está bonita, mãe. Mais bonita que antes.

— *Non è vero!*

— É verdade, sim, mãe.

— *Mia principessa, non mi piacce questa storia.* Isso não está me agradando. Eu sei que você ficou traumatizada com a morte do nosso Giuseppe, mas isso não é motivo para ser mentirosa.

— Não estou mentindo. É a mais pura verdade.

— Roberta, por amor de Deus! Acredite, *la festa è finita!* Giuseppe morreu e pronto!

— *Tá* bem. Não falo mais nada, mas que eu vi tia Giovanna, eu vi.

Marcela ficou preocupada. Teria de levar a filha a um psiquiatra, um psicólogo; enfim, alguém que desse um jeito no que estava acontecendo com ela. Quando Donato chegou a casa, o assunto foi colocado:

— Donato, precisamos levar Giovanna a um psicólogo. Com seu novo salário, penso que vai dar para fazermos isso.

— O que aconteceu?

— *Dio mio!* Ela afirma que viu Giovanna.

— Sua irmã?

— Ela mesma. E disse também que a tia lhe falou que Giuseppe está muito bem.

— Então, qual é o problema?

— Como assim, Donato? Giovanna morreu há mais de cinco anos.

— Don Genaro não conversa com a esposa dele? Ela também está morta.

— Ai, meu Deus! Vou ficar maluca.

— Tudo bem. Parece conversa de doidos, mas tenho ouvido tanta coisa, Marcela, que isso já não me preocupa. Entretanto, marquei um horário para conversarmos com dona Rosalba, já lhe falei dela.

— Dona Rosalba é psicóloga?

— Não.

— Psiquiatra?

— Não.

— Então, por que perdermos tempo com ela?

— Dona Rosalba é uma pessoa de muita cultura. E é muito sensata, também. Você vai gostar dela.

— Mas não sou eu quem precisa conversar. É nossa filha.

— Façamos um trato. Vamos falar com dona Rosalba. Se não adiantar, prometo que levaremos Roberta a um psicólogo.

— Seja o que Deus quiser. Só faltava essa: eu ir a um Centro Espírita. É o fim dos tempos, Donato...

∞

Rosalba era pedagoga. Trabalhou durante muitos anos na rede pública do Estado e agora estava aposentada. Foi inicialmente professora, passando mais tarde para coordenadora pedagógica. Com seu jeito peculiar de tratar os jovens, era muito querida pelos alunos, tendo atendido inúmeros casos de problemas psicológicos de rapazes e garotas que solicitaram sua ajuda. No Centro Espírita, era entrevistadora havia vinte anos, estando igualmente habituada a ouvir relatos diversificados de pessoas com problemas espirituais, financeiros, amorosos, enfim, problemas que acometem a vida de muitos de nós, em nosso peregrinar.

Quando o casal assomou à porta, ela sorriu e estendeu o braço, pedindo que entrasse. Donato cumprimentou-a e apresentou Marcela, que sorriu timidamente e sentou-se na cadeira indicada pela senhora.

— Já soube do desencarne de seu filho. Como vocês estão se sentindo?

— Pior impossível, dona Rosalba — disse Marcela, entre lágrimas. — Donato parece que está melhor, mas eu estou me acabando. Não sei se vou aguentar. Sabe o que é perder o filho amado no verdor da infância?

— Creio que sim, Marcela.

— Desculpe, mas só quem passa por isso pode entender.

— Minha filha desencarnou quando tinha apenas cinco anos.

Marcela, que se tornara um tanto agressiva, abriu bem os olhos e pediu desculpas.

— Desculpe. Então, a senhora sabe o que estou sentindo. Estou com outro problema, também muito grave. Minha filha disse que viu a tia, minha irmã, e que esta lhe disse que Giuseppe está muito bem. Só que minha irmã faleceu há mais de cinco anos. Não sei o que está acontecendo com a Roberta, mas a morte do irmão tirou-lhe o juízo.

— A senhora pensa assim?

— Penso.

— E se, de fato, ela recebeu uma mensagem do mundo espiritual, a fim de que vocês se tranquilizem?

— Mortos mandam mensagens, dona Rosalba?

— Posso assegurar-lhe que sim. Já recebi várias da minha filha.

— Desculpe, mas como isso acontece? Não é loucura?

— Não, Marcela. Você faz orações a Deus por meio dos santos?

— Eu fazia, principalmente para santa Maria Goretti.

— Maria Goretti não desencarnou?

— Sim, faleceu em 1902. Tenho um folheto que narra sua vida.
— Mas se ela está morta, como pode ajudá-la?
— É verdade, mas ela é uma santa.
— Isso porque a Igreja Católica assim o declarou, mas antes ela foi um ser humano como todos nós. Foi um espírito que procurou aperfeiçoar-se, não é mesmo? Não se trata de um ser privilegiado. Deus não privilegia ninguém. Tudo o que conseguimos é por nosso próprio esforço. Aliás, ela desencarnou muito cedo, não é verdade? Era um pouco mais velha que seu filho!
— Ela faleceu aos doze anos.
— Se é possível entrarmos em contato com ela, também o é com outros espíritos já desencarnados. Não há nada de loucura nisso. É claro que alguém pode valer-se dessa possibilidade para inventar histórias, porém isso não tira a validade da real comunicação com os espíritos.
— Parece que a senhora tem razão.
— Eu gostaria de conversar também com sua filha, se a senhora me permitir.
— Claro. Eu vou trazê-la. Mas, diga-me uma coisa, como posso ter certeza de que a vida não acaba com a morte?
— O espiritismo afirma que o ser humano é, essencialmente, um espírito imortal, revestido de um corpo físico. Se somos imortais, é porque não morremos. A morte é apenas a destruição do corpo físico. O espírito, porém, permanece. Um dos primeiros pesquisadores sobre a imortalidade da alma foi o grande químico inglês, William Crookes. Ele realizou pesquisas experimentais com o médium Dunglas Home e com a médium Florence Cook. Sobre esses estudos, é célebre a sua conclusão, afirmando a sobrevivência do espírito, após a chamada "morte". Ele afirmou: "Eu não disse que esses fatos eram possíveis, o que afirmei é que são verdadeiros".
— Eu nunca soube disso. A senhora sabe que não sou estudada.

— Entretanto, você pode ficar a par de conclusões como essa lendo alguns livros que estão à disposição aqui mesmo em nosso Centro Espírita.

— Um dia, no momento ainda não consigo concentrar-me em leitura nenhuma, dona Rosalba.

Donato, que permanecera em silêncio, deixando que Marcela se expressasse livremente, resolveu participar:

— O próprio Don Genaro recebe comunicações de sua esposa, não é, dona Rosalba?

— Sim. E esse tem sido um grande consolo para ele. Sabemos que ficar sem a presença física de um filho, uma esposa ou um marido não é uma experiência fácil. No entanto, certificar-se de que o ente querido continua vivendo é uma consolação maravilhosa.

— Quer dizer — perguntou Marcela — que é mesmo verdade que Giuseppe continua vivo e que pode estar muito bem?

— Com toda certeza, digo-lhe que sim. Entretanto, assim que possível, você receberá de mim um livro confirmando o que hoje lhe exponho. Donato já leu e gostou.

— Você?

— É verdade. Dona Rosalba me emprestou.

— E você não me disse nada?

— Pensei que não iria gostar. Mas iria lhe contar.

— Bem, agora não faz diferença. O que preciso saber é: por que meu filho não veio falar comigo? Se ele estivesse vivo, com certeza faria isso.

— Se ele pudesse, faria — respondeu Rosalba. — No entanto, quando desencarnamos, passamos por um período em que não temos condições de entrar em contato com o mundo terreno que deixamos.

— E quanto tempo isso demora?

— Varia de pessoa para pessoa. Todavia em geral são necessários seis meses a um ano para que o espírito possa manifestar-se.

— Quanto tempo! Bem, mas se ele está mesmo vivo já é um grande conforto. Mas será que ele não está sofrendo?

— Ele foi amparado por espíritos amigos, Marcela, e encaminhado para um local apropriado a seu refazimento. Ele não está sofrendo.

— E ele não sente saudade de nós?

— Ele está recebendo todas as informações sobre a sua nova situação e sabe que vocês estão sendo consolados. Ele sente saudade, mas está consciente de que vocês vão ficar bem. Façam orações para o pronto restabelecimento dele. Ele ficará grato ao receber as preces. Entretanto, orem com tranquilidade. Nada de choros convulsivos e desesperançados. Isso leva energia muito ruim para ele. Orem com saudade, mas com tranquilidade e muito amor. É disso que ele precisa.

Marcela e Donato saíram mais apaziguados do encontro com Rosalba. Quando chegaram a casa, souberam que Ruth fora visitá-los e estava na casa da vizinha. Dirigindo-se para lá, ela os abraçou e procurou consolá-los.

— Foi a vontade de Deus, Marcela. Quem pode dizer que conhece os desígnios divinos?

— É verdade. Eu estou mais tranquila, dona Ruth.

— Vamos, então, orar para que Deus se apiede de seu filho e o convoque para a felicidade eterna. Não creia no que dizem as criaturas que não são tementes a Deus. As palavras dos homens são frutos da ignorância em relação a nosso Pai.

— A senhora está falando dos espíritas?

— Eu estou falando de quem usa do poder da palavra para enganar os que desconhecem a vontade divina.

Sem entender muito bem, Marcela puxou uma cadeira e sentou-se. Donato preferiu ir para casa com Roberta, que até aquele momento estivera com Bruna e Zeca. Ruth abriu o seu exemplar da Bíblia e leu em voz alta:

— Abri em "Jó". Lerei os versículos vinte e seis a trinta e um, do capítulo 30:

*Todavia, aguardando eu o bem, então me veio o mal, esperando eu a luz, veio a escuridão.*
*As minhas entranhas fervem e não estão quietas; os dias da aflição me surpreendem.*
*Denegrido ando, porém não do sol; levantando-me na congregação, clamo por socorro.*
*Irmão me fiz dos chacais, e companheiro dos avestruzes.*
*Enegreceu-se a minha pele sobre mim, e os meus ossos estão queimados do calor.*
*A minha harpa se tornou em luto, e o meu órgão em voz dos que choram.*

Após a leitura, houve silêncio na sala. Em seguida, falou Ruth, procurando as palavras certas, disse:
— Este pequeno trecho mostra o que se passa em seu coração, Marcela, e no coração de seu marido. Nesta parte do livro, Jó foi posto à prova pelo espírito maligno. Afinal, ele era um homem íntegro e reto. Era temente a Deus e buscava afastar-se do mal. Entretanto, pesados males recaíram sobre sua cabeça. Ele sofreu muito, mas o que importa é o final, em que Deus restaura sua felicidade. Ele mudou a sorte de Jó. É assim que você deve pensar. Hoje, Deus a está provando, mas amanhã mudará sua sorte. Que Deus tenha piedade de seu filho.

Pouco depois, quando Marcela voltou para casa, a paz que reinava anteriormente em seu coração foi apagada pelas palavras incompreensíveis ditas por Ruth, sem explicação. Afinal, como estaria seu querido Giuseppe? Por que rogara piedade a Deus por seu filho? Por que ele não fora batizado na igreja que ela frequentava? Só quem recebia aquele batismo ia para o céu? Mas Giuseppe fora batizado na igreja católica. Não era a mesma coisa? Tudo estava obscuro na mente de Marcela, que demorou para adormecer.

∞

— Bom dia, Don Genaro.
— Bom dia, Donato. Como está?
— Bem melhor.
— E Marcela?
— Está muito confusa. Ela já não sabe se o batismo que Giuseppe recebeu na igreja católica tem o mesmo valor do batismo recebido na igreja evangélica, frequentada por Ruth. Na sua cabeça, criança que não recebe o verdadeiro batismo vai para o limbo. Não entendo muito bem disso, mas sei que, se não é o inferno, também não é o céu.

— De acordo com a doutrina tradicional da igreja católica, o limbo infantil é o lugar para onde vão as crianças que morrem sem o batismo. Elas viveriam eternamente neste lugar ou estado, sem sofrer penas, mas também sem ter a visão beatífica de Deus. Hoje, entretanto, a Igreja Católica tem adotado uma postura diversa diante da crença tradicional na existência de um limbo infantil. Dizem seus representantes que Deus tem meios invisíveis, não comunicados aos homens, para salvar todas as crianças, inclusive as que desencarnam sem o batismo.

— Eu não sabia.
— Agora, raciocine comigo: Onde estaria a compaixão divina, se realmente uma criança que não passou por um ritual criado pelos homens estivesse privada da felicidade eterna na presença de Deus? E a justiça? Afinal, não foi a criança que não quis ser batizada, mas seus pais que, por qualquer motivo não a batizaram. Você não acha estranha essa história?

— Você tem razão. O que deixou Marcela intrigada foi dona Ruth ter pedido tanto a misericórdia divina para Giuseppe. Quanto a mim, creio em suas palavras, Don Genaro, e nas de dona Rosalba. No entanto, Marcela está totalmente confusa.

— Cada um tem o seu tempo, Donato. Temos de respeitar o de Marcela. Mas nada impede que a ajudemos com nossas orações e com nossos ensinamentos, sempre que possível.

— É verdade. Ensinamento eu ainda não tenho para oferecer-lhe, mas orações certamente as farei. Tentarei também fazer com que ela leve Roberta até dona Rosalba. Esse encontro será muito importante para ambas.

— Concordo; mas faça tudo com muito tato e muita prudência. Precisamos respeitar o livre-arbítrio dos nossos irmãos.

— Sempre escuto falar em livre-arbítrio, mas, na minha falta de estudo, não sei muito bem o que significa.

— Livre-arbítrio, Donato, é a possibilidade de decidir, escolher em razão da própria vontade. Ou seja, o livre-arbítrio é a possibilidade de tomar decisões seguindo somente o próprio discernimento, a própria vontade. Em *O Livro dos Espíritos*, quando Kardec pergunta se o ser humano tem livre-arbítrio, os espíritos respondem que, tendo o homem a liberdade de pensar, tem igualmente a de agir. Sem o livre-arbítrio ele seria uma máquina. Nós temos a liberdade de fazer nossas escolhas, mas somos responsáveis por elas. Costuma-se dizer que *a semeadura é livre, porém a colheita é obrigatória*. Isso significa que escolhemos o que a nossa vontade determina; todavia, responderemos necessariamente pelo que tivermos escolhido. Digamos, por exemplo, que eu veja uma pessoa derrubar um saco de plástico sob o banco de um ônibus. Abaixo-me e o pego, vendo que ali estão amarrados muitos maços de cédulas de dinheiro. Sou livre para devolvê-las ou não. Se eu devolver, estarei aprimorando minha moralidade e adquirindo mérito espiritual. No entanto, digamos que eu decida ficar com o dinheiro, e não o entregue a seu dono. Você já pensou na responsabilidade que passo a ter a respeito dessa escolha? E se o dono daquele dinheiro o tivesse juntado com muito sacrifício para usá-lo na cirurgia cardíaca do seu pequeno filho? Digamos que sem essa cirurgia, o filho não sobreviveria. Você já pensou no débito que teria acabado de contrair por causa da minha má escolha? Mais cedo ou mais tarde, todos nós temos de ajustar contas pelo ato praticado. Repito o que já ouvi de alguém: Não há espinheiro sem plantio anterior; só a semente pode produzir a planta.

— Entendi. Esse assunto de livre-arbítrio é, então, coisa muito séria.

— É como devemos tratá-lo: com muita seriedade e prudência.

— Pensarei sempre nisso e quanto à conversa com Marcela, procurarei ser prudente.

༄

Marcela olhava distraidamente pela janela, quando Donato, aproximando-se, perguntou:

— Está sonhando acordada, *amore mio*?

— Eu estava aqui imaginando como estará nosso Giuseppe. Conversei com várias pessoas da Vila Roma e cada uma diz uma coisa diferente. Isso me deixa confusa. Há os que falam que morreu, acabou. Há os que dizem que a vida continua. Há os que falam que ele não foi batizado em templo evangélico, portanto está fora do céu. E outros afirmam que, tendo sido batizado na Igreja Católica, já está no céu. Em quem acreditar?

— Conversei a esse respeito com Don Genaro.

— E o que ele disse?

— Você já sabe. Para os espíritas, Giuseppe não está no céu, nem no inferno, nem no limbo, mas em uma colônia espiritual.

— Você está vendo? É mais uma opinião. Mas qual está certa?

— Por que não aproveitamos para conversar novamente com dona Rosalba? Desta vez, levaremos Roberta conosco.

— Você acha que vale a pena?

— Você saiu tão bem do Centro Espírita quando conversamos com ela!

— É verdade, mas depois de vários encontros com outras pessoas, acabei caindo nessa mistura maluca de ideias.

— O que você acha de irmos até lá e, se não agradar o que ela nos disser, deixamos de procurá-la?

— Eu tenho outra ideia. Por que não vamos conversar com o padre da igreja que frequento? Até agora, conversamos com todo mundo, menos com ele.

— Tudo bem. Depois levaremos Roberta até dona Rosalba. Combinado?

— Combinado.

Na noite seguinte, Donato e Marcela seguiram até a igreja. O frei Benedito os atendeu. Após exporem todo o ocorrido, ele comentou:

— Sei como é terrível perder um filho querido, mas Deus sabe o que faz. O homem tem um conhecimento limitado, Deus, entretanto, é a Sabedoria Eterna. De modo que não podemos questionar a sua vontade.

— Quanto a isso, já começo a me conformar — disse Marcela —, o que me preocupa agora é para onde foi o nosso Giuseppe.

— O sacramento do batismo nos torna filhos de Deus e herdeiros do céu.

— Mas uma de minhas amigas falou que não se batiza criança. Só adultos. Ela é evangélica.

— Respeito os evangélicos e todos os filhos de Deus. Apenas quero lembrá-los do que Jesus disse: "Ide, pois, ensinai todas as gentes, batizando-as em nome do Pai, do Filho e do Espírito Santo". E criança também é gente.

— Há outros argumentos que alegam os evangélicos para que a criança não seja batizada, mas não vim aqui pôr à prova o batismo católico. Quis apenas saber para onde meu filho foi após a morte.

— A senhora me disse que ele foi batizado, não é mesmo?

— Sim, nesta mesma igreja.

— Então, não há dúvida de que ele está no céu na companhia de Deus. Aliás, mesmo que não tivesse sido batizado, pensa hoje a Santa Madre Igreja que há para as crianças em tal situação um caminho para a salvação. Deus é justo e misericordioso, dona Marcela.

Donato pouco falou, mas Marcela procurou tirar todas as dúvidas. Já acalmada, voltou para casa e conseguiu dormir com facilidade. No dia seguinte, como combinado, deveria ir com Donato e Roberta ao encontro de dona Rosalba.

∾

Como sempre, Rosalba, do Centro Espírita, acolheu com largo sorriso e um forte abraço o casal e a filha, que lhe foi apresentada.

— Que menina linda, Marcela. E, com certeza, também inteligente.

— É meu único tesouro, dona Rosalba.

— Corrigindo — disse Rosalba —, você continua com dois tesouros: um no mundo terreno e outro no espiritual.

— É verdade.

— Posso conversar com a Roberta?

— Claro! Viemos aqui para isso.

— Então, Roberta, como está você depois que seu irmão seguiu para o mundo espiritual?

— Sabe de uma coisa, dona Rosalba? Às vezes fico triste, mas depois que minha tia Giovanna apareceu para mim e me disse que ele está bem, fiquei mais tranquila.

— Sua tia está morta, Roberta — aparteou Marcela.

— Deixe que ela fale livremente — pediu Donato.

— Concordo — disse dona Rosalba. — Vamos deixar que ela fale sobre a conversa com a tia. Conte-me como foi.

— Bem, eu estava no quarto de casa e, de repente, vi do lado da cama a minha tia. Não me assustei porque costumo conversar também com o Pedrinho, de vez em quando.

— Pedrinho — explicou Donato — foi um garotinho, de cerca de dez anos, que morreu atropelado por um automóvel. Morava na Vila Roma, como nós.

— Entendo. Você viu sua tia e o que aconteceu?

— Ela olhou para mim e disse: "Roberta, não tenha medo. Sou eu, tia Giovanna. Vim até aqui só para dizer que Giuseppe está sendo cuidado por bons espíritos e está muito bem. Diga a seus pais para ficarem tranquilos. Um grande beijo, minha querida". E, em seguida, desapareceu.

— Certo. E você também falou que conversa com um amiguinho que já partiu para o mundo espiritual. Estou certa?

— Está sim. É o Pedrinho.

Dona Rosalba achegou-se mais perto de Roberta e perguntou:

— E o que acontece quando vocês estão juntos?

— Nós brincamos. Ele é muito alegre e bonzinho.

— Você escuta o que ele diz?

— Escuto e falo também com ele. Da última vez que ele apareceu, antes de sumir, disse para eu continuar estudando bastante. Agora, vejo aqui nesta sala minha tia Giovanna. Ela está me pedindo para não ter medo e dizer toda a verdade.

— Ótimo, Roberta. Agora vou levá-la até a sala do lado, onde estão algumas crianças com quem você poderá brincar. Depois eu a chamo novamente, está bem?

— Sim.

Dona Rosalba levou Roberta até a sala contígua, onde estavam três sobrinhas de um trabalhador da casa. Em seguida, voltou.

— A senhora acha possível que Roberta veja espíritos, dona Rosalba? — perguntou Marcela apreensiva.

— Perfeitamente. Já conversamos sobre isso, não é mesmo? Não somos este corpo físico que vemos. Ele é apenas a vestimenta e o instrumento do espírito imortal, que realmente somos. Como somos imortais, quando desencarnamos, o que morre é o corpo físico. Nós, espíritos, continuamos com a nossa vida no mundo espiritual. E podemos nos comunicar por meio dos médiuns com os que ficaram aqui.

— A senhora já falou sobre isso. Mas o que é exatamente "médium"?

— A palavra médium significa "intermediário". O médium é o intermediário entre o mundo terreno e o espiritual. Ou seja, é o intérprete dos espíritos. Às vezes, fala-se que toda pessoa que sente a influência dos espíritos, em qualquer grau de intensidade, é médium. Nesse sentido, todos somos mais ou menos médiuns. Isso, num sentido geral. Contudo, costumamos chamar de *médium* aquela pessoa que possui a faculdade mediúnica de modo ostensivo, isto é, que sente a influência dos espíritos de modo bem acentuado.

— Mas se Roberta consegue ver e ouvir espíritos, ela é médium? — perguntou Donato.

— É perfeitamente possível. Eu vi, com ela, o espírito de uma moça de cabelos castanhos e compridos, com um vestido azul, de gola e punhos brancos. Usava também um colar branco.

— É Giovanna! — disse Marcela, assustada. — Ela está assim na última foto que tirou. Então, Roberta falou a verdade.

— Uma criança pode ser médium, dona Rosalba?

— Pode, Donato. Não há idade específica para a mediunidade se manifestar. O que os pais não devem é provocar essa mediunidade. Isso é perigoso porque se trata de organismos frágeis e delicados que seriam muito abalados. Além disso, a imaginação infantil poderia tornar-se superexcitada, obstruindo o desenvolvimento normal da criança. No caso de Roberta, é diferente. A mediunidade surgiu naturalmente. Ainda quero conversar mais com ela, se vocês permitirem, mas tudo indica que a faculdade mediúnica se manifestou espontaneamente nela. Vocês devem ter notado que ela não sente nenhum medo. Pelo contrário, fala com espíritos como se estivesse conversando com um encarnado.

— Isso me dá medo — disse Marcela. — Tenho receio que a leve à loucura. Aliás, pessoas de outras religiões já me disseram que é preciso repreender Roberta e proibir que fale em espíritos. Se não fizermos isso, ela poderá enlouquecer.

— Marcela, você até pode proibir que ela comente, mas não conseguirá impedir que a mediunidade se manifeste. O que oriento é que não incentivem o desenvolvimento dessa faculdade. Se ela continuar se manifestando naturalmente, tudo bem. Apenas não forcem para que isso ocorra. Também sugiro que não conversem com mais ninguém sobre o assunto. Não existe correlação entre mediunidade e loucura. Podem existir médiuns loucos, como existem pastores loucos, padres loucos, médicos loucos, professores loucos; enfim, não é a mediunidade que causa a loucura. Os transtornos mentais têm outras causas.

— Como podemos definir o tipo de mediunidade de Roberta, dona Rosalba? — perguntou Donato.

— Ela é médium vidente e audiente. Não sei se tem outro tipo de mediunidade, mas, no momento, são esses tipos que estão se manifestando.

— A senhora pode explicar o que significa isso? — questionou Roberta.

— Médium vidente é aquele dotado da faculdade de ver espíritos, e médium audiente é aquele que ouve a voz dos espíritos. Roberta tanto ouve como vê, podendo assim se comunicar com eles.

— Mas isso não é perigoso?

— Em termos gerais, Marcela, é necessário ter precaução na prática da mediunidade. O exercício mediúnico requer muito tato para que sejam afastadas a malícia e a dissimulação dos espíritos enganadores. Se os adultos podem tornar-se joguetes de tais espíritos, as crianças estão ainda mais expostas, dada a sua inexperiência. Daí o espiritismo desaconselhar a prática da mediunidade na infância. Contudo, como diz *O Livro dos Espíritos*, de Allan Kardec, quando a faculdade se manifesta espontaneamente numa criança é porque está na sua natureza e a sua constituição física se presta a isso. É o caso de Roberta. Ela continuará a ver o seu amiguinho e, talvez, outros espíritos, como o da tia, podendo até mesmo estabelecer conversa com eles. Como ela considera isso normal, não tem medo nem estranha, essa faculdade não vai lhe fazer nenhum mal. Mas, e você precisa prestar muita atenção nisso, ela precisa de um acompanhamento, a fim de que, aos poucos, na medida do seu desenvolvimento físico e psíquico, vá educando essa mediunidade.

— Isso me deixa mais tranquila. Todavia, quanto ao acompanhamento, quem pode fazê-lo?

— Temos aqui no Centro Espírita, aos sábados, uma escola de educação infantil. Nossos voluntários estão aptos a fazer tal acompanhamento, ao mesmo tempo em que ela aprende e se diverte com as outras crianças.

— É muito caro?

— Não, Marcela. O curso é gratuito, como todos que temos aqui. Paralelamente ao curso, Roberta também tomará passes.

— Há só um problema, dona Rosalba. Nós somos católicos. Como é que vamos deixar nossa filha num curso espírita e, ainda, tomando passes?

— São objetivos do curso: auxiliar o desenvolvimento das crianças e educá-las sob o amparo do Evangelho. Não nos preocupa se os pais são católicos, evangélicos ou seguidores de outras religiões e filosofias. Como acabei de dizer, trata-se de uma educação cristã, como ocorre em qualquer outra instituição fundamentada na Boa-Nova de Jesus. Não buscamos trazer as crianças para a Doutrina Espírita, dissuadindo-as de seguir a religião de seus pais. No caso específico de Roberta, haveria igualmente o acompanhamento da sua mediunidade.

Marcela ficou pensativa. Donato, aproveitando o silêncio, interveio:

— Marcela, sejamos sinceros. Nós nem conhecemos bem o catolicismo. Você apenas frequenta as missas, confessa e comunga. A Doutrina Espírita você também não conhece, tanto quanto eu. Ademais, você pode continuar frequentando a igreja. E até poderá levar Roberta, não é mesmo, dona Rosalba?

— Perfeitamente. Não queremos forçar Roberta a tornar-se espírita. Apenas queremos auxiliá-la com relação à mediunidade que possui. Mas vocês não precisam dar-me a resposta agora. Pensem bem, dialoguem bastante e depois me deem o retorno. Está bem assim?

— Certamente. Conversaremos com tranquilidade em casa e depois daremos a nossa resposta.

— Ótimo. Quanto ao seu filho, você está mais tranquila?

— Estou. Não sei bem o que acontece, mas quando entro nesta casa sinto-me muito melhor. Desapareceu o frio que eu sentia na boca do estômago e, ao mesmo tempo, tirei um peso dos ombros no que diz respeito à Roberta. Já não acho que ela esteja com algum problema mental.

— Isso é muito bom. Apenas quero pedir o seu consentimento para que possa conversar sozinha com Roberta. Depois lhes digo mais a respeito da mediunidade que ela parece possuir.

— Esteja à vontade.

Roberta entrou sorridente na sala. Brincara algum tempo com outras crianças, estando com um rubor na face.

— Gostou das crianças, Roberta?

— Gostei. Até já sei o nome de cada uma.

— Sempre que você vier aqui e tiver crianças, vou levá-la até elas.

— Está bem.

— Agora, gostaria de conversar com você sobre a visita de sua tia e sobre aquele amiguinho que morava na Vila Roma.

Rosalba deixou Roberta muito à vontade e procurou fazer um levantamento preciso da suposta mediunidade da menina. Depois de muita conversa, chamou os pais e confirmou que a garotinha realmente apresentava mediunidade, conseguindo ver espíritos e sendo capaz de conversar com eles. Pediu mais uma vez a Donato e Marcela que refletissem sobre tudo o que lhes fora dito e que lhe dessem oportunamente a resposta. Assim combinado, o casal deixou o Centro Espírita mais aliviado. Quanto a Roberta, ficara encantada com a doçura de dona Rosalba e com as crianças que conhecera, pedindo aos pais que a deixassem voltar ali para novas brincadeiras e leitura de livros infantis.

# 12
## Novas experiências

No dia seguinte, Don Genaro quis saber sobre o encontro com Rosalba; afinal, fora ele que insistira para que isso acontecesse.

— O resultado geral foi muito bom, Don Genaro. Marcela ficou mais tranquila com relação a Giuseppe e não falou mais que Roberta está com problemas psicológicos.

— Dona Rosalba confirmou a mediunidade da sua filha?

— Sim, está confirmada.

— E o que ela sugeriu?

— Foi aí que houve uma complicação...

— Por quê?

— Ela sugeriu que Roberta frequente o curso para crianças, aos sábados, e que tome passes.

— Isso é maravilhoso e necessário, Donato.

— Mas nós somos católicos, quero dizer, Marcela é católica. Quanto a mim, sou mais livre e não me incomodo. Tenho santa Paulina, a quem faço minhas preces, e isso me basta. Ela pensou em levar Roberta à igreja católica, a fim de conversar com frei Benedito, entretanto, consegui dissuadi-la, pois ele certamente seria contrário a levar nossa filha a um Centro Espírita.

— E você tem ideia da sugestão que ele daria?

— Um dia, quando conversamos com ele, a orientação foi para que Marcela orasse muito em favor de Giuseppe e de Roberta. E também que se confessasse, comungasse, frequentasse mais a missa e rezasse o terço em casa. Depois, ele benzeu Roberta e disse para que ela rezasse todos os dias ao deitar-se e ao levantar-se.

— E Marcela não pode fazer isso e, ao mesmo tempo, matricular Roberta no curso do Centro Espírita?

— No que me diz respeito, tudo bem. Já com relação a Marcela, é mais complicado, pois ela acha que estaria traindo sua religião.

— Seria como acender uma vela a Deus e outra ao diabo?

— Não brinque, Don Genaro. Não acho que o espiritismo possa ser comparado ao "demo".

— Claro que não. Entretanto, na cabeça de certas pessoas...

— Bem, de qualquer modo, Marcela ainda não se decidiu e vou fazer o possível para que ela siga as orientações de dona Rosalba.

— Mas vá com calma, Donato. Procure convencê-la e não forçá-la a tomar a decisão que você acha certa.

∞

Bruna estava preocupada com Roberta, pois já tomara conhecimento da mediunidade da menina. Foi assim que resolveu ir até a casa de Ruth.

— Então, a garota fala com espíritos, Bruna?

— Foi o que me disse Marcela.

— Meu Deus! Você bem sabe, Bruna, que Moisés proibiu a comunicação com os mortos.

— Foi isso que me fez vir conversar com você. O que podemos sugerir a Marcela? Ela não vai querer conversar com o pastor da nossa igreja.

— Mas bem que ela foi à igreja católica e ao Centro Espírita, não é?

— É verdade, mas não vamos deixar de ajudá-la. Você sabe como ela é ingênua, além disso, Roberta é muito boazinha.

— Pensando bem, você tem razão. Mas se ela não quer conversar com o pastor, o que podemos fazer? Vamos primeiramente abrir a Bíblia e ver qual a orientação divina.

— Essa é uma atitude prudente.

Ruth tomou da Bíblia e abriu-a aleatoriamente, lendo em seguida:

— Primeira epístola aos coríntios, capítulo 1, versículos 25 a 31:

> *Porque a loucura de Deus é mais sábia que os homens; e a fraqueza de Deus é mais forte que os homens.*
> *Ora, vede, irmãos, a vossa vocação, que não são muitos os sábios segundo a carne, nem muitos os poderosos, nem muitos os nobres que são chamados.*
> *Pelo contrário, Deus escolheu as coisas loucas do mundo para confundir os sábios; e Deus escolheu as coisas fracas do mundo para confundir as fortes; e Deus escolheu as coisas ignóbeis do mundo, e as desprezadas, e as que não são, para reduzir a nada as que são; para que nenhum mortal se glorie na presença de Deus.*
> *Mas vós sois dele, em Jesus Cristo, o qual para nós foi feito por Deus sabedoria, e justiça, e santificação, e redenção; para que, como está escrito: Aquele que se gloria, glorie-se no Senhor.*

Ao encerrar a leitura, Ruth olhou bem para Bruna e perguntou:
— Será que entendi bem?
— O que você entendeu?
— O que entendi, Bruna, é que Deus escolheu certas coisas para nos confundir, como as visões de Roberta. Nós, por sermos de Jesus, estamos protegidas pela sabedoria e justiça, santificação e redenção. Não nos cabe intrometermo-nos nesse assunto. Apenas gloriemo-nos no Senhor e deixemos o restante nas mãos de Deus.
— Acho sensato o que você disse. Oremos ao Senhor pela salvação de Giuseppe e pela recuperação de Roberta. A decisão cabe a Deus e não a nós.

Com essa decisão, Bruna e Ruth resolveram não tocar mais no assunto com Marcela e se propuseram a orar repetidamente pelas duas crianças, implorando a proteção divina.

∞

— Don Genaro, afinal, o que é o passe? — perguntou Donato, assim que saíram da marcenaria para almoçar. — Dona Rosalba disse que é importante que Roberta receba o tal passe para manter-se equilibrada e protegida. Mas não sei o que é. Alguma forma de magia? Não gosto disso, não. *Dio mio!*
— Não, Donato. Não se trata de nenhum tipo de magia. Você se lembra de um dos modos como Jesus curava?
— Desculpe, mas não conheço.
— Era pela imposição de mãos. Ele as colocava sobre a cabeça do doente e passava sua energia. Por meio dessa energia, Ele o curava. A esse tipo de imposição de mãos que chamamos passe.
— Entendi.
— Esclarecendo, passe é o nome que se dá ao tratamento espiritual, que se resume na imposição das mãos do médium, mais ou

menos próximas do doente, com a finalidade de lhe transferir energias magnéticas ou espirituais. Para ficar mais claro, faço uma comparação: assemelha-se à transfusão de sangue, em que o objetivo é substituir energias nocivas por energias sadias. No tempo de Kardec, na segunda metade do século XIX, o passe recebia a denominação de magnetismo.

— O senhor falou em energias magnéticas e espirituais. Não entendi bem.

— Existem três tipos de passes: o passe magnético, o passe espiritual e o misto. No passe magnético, a energia que é transferida ao doente vem do próprio passista. Ele doa do seu próprio fluido para o doente. Dizem os pesquisadores que, sendo as doenças geralmente desequilíbrios do ritmo normal das correntes vitais do organismo, a função do passe magnético é corrigir esses desequilíbrios ou despertar as energias dormentes, pondo-as em circulação. Já o passe espiritual é realizado pelos espíritos por meio do médium ou mesmo diretamente, sendo os fluidos dirigidos sobre o perispírito do doente. Aqui, não se trata dos fluidos do encarnado, mas de fluidos mais finos e mais puros emitidos pelo espírito operante. No passe misto, o passista doa suas energias e também transmite fluidos do espírito operante. Nas casas espíritas, geralmente ocorre a aplicação do passe misto.

— Creio ter entendido, no entanto, ficou uma dúvida: se Roberta não está doente por que precisa de passe? Ou o senhor pensa que ela...

— É claro que ela não!
— Ufa!
— O passe, Donato, é uma fonte energética, tanto de equilíbrio físico quanto espiritual. No caso de Roberta serve para que ela se mantenha equilibrada espiritualmente, de modo que a mediunidade não seja um empecilho a seu pleno desenvolvimento físico, mental e espiritual.

— Agora posso dizer que entendi. Quer dizer que não se trata de nenhum tipo de magia, não é mesmo? Tenho medo dessas coisas.

— Não, Donato. O passe é apenas a transfusão de energias psíquicas e espirituais.

— Nesse caso, só poderá fazer bem à minha filha. Não tenho nada contra. Preciso, porém, convencer Marcela. Ela ainda não se decidiu.

— Vá com calma. Tudo tem o seu tempo.

— Seguirei seu conselho. Mas me ocorreu outra dúvida.

— Pergunte, se eu puder responder, o farei com prazer.

— Bem, é sobre o curso que teremos de matricular Roberta. Ela já está na escola e vai muito bem. Por que fazer outro curso? E mais, o que aprenderá?

— É um curso de educação infantil e cristianismo. Ali, as crianças aprendem tanto educação moral e cívica quanto as lições do Evangelho. Tudo é feito num clima de muita brincadeira e amizade. São realizadas muitas dinâmicas, são feitos muitos jogos, e o exemplo que os instrutores passam é de fraternidade para a convivência harmoniosa das crianças.

— Não fazem sessão espírita?

— Não, Donato. Aliás, nem sei o que você entende por *sessão espírita*.

— Deixe para lá.

— Tudo o que falei é feito em grupo, mas Roberta terá também momentos em que será instruída sobre sua mediunidade, a fim de que saiba como portar-se em relação a esse fato, em família, na escola e em reuniões sociais.

— E nós saberemos tudo o que acontecer?

— Claro. Poderão obter todas as informações com o expositor do curso.

— Nesse caso, já estou convencido da importância de matricular Roberta no curso. Só falta convencer Marcela.

— Mas, como eu disse, vá com calma. Não crie nenhum tipo de desarmonia familiar.

∞

Donato aguardou o momento em que Marcela estava bem descontraída e iniciou um diálogo decisivo para a matrícula de Roberta no curso do Centro Espírita. Depois de argumentar com tranquilidade, perguntou o que a esposa pensava.

— Bem, pelo que você me disse, tudo é feito às claras. Parece que Roberta só terá a aprender. Aliás, ela vive perguntando quando faremos essa matrícula.

— Concordo. Nossa filha só vai ganhar.

— Pelo menos é o que parece. Mas ainda tenho receio.

— Por que não vamos até dona Rosalba e pedimos mais explicações a respeito do curso? Aí tomamos a decisão definitiva. O que você acha?

Assim ficou decidido. Pegando o cartão dado pela entrevistadora, Marcela fez a ligação. Ficou combinado que iriam até ela na noite seguinte.

∞

— Fico feliz por vê-los novamente. Como estão? E Roberta?

— Estamos bem melhor, dona Rosalba, embora ainda sinta um grande aperto no peito — disse Marcela com gravidade. — Roberta está muito bem. Diz que ainda sente saudade do irmão, mas sabe lidar muito bem com esse sentimento.

— No início é assim mesmo: sentimos muito a partida de um ente querido. Com o passar do tempo, continuamos a amá-lo, entretanto, aprendemos a conviver sadiamente com a ausência. Quando amamos realmente alguém, nós não o perdemos. Continuamos próximos dele, pois sabemos que apenas mudou de endereço. E nos convencemos de que ele também continua a nos amar.

— Espero que isso aconteça comigo, dona Rosalba.

— Vai acontecer, Marcela.

Achando oportuno, Donato expôs o motivo do encontro:

— Viemos aqui porque Marcela ainda tem algumas dúvidas sobre o curso infantil e gostaria que a senhora nos explicasse melhor.

Com tranquilidade e simpatia, Rosalba expôs todos os itens do curso. Marcela pensou e perguntou ao marido:

— O que você acha? Matriculamos Roberta?

— Eu penso que sim, e você?

— Depois de tantas explicações, eu concordo. Faremos a matrícula dela.

— Lembrem-se de que poderão acompanhar todo o transcorrer do curso. Qualquer coisa de que discordarem, conversem com Maria Estela, a coordenadora. Eu vou apresentá-los. Ela é jovem, porém muito competente e cheia de entusiasmo e amor.

Quando Maria Estela entrou na sala, Marcela viu uma garota de cerca de vinte e poucos anos, sorridente e solícita. Depois de algumas explicações, ela os levou até a ampla sala onde era realizado o curso. Mostrou-lhes os cadernos em que as crianças escreviam pequenas dissertações e poemas. Marcela olhou um poema e riu, mostrando a Donato. Maria Estela esclareceu:

— É de uma aluna de oito anos. Se continuar assim, será poetisa no futuro.

— Posso copiar e mostrar para minha filha?

— Pode sim, Marcela.

O poema, intitulado "Meus pais", dizia com a singeleza infantil:

*Minha mãe parece um anjo.*
*Cuida sempre bem de mim.*

*O meu pai parece um santo.*
*Como é bom ter pais assim.*

Marcela saiu de lá muito bem impressionada. Agora estava convicta de que o curso infantil faria muito bem à filha. Ao pegar Roberta na casa de Bruna, não disse nada a respeito da decisão que tomara. Esta, por sua vez, como havia decidido com Ruth, também não tocou no assunto referente ao desencarne de Giuseppe nem no modo como os pais deveriam conduzir-se.

Chegando a casa, Marcela contou para a filha que sua primeira aula no curso infantil começaria no próximo sábado.

— Oba! Que legal! Vocês já fizeram minha matrícula?

— Ela será feita no sábado, quando levaremos uma cópia da sua certidão de nascimento e assinaremos o documento de matrícula.

— Você merece um beijo, mãe. E você também, pai.

༄

— Vocês fizeram muito bem — disse Don Genaro.

— Eu penso que sim. Dona Rosalba explicou tudo direitinho, e Maria Estela, apesar da pouca idade, mostrou-se não apenas simpática como muito competente. Saí de lá sem medo nem dúvida.

— Maria Estela é um amor de pessoa, Donato. Você ainda vai falar muito bem dela. E Marcela, também ficou convencida?

— Ficou, Don Genaro. Tanto assim que sábado vamos os dois ao Centro Espírita para a primeira aula de Roberta.

— Esse curso não tem começo meio e fim como outros, de modo que, a qualquer momento, uma criança pode iniciar o estudo.

— Aqui entre nós, na última conversa que tivemos sobre o curso infantil, perguntei se, durante as aulas, não faziam uma sessão espírita. E você respondeu negativamente, dizendo que desconhecia o que eu pensava a esse respeito.

— E o que pensa?
— Sei lá. Falam tanta coisa.
— O que, por exemplo?
— Dizem que aparecem fantasmas e que alguns não são bons. Dizem que as pessoas ficam tomadas por eles e coisas desse tipo.
— Donato, *amico mio*, não é nada disso. Vou explicar-lhe o que é uma sessão espírita. Em primeiro lugar, devo dizer que no Centro Espírita que frequento há dois tipos de reunião: um deles é para a disseminação do Evangelho e o outro, para a desobsessão. Primeiramente, falarei sobre a reunião evangélica. Ali, há uma mesa no centro do salão, onde ficam os médiuns e a dirigente. À frente, permanecem os frequentadores. Após o início, em que é lido um trecho de um livro de reflexões cristãs, são feitas vibrações. Depois, são feitas preleções sobre temas apresentados por Jesus no Evangelho. Há, em seguida, a psicofonia, realizada por médiuns específicos. Durante esse tempo, outros médiuns permanecem psicografando mensagens de parentes desencarnados de pessoas ali presentes e que as solicitaram anteriormente. Após a entrega das mensagens, dá-se por encerrada a reunião.
— Don Genaro, desculpe a ignorância, mas acho que fiquei mais confuso ainda. O que é vibração, psicofonia, psi... psicogra... fia?
— Você tem razão. Não fui claro. A *vibração* consiste na ação da vontade, que emite pensamentos benevolentes a pessoas que estejam doentes, seja física ou moralmente, ou mesmo a pessoas sãs, que estejam passando por um período difícil. Ou, ainda, para que a paz e a harmonia continuem fazendo-se presentes na vida de alguém. Vou dar um exemplo bastante simples. Imaginemos que vamos fazer vibrações por uma pessoa que esteja internada num hospital, depois de uma cirurgia. Poderemos dizer: "Vibremos saúde e sustentação para Adalberto, a fim de que se recupere rapidamente da cirurgia pela qual passou". Essas vibrações são emitidas em benefício

da pessoa. Podemos emitir vibrações até mesmo para a população do nosso planeta como um todo. Por exemplo: "Vibremos paz e convivência fraternal para todas as pessoas do nosso planeta". Pelo nosso pensamento, Donato, podemos levar a qualquer pessoa uma salutar corrente fluídica, ajudando-a na situação aflitiva que está vivendo. Podemos, por meio das vibrações, neutralizar o mau fluido que a envolve.

— Eu não sabia disso. Você falou também em psico... grafia.

— Psicografia diz respeito à mediunidade pela qual os espíritos influenciam a pessoa, levando-a a escrever. É o que aconteceu, por exemplo, nas obras de Chico Xavier. O conteúdo da obra é do espírito comunicante, que pode ser Emmanuel, André Luiz ou qualquer outro. O mesmo ocorre com todos os médiuns psicógrafos.

— Entendi. E psicofonia?

— Psicofonia é a mediunidade que permite a comunicação do espírito, pelo médium, por meio da palavra falada.

— Mas nas sessões do Centro Espírita, o que os espíritos falam e escrevem por meio dos médiuns?

— Eles passam mensagens para nossa reflexão ou se comunicam com parentes que deixaram na Terra.

— Comunicam-se com os que estão no salão?

— Isso mesmo. Dizem como estão no mundo espiritual, o que fazem, e pedem aos que ficaram para não se desesperar e manter uma vida normal, para o bem de ambos. Há pessoas que pedem mensagens e vão ao Centro Espírita para recebê-las por meio da psicografia.

— Eles saem com uma carta nas mãos?

— É mais ou menos isso.

— Que beleza! E eu nunca soube disso. — Donato sorriu, agradeceu Don Genaro e caiu em si, perguntando: — Espere um pouco! Quer dizer que eu posso receber mensagem do meu Giuseppe?

— No futuro, é provável, mas agora ainda não é possível.

— E por que não?

— Logo após o desencarne, o espírito precisa adaptar-se às novas condições de vida. A grande maioria necessita de apoio de outros espíritos, a fim de reequilibrar-se e poder iniciar suas atividades e seu aprendizado. Quando uma pessoa parte de seu país para um local desconhecido e de cultura diferente da sua, precisa de um tempo para adaptar-se aos costumes e hábitos da nova região, não é verdade?

— Sim.

— Com o espírito que desencarna, ocorre algo semelhante. Ele passa por um estado chamado perturbação, que pode ser mais breve ou mais longo, dependendo de cada um.

— Perturbação?

— Deixe-me explicar. Não se trata de desequilíbrio. Perturbação espiritual é um estado temporário em que o espírito retoma o conhecimento de si mesmo, recobrando a lucidez de suas ideias. É um estado semelhante ao que experimentamos ao acordar, quando caímos numa espécie de sonolência até nos darmos conta de que um novo dia está começando.

— Entendi. E quanto tempo deverei esperar para receber uma mensagem do meu filho?

— Por prudência, em nosso Centro Espírita pedimos que as pessoas aguardem de seis meses a um ano.

— Tudo isso?

— Não podemos mudar a ordem dos acontecimentos. Nesse meio-tempo, o que você e Marcela devem fazer é aguardar com paciência e tranquilidade, fazendo muitas orações e vibrações em benefício do Giuseppe. Ele vai ficar muito contente. Quando chegar o momento certo, vocês receberão a mensagem aguardada.

— Se não há outro jeito, vamos esperar.

∞

Quando em casa, Donato contou à esposa tudo o que ouvira de Don Genaro. Irônica, Marcela perguntou:

— Você está me dizendo que Giuseppe vai nos mandar uma carta? E em que agência do Correio ele vai depositar o envelope? Você está bem da cabeça, Donato? *Dio mio*, só me faltava essa!

— Não é bem assim, Marcela.

— E como é, então?

— Algum médium do Centro Espírita vai escrever o pensamento de Giuseppe e vai nos entregar.

— Agora me lembro de alguém que falou sobre isso, mas não dei atenção. Foi... foi dona Emma, lembra-se dela? É casada com o *schifoso*, o nojento do Lorenzo.

— Não fale assim, *bella*.

— Tudo bem, mas foi ela quem veio com a história de que a irmã havia recebido uma mensagem do marido em um Centro Espírita.

— Verdade? Ela é espírita?

— Se é espírita não sei, mas me contou isso. Agora, uma coisa, você acredita nisso?

— Don Genaro é de extrema confiança. Se ele me disse isso, é porque é verdade.

— Bem, eu também aprendi a respeitar esse homem que nos tirou de uma grande enrascada quando você perdeu o emprego.

— Sou-lhe grato pelo resto da vida.

— Eu tenho uma ideia, por que não pedimos uma mensagem do nosso Giuseppe?

— Ainda não é possível.

— Ora... ora! E por que não?

— Don Genaro me orientou para esperar pelo menos uns seis meses.

— Nesse caso, vamos aguardar. Como fala o povo, nunca se perde por esperar.

∞

Quando chegaram ao Centro Espírita, Donato e Marcela estavam um pouco tensos, já Roberta logo encontrou uma das meninas que conhecera anteriormente, correu até ela e ambas entraram na ampla sala onde teria início a aula do dia.

— Nós vamos esperar você na saída, *bella*.

— *Tá* bem, mãe.

— Fico feliz por vocês terem vindo — falou Rosalba, aproximando-se do casal.

— Olá, dona Rosalba. Roberta já entrou na sala de aula.

— Ela vai se divertir bastante. Além de aprender, é claro. E vocês? O que vão fazer?

— Esse é o problema. Como a aula só termina às quatro, vamos encontrar um cantinho e esperar sentados.

— E por que não vão ao encontro de pais?

— Encontro de pais?

— Eu não lhes falei sobre ele? Que memória a minha!

— Eu gostaria de saber de que se trata — disse Donato, interessado.

— Em vez de ficarem sentados, sem fazer nada, os pais costumam frequentar um encontro onde são realizadas palestras e tiradas dúvidas sobre a educação dos filhos.

— Interessante. O que você acha de assistirmos, Marcela?

— Parece que é melhor do que ficarmos sentados num canto. Não custa conhecer.

— Ótimo! Vou levá-los até a sala. Não é preciso fazer matrícula. É só chegar e participar.

Ao entrarem na sala, Marcela e Donato foram recebidos por uma moça, que indicou um lugar para se sentarem. Depois de algum tempo, entrou uma jovem senhora, de seus trinta anos, que se apresentou sorridente:

— Boa tarde a todos. Meu nome é Ludmila e conversarei com vocês sobre "imposição de limites aos filhos". Antes, porém, façamos uma prece, pedindo a Deus as bênçãos para que nosso encontro tenha bons frutos.

Depois, Ludmila começou sua preleção:

— Quando se fala de amor aos filhos, parece que o assunto já está resolvido e não há mais nada a dizer. Entretanto, não é bem assim. Há quem confunda amor com disciplina exagerada ou ausência total de limites. Algumas décadas atrás, os pais exerciam sua autoridade verticalmente, de cima para baixo, impondo aos filhos seus pontos de vista, suas regras; enfim, sua filosofia de vida. As gerações seguintes fizeram o oposto: partiram para uma permissividade plena. Nela, não existe controle, havendo tolerância até mesmo para com certos comportamentos indesejáveis da criança. Parece que saímos de um extremo e caímos noutro. A autoridade continuou a ser exercida verticalmente, mas de baixo para cima. Os filhos passaram a decidir e os pais a dar cumprimento às decisões deles. Entretanto, como se diz popularmente: "Nem tanto ao mar nem tanto à terra". Se o autoritarismo é prejudicial, o mesmo se afirma da permissividade. O que fazer, então? Aristóteles, célebre filósofo da antiguidade grega, já dizia para procurarmos nas situações o ponto médio, situado entre os dois extremos, isto é, nem autoritarismo nem permissividade. Apenas dar liberdade à criança, de acordo com seu entendimento e nível de maturidade, estabelecendo limites. Vou lhes dar um exemplo: podemos deixar que nossos filhos usem a internet para suas pesquisas escolares sem, entretanto, consentir que visitem qualquer *site*. Nesse caso, orientamos as crianças ensinando-lhes o que é lícito e o que não é diante do computador e vigiamos ininterruptamente a sua utilização. A partir daí, as crianças têm a liberdade de fazer as pesquisas, importantes para o desempenho escolar, mas sabem que os limites não podem ser quebrados. Outra coisa: é importante também que as crianças saibam por que são colocados esses limites. Vocês me entendem?

As cabeças dos participantes balançaram positivamente. Donato olhou para Marcela, que concordou com o que ouvira. A jovem continuou:

— A ausência de limites leva a efeitos negativos no tocante ao desenvolvimento infantil. Isso porque, criança que vive sem regras perde a noção do "outro" e tem dificuldades para conviver com os demais. As regras sociais, fundamentais para o convívio interpessoal, passam a ser desrespeitadas pela ausência de significado para aquelas crianças que vivem sem a imposição dos limites. Lembrem-se, meus amigos, que os marginais, os assaltantes, os malfeitores também agem sem respeito aos limites que a sociedade impõe à conduta moral dos seres humanos.

Marcela pensava no comportamento amoroso que Giuseppe sempre tivera no trato com os pais e na conduta amigável que demonstrava no trato com as outras crianças. Havia tantos limites em sua vida, até mesmo limites econômicos, mas ele parecia não se importar; mantinha convivência pacífica e respeitosa com todos. Nunca tivera uma enciclopédia, como tantos coleguinhas, mas isso não o deixava ter um desempenho inferior na escola. Ali, aprendera a fazer as pesquisas que não podia realizar em casa. E para ele estava tudo bem.

— Pais e mães, usem de autoridade sem perder o amor. Não engessem seus filhos num emaranhado de regras desnecessárias, mas façam com que se cumpram aquelas que realmente servem para o seu desenvolvimento pessoal e social. Estabelecer regras fundamentadas nos caprichos dos pais é cair no extremo do autoritarismo repressor. Por outro lado, ditar regras necessárias e deixar que os filhos as descumpram, calando a cada transgressão, é, como já se disse, criar um pequeno tirano entre as quatro paredes do lar.

Agora pensou em Roberta, na docilidade de seus modos de falar e de se relacionar com os demais. Com o novo emprego de Donato, estava chegando a ocasião oportuna de ela ter sua própria enciclopédia, mas, até aquele momento, fizera uso dos livros da escola, conseguindo as melhores notas da classe. Respeitosa e meiga, Roberta conseguia viver com desenvoltura no interior dos limites que lhe eram impostos, fosse pela sociedade, fosse pelos pais.

O tempo passou rapidamente. Quando Marcela se deu conta, a expositora já encerrava a palestra:

— Encerro minhas palavras com duas citações. A primeira é do psicólogo norte-americano, Carl Rogers: "Os educadores precisam compreender que ajudar as pessoas [as crianças] a se tornarem pessoas é muito mais importante do que ajudá-las a tornarem-se matemáticas, poliglotas ou coisa que o valha". É isso que os pais, com uma educação integral, têm o dever de fazer. E a segunda citação é de Paulo Freire: "Não se pode falar de educação sem amor". O amor, pais e mães, é essencial para a transformação das crianças em cidadãos efetivos. A educação com amor é o caminho necessário da melhoria moral e espiritual dos filhos rumo à perfeição por meio das existências. Muito obrigada.

Terminada a palestra, a expositora abriu espaço para perguntas. Donato e Marcela nada perguntaram, mas ficaram atentos às dúvidas formuladas. Quando saíram, já estava na hora de pegar Roberta. Ficaram um pouco apreensivos, pois não sabiam se ela havia gostado da primeira aula. Contudo, ao vê-la sair da sala conversando alegremente com outra menina, logo sentiram que já se adaptara à nova turma.

— Mãe, a professora é legal e a criançada também.
— Então você gostou?
— Adorei.

A volta para casa foi tranquila e recheada das histórias que Roberta contava, uma após a outra. A família parecia ter encontrado o começo de um novo caminho.

# 13

# Psicofonia e psicografia

MAIS POR CURIOSIDADE DO QUE PELO DESEJO autêntico de novos conhecimentos, Marcela deu a entender que gostaria de ir ao Centro Espírita para saber como as pessoas recebiam mensagens de seus entes queridos que haviam partido para o mundo espiritual. Donato, que alimentava a mesma intenção, conversou com Don Genaro e marcou de irem na terça-feira seguinte. Chegado o dia combinado, rumaram para o Centro Espírita. Don Genaro pediu que aguardassem, sentados num banco, até a porta do salão ser aberta. Em seguida, orientou que o esperassem na saída.

— O senhor não vai ficar?

— Vou, mas fico na mesa com os médiuns.

Nesse momento, um senhor puxou-o pelo braço e Don Genaro seguiu por uma porta lateral. Donato não entendeu, mas o mais importante era saber como eram recebidas as mensagens. Distraiu-se lendo um folheto que lhe haviam entregado na entrada. Pouco depois, a porta foi aberta e todos os frequentadores entraram no salão. Donato e Marcela conseguiram um lugar na segunda fila, sendo-lhes possível ver a mesa à sua frente. Ali estavam nove pessoas, concentradas, esperando o início dos trabalhos. Prestando bem atenção, Donato viu Don Genaro. Surpreso, tocou o braço de Marcela e disse olhando bem para a figura do amigo:

— Veja quem está no canto da mesa.

Marcela também ficou admirada.

— Ele nunca disse que era um dos trabalhadores da casa.

— É verdade. Ele apenas me falou que havia estudado aqui. Vamos ver qual é a função dele na mesa.

Enquanto conversavam, uma senhora que aparentava seus oitenta anos, começou a falar:

— Boa noite a todos. Estamos dando início a mais uma reunião de Evangelização, conforme temos feito desde a nossa fundação. A leitura inicial de hoje é do livro *Caminho, Verdade e Vida*, em que o espírito Emmanuel, por meio da psicografia de Francisco Cândido Xavier, fala-nos a respeito da "Oportunidade".

Donato e Marcela estavam atentos. Tudo ali era novidade. A atenção de todos voltou-se para a mensagem que estava sendo transmitida. Ao fim, vieram os comentários:

— O que acabei de ler é uma grande verdade. Temos entre os seres humanos, dois tipos muito comuns: os queixosos e os trabalhadores. Os primeiros estão sempre a reclamar de algo. Ora é da chuva, ora é do frio, ora é do calor, ora do vento. São lamentadores obstinados, contumazes. Como diz Emmanuel, trata-se de cegos de aproveitamento difícil, pois apenas enxergam o lado áspero das mais variadas situações. São mal-humorados, queixosos e pessimistas. E o que é pior: não estão interessados em mudar, permanecendo engolfados numa onda devastadora de lamúrias e lamentações. Felizmente, existe o segundo tipo: os trabalhadores. Esses, antes de tudo, compreendem o sentido profundo da oportunidade que receberam. Valorizam o que possuem, assim como respeitam as possibilidades dos seus irmãos. Como nos assevera Emmanuel, plantam com o mesmo fervor, com a mesma exaltação no frio ou no calor. Sabem aproveitar as lições da natureza, seja no amargor da semeadura, seja no entusiasmo da colheita. É neste momento que Emmanuel coloca o ponto alto do seu ensinamento. Em meio ao turbilhão das incompreensões dos queixosos, não devemos entender o reino do Cristo como realização imediata. Entretanto, nossa oportunidade de colaborar para a edificação desse reino é permanente. Deixemos que os cegos de espírito continuem submergidos em seus próprios desalentos. Concentremo-nos naqueles que acordaram para Jesus. Estes sabem que a sua época de oferecer o trabalho retificador está pronta. Não passou nem está por vir. Hoje, meus irmãos, aqui e agora é o momento propício de servir. Cabe, no encerramento de nossas reflexões, perguntar: E nós, em que fileira estamos militando? Entre os queixosos ou entre os bons trabalhadores? Se temos estado entre os trabalhadores, cabe-nos aprimorar ainda mais a qualidade do nosso trabalho; porém, se estamos entre os queixosos, estamos diante da oportunidade de mudar, aqui e agora...

Marcela não pôde furtar-se a uma conjectura. Ela via em Donato um bom trabalhador. Era raro reclamar de algo. Tratava-se de um homem laborioso e prestativo. Depois que se tornara amigo de Don Genaro, tornara-se ainda melhor. E ela, como se via? Comparando-se ao marido, a conclusão era óbvia: ela era propensa a reclamações, não sabia valorizar o que tinha e vivia numa onda quase constante de pessimismo. Quando assim concluiu e sentiu-se na modalidade dos queixosos, ficou envergonhada. Imediatamente, decidiu mudar.

"É verdade que já não convivo mais com o Giuseppe", pensou, "mas, graças a Deus, ainda tenho Roberta e Donato. Preciso valorizá-los mais, em vez de ficar lamentando-me com a morte do meu filho. E é isso o que vou fazer".

Diante da mesa, um senhor abriu o exemplar de *O Evangelho Segundo o Espiritismo* e falou ao microfone, com voz suave e firme:

— Disse Jesus: "Vinde a mim todos os que andais aflitos e sobrecarregados, e eu vos aliviarei. Tomai sobre vós o meu jugo e aprendei comigo, que sou manso e humilde de coração. E achareis repouso para as vossas almas, pois o meu jugo é suave e leve o meu fardo". Que belas e consoladoras palavras, meus irmãos. Após tê-las lido, Kardec fez um comentário muito justo: "Todos os sofrimentos: misérias, desenganos, dores físicas, perda de pessoas queridas, encontram consolo na fé no futuro, na confiança e na justiça de Deus, que o Cristo veio ensinar aos homens. Contrariamente, sobre aquele que nada espera após esta vida, ou simplesmente duvida, as aflições caem com todo o seu peso e nenhuma esperança vem amenizar a sua amargura. Isto foi o que levou Jesus a dizer: 'Vinde a mim todos os que andais aflitos e sobrecarregados, e eu vos aliviarei'. Entretanto, Jesus estabelece uma condição para a sua assistência e felicidade que promete aos aflitos. Esta condição está na lei que ensina: seu jugo é a observância dessa lei, mas esse jugo é leve e essa lei é suave, dado que apenas impõem como dever o amor e a caridade".

As palavras, ditas com tranquilidade e segurança, caíram sobre Marcela.

"Mesmo tendo ouvido muitos sermões de frei Benedito", pensou, "nunca parei para refletir sobre o significado. Jesus, nesta passagem do Evangelho, está a nos oferecer o consolo de que necessitamos tanto em momentos tão difíceis de nossa vida, como é a partida de um ente querido. E essa consolação está naquele que crê numa existência futura, apoiado na confiança e na justiça divinas.

Quando Roberta disse que vira a tia, certamente não estava mentindo. Por meio dela, estava chegando para toda a família a consolação prometida por Jesus. Preciso deixar isso bem claro em minha mente, para poder ter uma vida melhor."

Quando acordou de suas reflexões, o expositor lia mais uma mensagem:

— Ouçam, meus irmãos, que palavras consoladoras, ditadas pela sabedoria e pelo amor do espírito da Verdade: "Deus consola os humildes e reconforta os aflitos que Lhe pedem forças. Seu poder cobre a Terra e, por toda parte, ao lado de uma lágrima, há um alívio que consola. O devotamento e a abnegação são uma prece contínua e encerram um ensinamento profundo. A sabedoria humana reside nessas duas palavras. Que todos os espíritos que sofrem possam compreender esta verdade, em vez de clamar contra as dores e os sofrimentos morais, que são a sua herança neste mundo. Tomai, pois, por divisa: devotamento e abnegação, e sereis fortes, porque essas palavras resumem todos os deveres impostos pela caridade e pela humildade. O sentimento do dever cumprido vos dará repouso ao espírito e resignação. O coração bate melhor, a alma tranquiliza-se e o corpo não desfalece, pois o corpo sofre tanto mais quanto mais profundamente ferido estiver o espírito".

À medida que as palavras atingiam a mente de Marcela, mais serenos tornavam-se seus sentimentos. Antigamente, ela ouvia os sermões na igreja sem lhes dar muita atenção. Às vezes, até queria que terminassem logo, para que pudesse partir para o cumprimento de seus compromissos no lar. Naquele momento, porém, ela prestou muita atenção, e as palavras consoladoras penetraram fundo em seu coração.

Donato também escutara, compenetrado, as palavras ditas lentamente pelo expositor. A cada momento, sentia-se mais aliviado e fortalecido em sua fé em Deus. Olhou para Marcela e, vendo o seu semblante relaxado, sorriu de satisfação.

Outros expositores apresentaram-se durante a realização da sessão, cada qual com um tema que calava fundo no coração dos participantes. Em dado momento, teve início a comunicação psicofônica. Uma jovem, sentada num canto extremo da mesa, disse com voz tingida de alegria juvenil:

— Oi pai! Oi, mãe! Tudo bem? Não chorem tanto. Não faz bem para vocês nem para mim. Em vez de chorar, peço que façam orações pra que eu me acostume de vez aqui onde estou. Assim é muito melhor. Combinado? Ah! Mandem um grande abraço para a Luluzinha. Digam que estou com saudade de todo mundo. Já me falaram que um dia vou me encontrar com todos vocês de novo. Aqui, fora a saudade, está tudo bem. Para dizer a verdade, eu não gostava de estudar. Estudava forçado e sem nenhuma vontade. Aqui, tudo é diferente. Estudo bastante, mas as aulas são dadas de um modo tão legal, nem parecem aulas. Enfim, o que quero mesmo dizer é que os amo e lhes desejo tudo de bom. Não fiquem mais tristes e orem por mim. Tá legal? Um grande beijo do Toni.

Marcela ouviu o choro contido de uma senhora, sentada mais à frente. Seu marido baixou a cabeça e passou o lenço nos olhos. Logo em seguida, um médium de cerca de quarenta anos começou a falar pausadamente:

— Rosana, como você está? Quem lhe fala é Lucrécio. Agradeço a Deus a oportunidade que me concede de poder dirigir-lhe algumas palavras, embora brevemente. Sei que não fui o melhor dos maridos, mas sei que nunca traí o seu amor por mim. Se pudesse agora conviver com você, nossa vida seria muito diferente. Quantas arestas cairiam por terra! Quantos desentendimentos deixariam de existir! Entretanto, isso não é mais possível. Perdi a santa oportunidade que Deus me conferiu. O que me consola, porém, é que daqui ainda posso orar pelo seu bem-estar e pela sua felicidade. Não se atormente pelo que passou. Temos toda a eternidade para refazer o caminho truncado pela minha passagem para este mundo. Continue orando e crendo na bondade e misericórdia infinitas de Deus. Receba o meu carinho e o meu amor, banhados pela saudade que se derrama sobre o meu coração. Fique com Deus.

As palavras do espírito contagiaram várias pessoas, que deixaram escorrer lágrimas por estarem em situação semelhante. Ainda outros espíritos se manifestaram, tendo impressionado muito Marcela a comunicação de um espírito, que desencarnara ainda menina:

— Oi, pai! Oi, mãe! Sou eu, Regininha. Só estou aqui para lhes dizer que não tenho mais nenhuma doença. Sarei, certo? E também para lhes comunicar que tudo aqui é alegre e gostoso. Brinco quase o dia todo com outras crianças, tão alegres quanto eu. As professoras também são muito bacanas. Pediram para avisá-los que não é para chorar mais. É só para continuar rezando, tá legal? Um beijão para vocês e para o Serginho. Amo-os! Tchau!

Enquanto os espíritos se manifestavam por meio da psicofonia, Donato não deixava de notar que algumas pessoas da mesa não paravam de escrever, entre elas Don Genaro. Foram ainda feitas vibrações e uma oração pela senhora que iniciara a sessão e, depois, começaram a ser entregues mensagens que haviam sido psicografadas durante as preleções e a psicofonia. Terminados os trabalhos, após se despedir dos integrantes da mesa, Don Genaro foi encontrar-se com o casal e Roberta, que se mantivera silenciosa durante todo o transcorrer da sessão.

— E então, o que acharam?

— Gostei muito, Don Genaro. Muito mesmo — disse Donato.

— Eu também. Não sabia que era assim. Mas se gostei, também saí com dúvidas.

— Se for possível, terei prazer em saná-las, Marcela.

— Obrigada. Em primeiro lugar por que aquelas pessoas falavam como se fossem marido, esposa ou filho de alguns dos presentes? Estavam teatralizando, como fazem os atores nas novelas?

— Não, Marcela. Estavam passando, por meio da psicofonia, as mensagens de espíritos desencarnados aos entes queridos. Era o que esses parentes precisavam ouvir para que seus padecimentos fossem amenizados.

— É verdade. Donato me falou sobre psicofonia e psicografia. Mas isso é mesmo verdade, Don Genaro? Não é apenas um meio forjado para suavizar a saudade dos parentes que ficaram?

— Lembre-se, Marcela, de que somos espíritos imortais. A morte é apenas a desintegração do corpo físico. Ela não passa da exaustão dos órgãos, da matéria, portanto. Assim, ao se romperem os laços que unem o espírito ao corpo físico, a morte da matéria permite que este recupere a sua liberdade, partindo para o mundo espiritual. Ali, ele dá continuidade ao seu processo evolutivo e tem, muitas vezes, a oportunidade de voltar a comunicar-se com os entes queridos que permaneceram no mundo terreno. Para estabelecer essa comunicação, ele faz uso dos médiuns, pessoas que se colocam como intermediárias entre o mundo espiritual e o mundo físico.

— Então, aquelas pessoas que falavam como se fossem os espíritos, estavam, na verdade, passando para os familiares as mensagens que recebiam?

— Você explicou melhor do que eu. Foi exatamente isso que aconteceu. O mesmo ocorreu com aqueles médiuns que estavam escrevendo mensagens.

— Há, porém, um "senão", Don Genaro. Ouvi o que dizia uma senhora próxima de mim. Ela falava mais ou menos o seguinte: "Não sei se esta mensagem é mesmo do meu filho. Ele não tinha essa letra nem usava algumas das palavras que aqui foram escritas".

Ao ouvir Marcela, uma jovem senhora aproximou-se e disse para Don Genaro, com certa agressividade na voz:

— O que ela disse é verdade. Fui eu quem duvidou da mensagem. Por que a letra é diferente? Por que há palavras que ele nem conhecia?

Don Genaro pediu que entrassem numa saleta ao lado, a fim de não atrapalhar a passagem das pessoas que saíam do local. Depois, demonstrando muita calma e paciência, sorriu levemente e se dispôs a dar as devidas explicações:

— Toda pessoa que recebe mensagens dos espíritos é médium psicógrafo. Esta é uma verdade. Contudo, não existe apenas uma modalidade de médium psicógrafo.

— Como assim? — perguntou a senhora, com as sobrancelhas arqueadas.

— Há três categorias de médium psicógrafo: o médium psicógrafo mecânico, o semimecânico e o intuitivo. O médium psicógrafo mecânico recebe um impulso involuntário na mão. O impulso não depende da sua vontade. A mão move-se por si mesma, sem que o médium tenha consciência do que escreve. Nesse caso, as ideias são do espírito comunicante, assim como o estilo literário da mensagem e as próprias palavras usadas na psicografia. É por esse motivo que em certas mensagens, as pessoas que as recebem dizem eufóricas: "É a letra do meu falecido esposo e as palavras são exatamente as que ele dizia". Quando se trata de médium mecânico, dona...

— Rosinete.

— Quando se trata de médium psicógrafo mecânico, dona Rosinete, faz-se a ligação do espírito comunicante aos órgãos sensórios do médium. Ele comanda os nervos motores do braço e mão do médium, que se movem *maquinalmente,* e assim expõe fielmente suas ideias, tornando também possível escrever de modo idêntico ao que usava em sua vida física. Isso faz com que muitas vezes a letra, o estilo e as palavras assinaladas no papel sejam as mesmas utilizadas pelo espírito comunicante. Nessa modalidade, o que caracteriza o fenômeno é que o médium não tem consciência daquilo que está escrevendo. Há, entretanto, outro tipo de psicógrafo: o médium psicógrafo intuitivo. O espírito comunicante não age sobre a mão do médium para fazê-la escrever. Ele atua sobre a alma do médium. Assim, é a alma do próprio médium que, sob o impulso do espírito comunicante, dirige a sua mão e o lápis. É a alma, pois, que recebe o pensamento do espírito comunicante e o transmite. Portanto, o médium tem consciência do que escreve, ainda que não exprima o seu próprio pensamento. O pensamento sugerido pelo espírito comunicante surge à medida que a escrita vai sendo executada. Neste caso, a ideia é do espírito, ao passo que as palavras, o estilo literário e o tipo de letra são do médium. Uma submodalidade da mediunidade intuitiva é a do médium psicógrafo inspirado. O médium recebe, pelo pensamento, comunicações estranhas às suas ideias preconcebidas. Mas se o médium intuitivo escreve e tem noção de que as ideias são do espírito comunicante, com o médium inspirado isso não acontece. A intervenção do espírito é, nesse caso, muito menos sensível, sendo mais difícil de se distinguir o pensamento próprio daquele que lhe é sugerido. Por último, temos o médium psicógrafo semimecânico, que participa de ambos os tipos de mediunidade, mecânico e intuitivo. Ele sente que o espírito atua sobre a sua mão, dando algum impulso, mas não perde o controle da mão e, ao mesmo tempo, tem consciência daquilo que está escrevendo, enquanto as palavras se formam. Com essa explicação, creio que a senhora já entendeu que nem todos os médiuns psicógrafos escrevem com a mesma letra do espírito comunicante em sua última encarnação, como também não usam palavras que eles costumavam usar.

A senhora ficou um tanto sem jeito e respondeu com um sorriso:

— É verdade. O senhor tem razão.

Don Genaro ainda ampliou a explicação:

— Há ainda duas coisas importante, dona Rosinete: em primeiro lugar, do total de médiuns psicógrafos que temos hoje, mais ou menos 70% são intuitivos, 28% são semimecânicos, e apenas 2% são mecânicos. Em segundo lugar, quando o espírito chega ao mundo espiritual, adquire novos conhecimentos e evolui moralmente. Muitas vezes, um ano depois do desencarne, ele já fala de modo mais elevado e com palavras muito bem escolhidas. Lembre-se ainda de que aquele momento que consegue para a sua comunicação é muito importante para ele, assim ele procura usá-lo com muito cuidado e respeito. Isso pode mudar a sua maneira de falar ou o seu vocabulário. A senhora me entende?

— Claro.

— Aqui em nosso centro, temos dois médiuns semimecânicos, os outros são intuitivos. Quero, entretanto, encerrando a minha explicação, dizer que o médium mecânico não é melhor que o semimecânico ou o intuitivo. São apenas três diferentes modalidades de mediunidade, que, bem conduzidas, oferecem-nos mensagens consoladoras e edificantes.

A jovem senhora agradeceu as palavras de Don Genaro, dobrou a mensagem recebida, colocou-a na bolsa e se despediu com voz quase sumida.

— Gostei da explicação, Don Genaro — disse Marcela —, o que estranhei foi a sua presença na mesa. O senhor também é psicógrafo?

— Sim. Trabalho com psicografia neste Centro Espírita há cerca de quinze anos. Mas você disse que tinha algumas dúvidas. Se eu puder, terei prazer em saná-las.

— Com suas explicações, elas praticamente desapareceram. Gostaria apenas que o senhor falasse um pouco sobre os médiuns que fazem a psicofonia. Também são mecânicos, intuitivos, enfim, são as mesmas modalidades?

— Quando se trata de mediunidade psicofônica, costumamos dizer, resumidamente, que há médiuns conscientes e inconscientes. Médium psicofônico consciente é aquele que recebe a mensagem do espírito comunicante, tendo pleno conhecimento de tudo o que se passa. O médium transmite a mensagem da maneira como a entende e usando o seu próprio vocabulário e modo de falar. Ele capta a ideia do espírito em sua origem e depois a interpreta de acordo com seus conhecimentos e personalidade. Neste caso, a ideia é do espírito e a maneira de falar é do médium. Médium psicofônico inconsciente é aquele que recebe diretamente a atuação do espírito sobre o seu organismo por meio do centro laríngeo. Ele recebe a comunicação sem ter consciência cerebral dela, ou seja, sem saber o que está falando. Desse modo, as ideias, as frases e o estilo são do espírito e não do médium.

— Entendi.

Marcela agradeceu e Donato fez uma pergunta:

— O senhor é médium psicógrafo de que modalidade?

— Eu sou médium semimecânico, Donato.

Depois de ouvir mais algumas explicações, Marcela ainda fez uma derradeira pergunta:

— Desculpe, mas gostaria de fazer-lhe mais uma pergunta. As dúvidas que surgem são consequências da minha ignorância a respeito da Doutrina Espírita.

— Não se desculpe, Marcela. Pergunte o que quiser. Não prometo que saberei responder, mas se eu não conseguir, perguntarei a quem conhece mais que eu. Qual é a sua dúvida?

— Ao saírem do salão, as pessoas bebiam um pequeno cálice de água. Até eu fiz isso.

— Eu também — disse Roberta, que se mantivera calada até aquele momento, apenas ouvindo as conversações esclarecedoras.

— Fez bem, minha filha — disse Don Genaro, rindo. — Essa água é *fluidificada*. Não é apenas no espiritismo que é utilizada. Outras doutrinas religiosas também fazem uso de seus benefícios. Com os passes e a irradiação — a transmissão de fluidos à distância, por meio da força mental —, a água fluidificada faz parte do que se chama "fluidoterapia", ou seja, tratamento por meio do fluido. Para encurtar a história, posso dizer que já no século XVIII, ela era usada pelos magnetizadores, como fazia Franz Mesmer, o mais conhecido magnetizador dessa época. Já se sabia que a água era grande condutora de energia eletromagnética. Kardec, por exemplo, chegou a afirmar que substâncias como a água podem adquirir qualidades poderosas e efetivas sob a ação do fluido espiritual ou magnético, os quais servem de veículo ou de reservatório. O que é, pois, a água fluidificada? É aquela em que fluidos curadores são acrescidos à água. Assim modificada, ela age sobre as moléculas do perispírito. E este age sobre o corpo físico, acelerando-lhe a cura.

— E quem fluidifica a água? — perguntou Marcela.

— Os benfeitores espirituais. Pode beber. A água fluidificada só faz bem. É preciso, porém, que se faça uma ressalva. Como a água é dos corpos mais simples e receptivos da Terra, se você pegar um litro de água em casa, fizer uma prece e deixá-lo na sala, todas as vibrações do ambiente recairão sobre a água. Se houver discussões ásperas, se as emoções das pessoas ali presentes forem desagradáveis e se os pensamentos forem mesquinhos, moralmente baixos ou maldosos, essa será a influência que a água receberá. Portanto, em vez de fazer bem, poderá até mesmo prejudicar quem tomá-la. Aqui, no Centro Espírita, não existe esse problema porque os benfeitores espirituais estão sempre vibrando em sintonia com o bem.

— Entendi. Quando falou em *perispírito*, fiquei em dúvida. Depois, me lembrei de que o senhor já havia falado sobre isso. Perispírito é o que liga a alma ao corpo, estou certa?

— Muito bem, Marcela. É isso mesmo. Perispírito é o envoltório semimaterial da alma, que faz a ligação entre esta e o corpo físico. Cada célula do corpo físico corresponde a uma célula extrafísica do perispírito. Na verdade, tudo começa com o desequilíbrio do espírito, cujas vibrações afetam o perispírito, passando a lesar o corpo físico, dado o vínculo que existe entre eles.

Até chegar à Vila Roma, Don Genaro deu-lhes outras informações sobre a Doutrina Espírita. Tomando um cafezinho com o casal, ele conversou durante um bom tempo com Roberta, que gostou de ter estado na casa onde agora estudava aos sábados. Depois de um bom *bate-papo,* ele se despediu, deixando todos muito felizes. Uma aura de bem-estar tomava conta de cada um deles.

— Sabe, Donato, voltei tão bem da reunião! Sinto-me muito melhor que todos os outros dias.

— Eu também — falou Roberta.

Donato apenas sorriu. Ver a família feliz era o que mais desejava. As coisas pareciam estar voltando ao normal, apesar da sentida ausência física de Giuseppe.

∞

O tempo correu celeremente. Aproximava-se o dia em que Giuseppe faria aniversário. À medida que a data se aproximava, uma onda de tristeza parecia tomar conta de Donato e Marcela. Faltava exatamente uma semana, quando Roberta, em seu quarto, notou uma luz diferente e, no meio dela, a figura sorridente do irmão.

— Giuseppe! Você ficou tanto tempo longe de mim!

— A minha vontade era vir até aqui, mas não podia.

— Sinto muita falta de você.

— E eu de você, Roberta. Mas não posso vir sempre que quero.

— *Tá* bem.

— Hoje eu vim para matar a saudade e dizer uma coisa muito importante.

— Diga, maninho.

— O *papa* e a *mamma* voltaram a ficar tristes. Eu senti isso lá onde estava. Acabei ficando triste também. Isso não faz bem a eles nem a mim. Nem a você. Eles devem saber de uma vez por todas que estou muito bem e vivo. Aliás, para falar a verdade, estou mais vivo que nunca. Portanto, não é para ninguém ficar triste. Um dia vamos nos encontrar de novo. Disse-me a minha professora que quando nós nos amamos de verdade, voltamos a nos encontrar. Mas é preciso ter paciência. Pode levar certo tempo, mas isso vai acontecer, com certeza. E ela me disse também que eu não terei mais nenhuma doença que me levará para o outro mundo. Fale tudo isso para eles, Roberta. Diga que não quero mais saber de choro. No dia do meu aniversário, quero que façam um bolo bem gostoso. Tudo o que você comer é como se eu estivesse comendo. Prometeram-me que eu estarei durante um tempo com vocês. Convide o Zeca, o Toninho, o Agostino e também a Francesca e a Diva. Quero muita alegria nessa casa. Para terminar, sabe o que quero de presente?

— Não.

— Antes de iniciar a festa, façam uma oração para mim.

— Vamos fazer, sim. Fique tranquilo, maninho.

— Roberta, tenho de ir embora. Um grande beijo para você.

— Para você também.

A luminosidade cessou e Roberta não pôde mais ver o irmão. Marcela, que passava diante do quarto, ouviu a voz da filha e colou o ouvido na porta, mas não conseguiu entender o que ela dizia. Assim, entrou vagarosamente e perguntou:

— Você estava falando sozinha?

— Não, mãe. Estava falando com Giuseppe.

A primeira reação de Marcela foi censurar a filha. Depois, pensando nas palavras de Rosalba e de Don Genaro sobre a vidência e a audiência, falou:

— Você viu Giuseppe?

— Vi, e falei com ele.

— E o que ele disse?

— Chame papai. Giuseppe pediu para conversar com vocês.

Quando Donato entrou no quarto, Roberta contou tudo o que ouvira do irmão. Lágrimas escorreram pelos olhos do casal.

— Como ele estava, Roberta? — perguntou Marcela, ansiosa.

— Muito bonitinho e alegre.

— Então ele quer um bolo bem gostoso para o aniversário? — perguntou Donato.

— É isso aí.

— Marcela, vamos encomendar um bolo bem grande e convidar todas as crianças da Vila.

— Não cabe todo mundo aqui, Donato.

— A gente dá um jeito. Vou encomendar sorvetes do Maurizio e comprar muitas latinhas de refrigerante. Se Giuseppe quer alegria, é alegria que vai ter!

— Não se esqueçam da oração antes de começar a festa — alertou Roberta.

— Não, não vamos esquecer. — Disse Marcela, sugerindo: — Por que você não convida Don Genaro para fazer a oração?

— Bem lembrado. Ele participará da festa conosco.

No dia do aniversário de Giuseppe, exatamente às três da tarde, começou a comemoração. A sala estava lotada de crianças. Don Genaro, pedindo silêncio, iniciou a oração solicitada:

— Senhor, neste momento de paz e alegria, em que comemoramos a data natalícia do nosso querido Giuseppe, em sua última reencarnação, queremos pedir-Vos as Vossas bênçãos para esse espírito que hoje habita o mundo espiritual. Que o nosso sempre amado Giuseppe viva em paz e harmonia, aprendendo o necessário para a sua próxima encarnação. E que possa receber o carinho e o amor daqueles com quem conviveu e em quem deixou saudades. Protegei-o, Senhor, em Vossos braços e amparai-o em sua nova trajetória. Assim seja!

Marcela deixou escapar uma lágrima; depois, lembrando-se das palavras que o filho enviara, enxugou-a rapidamente e disse sorrindo:

— Roberta, você corta o bolo em nome do seu irmão.

Todas as crianças bateram palmas e teve início a festa, que se prolongou por duas horas de alegria infantil. À noite, antes de dormir, Roberta disse aos pais:

— Giuseppe ficou muito contente.

— Espero que sim — respondeu Marcela.

— Ficou mesmo. Vi quando ele me acenou, dizendo: "Legal! Assim que tem de ser".

Marcela abraçou Roberta, beijando-a no rosto. Já não duvidava mais da mediunidade da filha...

# Novos tempos

"Algumas vezes, quando encontro velhos amigos, recordo-me de como o tempo passa depressa. E isso me faz pensar se temos ou não usado o nosso tempo de modo adequado". Esse pensamento é de Dalai Lama, ao tratar da arte da felicidade. Mas como podemos usar adequadamente o tempo? Bem, observemos alguns exemplos.

Se o tempo passa mais rapidamente do que podemos imaginar, não foi diferente com a família de Donato. Roberta, de menina, tornou-se uma jovem alegre e estudiosa. Marcela, mais madura, empenhou-se no trabalho voluntário da igreja que frequentava. Todas as tardes costurava em casa roupinhas para o enxoval das futuras mães, que faziam um curso preparatório para a maternidade. E confeccionava também roupas para as crianças assistidas pela paróquia. Donato, pelo mérito de sua dedicação ao trabalho, tornou-se gerente da marcenaria, fazendo também o contato direto com os clientes. Don Genaro, mais velho, passava o dia na marcenaria, acompanhando de longe os trabalhos. A vida financeira da família também mudara. Donato pensava em mudar-se logo de Vila Roma para um apartamento na Aclimação. Marcela apoiava a intenção do marido, incentivando-o a transformar o seu sonho em realidade.

— Por que não damos logo início a seu plano, Donato? Já temos o suficiente para dar entrada em um bom apartamento.

— É verdade, Marcela. Mas e Roberta, o que pensa disso?

— Fique tranquilo. Ela passou ontem em frente de um prédio de apartamentos e veio dizendo: "É lá que vamos morar!".

— Onde fica?

— Perto do Jardim da Aclimação.

— Exatamente como pensei. O que estamos esperando? Vamos até lá amanhã à tarde?

— E o trabalho?

— Para que tenho um supervisor? — perguntou Donato, rindo.

— É verdade. Esqueci que você agora é o *chefão*.

Às quatro horas da tarde do dia seguinte, os três estavam na Aclimação, admirando o apartamento-modelo.

— O apartamento tem três amplos dormitórios, como eu quero — disse Donato, olhando para Roberta e concluindo: — Um dos quartos será a sua sala de estudos. Farei estantes muito bonitas para colocar seus livros.

— Isso mesmo, Donato. Roberta merece. Eu farei minhas costuras no quarto de empregada. Não quero comprar roupa feita para as crianças da paróquia. Eu costuro com amor e esse sentimento vai com as confecções.

— Ponha sentimento nisso — falou Roberta, rindo. Mas, em seguida, disse com seriedade: — É muito luxo ter um dormitório e uma sala de estudos. O dormitório é amplo. Dormirei e estudarei ali.

Dá para colocar tudo lá e ainda ter uma bela estante. Você, mãe, vai ter a sua sala de trabalho neste dormitório.

Ninguém conseguiu mudar o pensamento de Roberta, que desejava o melhor para a mãe.

O apartamento agradou a todos e o preço estava na altura das economias de Donato. Cinco meses depois, a família mudou-se para o novo bairro. Não foi fácil deixar a casa da Vila Roma. Havia naquele lugar muito amor e também muita saudade. Olhando pela janela, Marcela parecia ver Giuseppe jogando bola com as crianças. Apesar da pobreza com que ali vivera alguns anos, parecia-lhe sentir nos cômodos da casa e no paralelepípedo da rua a presença alegre do filho a falar um português misturado com expressões italianas: "Passe a bola, *bello!*"; "*Te voglio bene, mamma*"; "Eu quero *mangiare* mais cedo, *oggi*". O que, entretanto, ficou marcado em sua memória foi o dia em que Giuseppe jogava bola com os amigos e, sem mais nem menos, chegou até a janela onde ela estava e disse, fitando bem seu rosto: "Vou gostar de você *per tutta la mia vita*". Admirando a rua quase deserta, ecoava em seus ouvidos essa frase de amor filial, como se estivesse sendo dita naquele minuto. Não tinha dúvida, era preciso mudar-se para vivenciar novos momentos de sua existência. Mas o ato de partir feria seu coração pelos momentos que vivera naquela pequena vila de tantas emoções. Foi com o peito opresso que bateu à porta da casa de Bruna e Zeca.

— Você vai se mudar amanhã? — perguntou Bruna.

— Sim. Chegou o dia de sair da Vila, mas parto com saudade, dona Bruna.

— *Dio mio!* — exclamou Zeca. — Não gosta mais de gente pobre?

— Não fale assim, seu Zeca. Devemos muito ao senhor e à dona Bruna. Saio porque é preciso, mas guardarei na memória os bons dias que aqui vivi.

— Eu sei, Marcela. Estava brincando. Quer saber de uma coisa? Vocês merecem ir para um lugar melhor. Se passaram por bons momentos na Vila Roma, também comeram o pão que o diabo amassou. Sejam felizes no novo apartamento. Estaremos aqui torcendo por vocês. Mas venha nos visitar de vez em quando para tomar um cafezinho. Não se esqueça de nós.

— Passarei sim, seu Zeca. Pessoas boas como vocês, a gente não esquece.

ख़

À noite, conversando com Donato sobre os momentos vividos na Vila, Marcela também se lembrou de Ruth.

— Moraríamos mais perto dela, agora. Mas Deus chamou-a antes.

— Era *buona gente*. Sempre lendo uma mensagem da Bíblia para nós.

— É verdade. Durante o mês em que trabalhei em sua casa, todos os dias ela lia um trecho da Bíblia.

— Bem, se não vamos morar perto da casa dela, com certeza ficaremos mais perto de Don Genaro.

— Isso é muito bom. Ele é um pai para nós.

— E um *nonno* para mim — disse Roberta, achegando-se à mãe.

Nessa noite, todos foram mais tarde para a cama. Queriam aproveitar ao máximo os últimos momentos na casa que os abrigara durante tantos anos. Somente quando não conseguiam mais ficar de olhos abertos, resolveram ir dormir. Ainda viveriam muitas emoções na manhã seguinte...

ख़

Se a saída de Vila Roma foi triste, a chegada ao novo apartamento da Aclimação foi de uma alegria incomum. Nos últimos dez dias, Donato não deixou que Marcela nem Roberta fossem visitar a nova morada. Queria fazer uma surpresa. Os móveis que fabricara na marcenaria foram montados com todo o esmero. Don Genaro fez questão de estar presente, a fim de que tudo ficasse perfeitamente encaixado no devido lugar. Depois que todos os móveis foram montados, o apartamento foi fechado e somente aberto na manhã da mudança.

— Que beleza! Eu não acredito!

— Roberta, este é o paraíso!

— Não exagerem — falou Donato. Fiz o que pude. Poderia ter ficado melhor.

— Pai, não existe nada melhor que isso. Obrigada. O meu quarto ficou um amor.

— Tudo está maravilhoso aqui — completou Marcela, beijando o rosto de Donato.

— A porta da cozinha está sem chave, pai.

— Está mesmo. Fui eu quem tirou. Sabe por quê? É uma surpresa preparada por Don Genaro. Ele fez questão de desenhar as peças de madeira e de comprar o refrigerador, o fogão e sei lá mais o quê. Logo deve chegar para oferecer-nos o seu presente.

Minutos depois, Don Genaro chegou sorridente.

— Estão querendo ver a cozinha? Vamos lá.

Quando Marcela e Roberta entraram, ficaram deslumbradas com a beleza e a funcionalidade. Marcela deixou escapar uma lágrima, enquanto abraçava, agradecida, aquele homem que se tornara membro da família.

— Então, antes que comecemos a arrumar todas as coisas, vocês não acham que é melhor fazer uma oração de agradecimento a Deus por este apartamento, presente maravilhoso que Ele lhes ofertou?

Todos concentrados, Don Genaro deu início à oração:

— Elevando o pensamento até Deus, nosso Pai, estamos reunidos neste novo lar de Donato, Marcela e Roberta para agradecer a bondade, a sabedoria e o amor divinos. Que este apartamento seja um local de aprendizado, trabalho e muito amor. Que reinem sempre entre suas paredes a paz e a harmonia que todos desejamos. Senhor, o agradecimento sincero de cada um dos integrantes deste lar abençoado, acompanhado da certeza de muitos anos que aqui serão vividos, tendo em Vós o seu sustentáculo e a proteção integral. Muito obrigado, Pai de misericórdia, pela alegria e felicidade que aqui todos sentirão. Assim seja.

Terminada a oração, todos se abraçaram e teve início a arrumação do apartamento que passava a abrigar aquela família sedenta de paz e de amor. Ao fim da tarde, estavam cansados, todavia alegres e agradecidos à providência divina, que lhes reservara aquele recinto como seu novo lar.

∾

Fazia seis meses que a família se mudara para a Aclimação, quando, certa noite, Roberta, aproveitando-se do fato de os pais estarem reunidos na sala, pediu-lhes a atenção e começou a falar com muito tato, porém completamente convencida de suas palavras:

— Tenho algo a dizer-lhes e gostaria que prestassem muita atenção.

Marcela e Donato olharam intrigados para a filha, sem ter a mínima noção do que ela iria falar.

— Passaram-se já vários anos que não tenho as visões habituais de espíritos e particularmente de Giuseppe. Entretanto, hoje pela manhã tive a grande alegria de vê-lo novamente.

Marcela, emocionada, atropelou as palavras da filha, perguntando:

— E como ele está? O que disse? Continua alegre como antes?

Roberta sorriu, pediu calma e continuou:

— Ele está muito bem. Não se apresentou mais como criança e sim como um jovem. Disse-me que tem aprendido muitas coisas novas e tem ainda muito a aprender. E falou também que está trabalhando como auxiliar de enfermagem num hospital da espiritualidade.

— Ele continua querendo seguir carreira na área da saúde! — disse Donato, contente.

Roberta passou mais algumas informações e depois ficou mais séria, pensando bem no que iria dizer:

— Parece que você tem mais alguma coisa para nos falar — disse Marcela com curiosidade.

— Tenho sim. Faz já algum tempo que uma ideia vem crescendo em minha mente. Não posso esperar mais para comunicar-lhes. Sempre quis ser professora, não é verdade?

Ansiosa, Marcela perguntou, um tanto frustrada:

— E desistiu?

— De certo modo, sim, de certo modo, não.

— Não entendi.

— Deixe-me explicar. De uns tempos para cá, passei a sentir uma espécie de chamado, convocando-me não para a pedagogia, mas para a medicina. Na verdade, desde que Giuseppe partiu para o mundo espiritual, comecei a me interessar pela área médica. Era, porém, ainda criança e não tinha o discernimento suficiente para tomar uma decisão. Agora, jovem, não tenho mais dúvida, principalmente depois que contei ao Giuseppe.

— E o que ele respondeu? — perguntou Marcela.

— Ficou muito contente e me confessou que já esperava por isso. E mais: prometeu me ajudar sempre que possível.

— Essa é a sua decisão final? — quis saber a mãe.

— Sim. Vou ser médica. Mas lembrem-se de que, como médica, poderei também ser professora de medicina.

— É verdade. — Disse Donato que, abraçando a filha, concluiu com uma lágrima a escorrer pelo rosto: — Tem todo o nosso apoio. Você não vai fazer cursinho?

— Gostaria sim, mas não quero ser um peso para vocês.

— Assim como faríamos pelo Giuseppe, faremos por você, filha.

— Estou com seu pai. Se você quer ser médica, terá de ser uma excelente médica. Portanto, a partir de hoje, estude o máximo que puder e deixe o restante por nossa conta. Quanto a Giuseppe, acho que deveríamos fazer uma oração por ele.

Nesse clima de aconchego e amor, a vida foi se desenrolando no lar dessa família que se unira tanto na dor e agora podia reunir-se em alegria e satisfação.

∞

É preciso que voltemos um pouco no tempo. Um ano depois do desencarne de Giuseppe, Donato aderiu definitivamente à Doutrina Espírita, passando a frequentar o Centro Espírita em que Roberta estudava aos sábados. Marcela, acostumada a frequentar a igreja, onde assistia às missas aos domingos e se confessava uma vez ao mês, continuou seguindo o catolicismo. Isso, porém, não foi motivo de dissensão na família. Donato respeitava o caminho seguido pela esposa, e Marcela fazia o mesmo em relação a ele. Ela e o marido continuaram levando Roberta ao curso do Centro Espírita. Apenas deixaram de fazê-lo quando a filha tornou-se adolescente e passou a ir com uma colega, cujo pai também era espírita. Roberta abraçou o espiritismo, com cujos preceitos morais já estava familiarizada, e melhor explicava sua mediunidade. Assim que completou treze anos, passou a frequentar o curso Aprendizes do Evangelho. Com dezessete anos, iniciou o curso de Médiuns.

Foi a partir dos doze anos que Roberta deixou de ter visões com o irmão desencarnado, cessando a comunicação com ele. Isso fez com que os pais procurassem receber mensagens no Centro Espírita. Acompanhados por Don Genaro, eles foram esperançosos na intenção de se comunicar com Giuseppe. Era uma terça-feira e o salão estava repleto de pessoas; muitas necessitando de um consolo, que viria na forma de um pequeno texto psicografado. Enquanto eram lidos trechos de *O Evangelho Segundo o Espiritismo* ou de obras de espíritos como Emmanuel e André Luiz, psicografadas por Chico Xavier, os participantes procuravam entrar naquele clima de paz e harmonia que exalava por todo o ambiente. Depois de duas ou três psicofonias, a sessão começava a chegar ao fim. Feitas as vibrações e a oração de encerramento, começaram a ser entregues as mensagens psicografadas, destinadas a vários dos presentes. Quando se ouviu na voz de um dirigente *"Mensagem de Giuseppe para Marcela"*, uma onda de ansiedade percorreu o corpo dela. O que teria a dizer? Como estaria passando? Estaria feliz?

Assim que recebeu a folha de papel dobrada, ela encostou-se na parede, abriu-a e, com Donato, começou a ler:

*Oi, mãe! Tudo bem? Estou sendo ajudado por uma professora, para poder dizer alguma coisa a você, ao pai e à Roberta.*
*Como já disse antes, estou muito bem, tenho bons amigos e estudo numa escola muito bonita, onde os professores ensinam como ninguém. Isso sem me desfazer dos meus antigos professores. Deles eu também gostava muito.*
*Não tenho nenhuma reclamação, só alegria. É claro que de vez em quando bate uma saudade de vocês, mas sempre me dizem para não me deixar levar pela tristeza. Quando isso acontece,*

*vem sempre alguém me chamar para realizar alguma atividade ou brincadeira, distraindo-me.*
*Não tenho mais nenhuma doença. Aqui só se fala em saúde, e é isso que tenho agora. Estou também aprendendo a amar Jesus e Maria, de verdade; e recebo muitas lições que me ajudam bastante, até que vocês possam estar comigo novamente.*
*Agora preciso parar. Mando um abraço para vocês e um grande beijo. Amo todos vocês. Tchau!*
*Giuseppe.*

Marcela e Donato ficaram emocionados. Roberta, mais afeita às mensagens do irmão, teve confirmadas as comunicações que antes recebera. Apenas uma dúvida surgiu na mente de Marcela. Na saída, expressou-a a Don Genaro:

— Desculpe, sei que a letra nem sempre é do espírito que envia a mensagem. O senhor já me falou disso, quando explicou sobre os tipos de médiuns. Mas a maneira de Giuseppe se expressar me pareceu um tanto adulta. Por quê?

— Em primeiro lugar, lembre-se de que, se o médium é intuitivo, além da letra, as palavras e o estilo em que é redigida a mensagem também são do próprio médium. A mensagem é recebida mente a mente, de modo telepático. Mais, o espírito, quando está no estado de erraticidade, também evolui. Ele está estudando e recebendo muitas orientações, como disse na mensagem, portanto, está mais maduro. E, neste caso, há ainda outro fator para que isso aconteça: ele estava sendo ajudado por uma professora, que é adulta. Na verdade, ele ditava o texto que era repassado pela professora, num misto de expressões e estilo do Giuseppe e da própria professora.

— Creio que esteja plenamente explicado. Não tenho dúvidas de que foi Giuseppe que me enviou a mensagem. A emoção que senti ao lê-la e o fato de eu ter "sentido" a sua agradável presença ao meu lado, durante a sessão, confirmam tudo o que está nesta carta. Só mais uma coisa: o que é mesmo *erraticidade?*

— A erraticidade é o estado dos espíritos não encarnados durante o intervalo de suas existências corpóreas. Deixando mais claro, é o estado do espírito desencarnado entre uma e outra encarnação. Ela é também chamada *intermissão* ou *período intermissivo.*

— Então, Giuseppe está no estado de erraticidade, não é mesmo?

— É, Marcela. Enquanto o espírito está nessa situação temporária, entre uma e outra encarnação, permanece em atividades missionárias, expiações ou estudos, aguardando oportunidades de reencarne para dar continuidade à sua evolução. Há três tipos básicos de atividades para o espírito na erraticidade. *Atividades missionárias, que* são realizadas por espíritos elevados e têm por objetivo o progresso de outros espíritos que se encontram num nível inferior de evolução. É o caso, por exemplo, de um espírito que busca propagar ensinamentos morais e espirituais, não com a finalidade de sua própria regeneração, expiação, mas orientado pela vontade de servir aos semelhantes.

— E atividades de expiações, o que são?

— *Atividades de expiações* são aquelas que levam à reparação de erros, de dívidas contraídas em encarnações passadas. A expiação serve de alavanca e prepara o espírito para o futuro, acelerando seu adiantamento. Também existem as atividades que se resumem ao *estudo* sério e compenetrado. É o caso dos espíritos que aproveitam o período da erraticidade para aprimorar seus conhecimentos de ordem moral e espiritual, com a finalidade de aproveitá-los construtivamente em sua futura encarnação, a fim de que possam cumprir as tarefas assumidas no mundo espiritual antes da reencarnação.

— É o caso de Giuseppe? — perguntou Marcela interessada.

— Foi o que ele disse na mensagem que você recebeu. Ele está estudando com essa finalidade.

Marcela gostou do que ouviu, mas ainda uma dúvida surgiu em sua mente.

— Giuseppe sempre foi muito estudioso. E se ele gostar tanto dos estudos e não quiser mais voltar à Terra? E se preferir ficar para sempre onde está? Poderemos vê-lo, quando morrermos? Meu medo é não poder encontrá-lo mais.

Don Genaro riu dos temores infundados de Marcela e respondeu calmamente:

— Se esse é o seu temor, vou dar-lhe uma notícia consoladora. O período de erraticidade, ou seja, o intervalo entre duas reencarnações pode variar de algumas horas ou alguns milhares de anos, porém jamais é perpétuo. Mais cedo ou mais tarde, todos os espíritos retornam ao mundo para dar continuidade ao seu autoaperfeiçoamento. Isso significa que Giuseppe ainda terá muitas reencarnações até se tornar um espírito puro, ou seja, aquele que atingiu o máximo da perfeição. Espíritos puros são aqueles de Primeira Ordem. Já não há neles nenhuma influência da matéria. O que existe é superioridade intelectual e moral absolutas, com relação aos espíritos de Ordens Inferiores.

— Giuseppe vai se tornar um espírito puro? — perguntou Marcela.

— Ele e todos nós.

— Eu e Donato também?

— Deus não privilegia ninguém, Marcela. Todos os seres humanos, sem exceção, estão destinados a tornar-se um dia um espírito puro. Há uma Lei Divina, chamada Lei do Progresso, segundo a qual os espíritos não permanecem, para sempre ou perpetuamente, na mesma categoria. Todos se aperfeiçoam, passando pelos diferentes graus de evolução. Essa melhora efetua-se por intermédio das encarnações sucessivas. O tempo para cada espírito chegar ao topo da escala espiritual depende de suas escolhas, que são frutos do seu livre-arbítrio. Quem segue as Leis Divinas alcança a perfeição mais rapidamente do que aqueles que agem contra elas. Mas, sendo o progresso uma condição da natureza humana, todos chegaremos ao topo.

— Fico feliz e realmente consolada com essa explicação.

— Mas você disse também que tem medo de não poder encontrar mais Giuseppe, não?

— Foi.

— Pois bem, nós nunca nos afastamos daqueles que realmente amamos e partiram para o mundo espiritual. Se mantivermos os laços afetivos que nos uniam neste mundo, a amizade, o carinho e o amor continuam, quando eles se encontram na erraticidade. E se esses vínculos permanecerem, quando desencarnarmos, poderemos conviver com eles enquanto estivermos no mundo espiritual. Há, porém, um "senão", precisamos vibrar na mesma frequência, isto é, se um ente querido evoluiu e está num determinado nível de evolução e nós nada fizemos para crescer espiritualmente, passa a existir um desnível. Nesse caso, temos de nos aplicar com empenho em nossa reforma íntima, a fim de atingirmos o nível desse ente querido, para que possamos conviver com ele. Não se trata apenas de convivência no mundo espiritual. Havendo mesmo forte ligação entre dois espíritos, na próxima encarnação poderão estar novamente juntos, se isso for conveniente para ambos.

Marcela ficou pensativa, depois disse com certa inquietação:

— Entendi. Deverei esforçar-me, pois sei que Giuseppe é um espírito iluminado. Entretanto, não entendi bem o que é reforma íntima.

Sempre solícito, Don Genaro iniciou a explicação:

— Reforma íntima é a renovação do nosso eu, do nosso íntimo. Consiste em mudarmos para melhor, apartando-nos do egoísmo para nos voltarmos à satisfação das reais necessidades daqueles que precisam dos nossos préstimos. É trocar os erros pelos acertos, é transformar vícios em virtudes.

— Frei Benedito falou algo parecido no sermão de domingo passado. Ele disse que vivemos muito centrados em nós mesmos e que precisamos abrir-nos para os outros.

— Ele está certo, Marcela. No livro *O Evangelho Segundo o Espiritismo*, Kardec diz: "Reconhece-se o verdadeiro espírita pela sua transformação moral e pelos esforços que emprega para dominar suas inclinações más". Isso é praticar a reforma íntima. Kardec fez igualmente aos espíritos, noutra obra, uma pergunta relativa à reforma íntima: "Qual o meio prático mais eficaz que tem o ser humano de se melhorar nesta vida e de resistir ao arrastamento do mal?". Sabe qual foi a resposta? "Um sábio da antiguidade vos disse: *Conhece-te a ti mesmo*". Esse sábio foi Sócrates que, com Platão, foi precursor do cristianismo e do espiritismo.

— Creio que tenha entendido — respondeu Marcela preocupada —, mas como mudar da noite para o dia? Se estou muito voltada para mim mesma, como é que amanhã vou acordar pensando mais nos outros? Isso me parece impossível.

Don Genaro sorriu compassivamente e explicou:

— Ninguém muda da noite para o dia, Marcela. Não é isso que se pede ao ser humano.

— O que fazer, então, Don Genaro?

— A nossa mudança é paulatina, ou seja, realiza-se em etapas, pouco a pouco. Na minha marcenaria, adoto uma filosofia de origem japonesa, que se chama *kaizen*. Podemos traduzir por "mudança para melhor" ou atitude de "melhoria contínua". Seu lema é: "Hoje melhor do que ontem, amanhã melhor do que hoje!". Com essa prática administrativa, é sempre possível fazer melhor. Não se deve deixar passar nenhum dia sem que alguma melhoria tenha sido implantada, quer na estrutura da empresa, quer no indivíduo.

E tenho obtido resultados concretos. Depois que implantei o *kaizen*, as pessoas e os produtos melhoraram. Como consequência, passamos a ter mais pedidos. Bem, não vou ficar aqui falando sobre a marcenaria. O que lhe pergunto é: não dá para aplicar a melhoria contínua em nossa própria vida?

— Penso que sim.

— Podemos afirmar que o verdadeiro cristão, não importa a religião que segue, é reconhecido pela sua transformação moral. E é a isso que chamamos reforma íntima. Caráter, temperamento, valores, vícios, hábitos e desejos são alguns dos elementos da nossa personalidade que podem ser renovados ou aprimorados. Agindo dessa forma, todos os dias, crescemos sem nos darmos conta da transformação maravilhosa que se opera em nossa alma. Esse é o melhor caminho para nos aprimorarmos o suficiente, a fim de nos encontrarmos no mundo espiritual com os entes queridos que já estão lá.

— É isso que pretendo fazer daqui para a frente, Don Genaro. Meu grande desejo é poder encontrar-me com Giuseppe quando partir deste mundo.

— Mas pode acontecer de o ente querido reencarnar antes de partirmos. Contudo, tudo estará sendo preparado para que nos encontremos num mesmo plano. Sempre que existe o verdadeiro amor de ambas as partes, existe a certeza de um reencontro futuro.

Marcela ficou satisfeita com as explicações e, mesmo palmilhando uma trilha intermediária entre o catolicismo e o espiritismo, deu início à renovação interior.

Com a situação financeira da família estabilizada, Roberta pôde fazer cursinho para o vestibular de medicina e teve a grande alegria de ingressar na Faculdade de Medicina da Universidade de São Paulo.

— Dedico esta vitória a Giuseppe — disse à mãe. — Se ele ainda estivesse conosco, com certeza também teria sido aprovado.

— É verdade, Roberta. Tenho certeza de que você será uma médica tão boa como ele seria.

— Assim espero. Estudarei muito para isso, mãe.

Com essa disposição, aos dezoito anos, a jovem iniciou o curso de medicina, disposta a não perder tempo. Quando, altas horas, o sono chegava forte, pensava no irmão e estudava mais um pouco. Até despencar sobre as volumosas obras que tinha diante de si. Todavia, das sementes que plantava com a conduta exemplar, frutos saborosos seriam colhidos no porvir...

# No Centro Espírita

Quando Donato terminou o curso de médiuns, fez um curso breve de aplicação de passes. Em seguida, achou que já era tempo de dar início aos trabalhos de ajuda ao semelhante, ali mesmo. Assim, pediu ajuda a Don Genaro:

— Agora que terminei o curso de passes, penso que já estou apto a desenvolver algum trabalho aqui na casa, mas não sei bem o que fazer. Gostaria que o senhor me ajudasse, dizendo-me a atividade que posso exercer como voluntário.

Don Genaro pensou e respondeu com seu costumeiro sorriso:

— Eu já esperava por isso.

— Por isso o quê?

— Por esta oportunidade de indicá-lo para um trabalho proveitoso.

— E já pensou qual será?

— Você é uma pessoa afável e acolhedora, solícita e tranquila. O que acha de recepcionar os assistidos que vêm tomar passe? Estamos necessitando de mais alguém.

— Eu aceito. Mas preciso de uma orientação.

— Dona Gertrudes coordena todas as atividades ligadas ao passe. Ela vai lhe dar as coordenadas.

Satisfeita com a disposição de Donato, Gertrudes aceitou a indicação de Don Genaro e imediatamente Donato começou a trabalhar na Casa Espírita, sentindo-se útil e muito feliz por poder fazer algo em proveito dos seus irmãos. O trabalho parecia-lhe compensador. Era comum, às quartas-feiras e aos sábados, vê-lo recebendo com um sorriso afável os assistidos.

— Bom dia, minha senhora. Por favor, siga até aquele balcão.

— Boa noite, Reginaldo. Como está?

— Assim, assim, Donato. Ainda sinto uma dorzinha na coluna.

— A bênção do passe é maior que a dor. Você verá.

— Gosto de ouvir isso.

E o senhor idoso entrava mais animado na Casa Espírita, reconfortado pelas breves palavras de Donato. Em pouco tempo, ele já sabia o nome dos frequentadores mais constantes e recebia a cada um como gostaria de ser acolhido.

— Deixe que eu a ajudo, dona Hortênsia. — E empurrava a cadeira de rodas em que a senhora levava a filha paraplégica.

— Obrigada, Donato. Você é um anjo.

— Nem tanto, dona Hortênsia. Só faço o que posso.

Com o tempo, e devido à sua insistência, foi construída uma rampa no portão anexo, por onde entravam os cadeirantes. Depois de um ano nesse trabalho benemérito, certo dia ele foi chamado por Gertrudes. Preocupado, ele pensou que tivesse feito algo errado. Aliás, atitude muito comum nas empresas atuais. Isso porque os "chefes" somente solicitam a presença dos "subordinados" para mostrar o que está errado. Existe um livro que diz que o gerente deve levar em conta três aspectos fundamentais: tornar os objetivos organizacionais conhecidos de sua equipe; fazer com que o funcionário perceba o quanto ele está satisfeito com seu desempenho, elogiando claramente o que foi realizado; e explicar com clareza o que não agradou, incentivando-o a corrigir-se para melhorar o desempenho. Enfim, se os colaboradores recebessem *feedback* periódico de seus superiores, não temeriam ser chamados para um diálogo.

Gertrudes não era do tipo que só conversa para mostrar erros, entretanto, Donato, em vez de pensar no que ocorria na marcenaria, em que a administração de Recursos Humanos era exemplar, lembrou-se da antiga marcenaria em que trabalhara anos atrás. Lá, sim, se alguém fosse chamado à gerência, sabia que, no mínimo, receberia uma admoestação mal-humorada e desrespeitosa.

— Com licença.

— A casa é nossa, Donato. Entre, por favor.

— Obrigado.

— Como está o seu trabalho na recepção?

— Tenho feito o possível para acolher satisfatoriamente os assistidos, dona Gertrudes.

— Você gosta desse trabalho?

— Muito. Conheci muita gente e aprendi bastante também sobre o ser humano.

— O quê, por exemplo?

— Há pessoas que chegam aqui em estado de saúde muito precário. Algumas chegam com dor. No entanto, vejo sorriso em seus lábios ao me cumprimentarem. Dona Eulália é um exemplo. Ela tem oitenta e oito anos, é paraplégica, tem artrite e sempre chega com um sorriso nos lábios e faz questão de me dar um beijo no rosto. Outro dia, eu estava um pouco chateado e impaciente com o trânsito, porém, de repente, o sr. Furtado chegou coxeando na ponta dos pés por conta de um problema de nascença e amparado nos ombros do filho. Ambos me abraçaram com uma energia tal que fiquei envergonhado. A chateação e a impaciência desapareceram na hora. Por outro lado, também aprendi com as pessoas que, sem motivo, sempre reclamam.

— Gostei de ouvir isso, Donato. Você também acaba de me ensinar boas coisas. Vejo que aproveitou muito bem a oportunidade. Estou contente com o seu desempenho, por essa razão quero fazer-lhe um convite. Você quer trabalhar na preleção que antecede aos passes?

— Preleção? Eu?

— Por que não?

— Bem, não tenho muito estudo.

— Estou com a sua ficha do curso de médiuns aqui. E sabe o que está escrito no verso?

— Não.

— "Aluno disciplinado, estudioso e participativo. Sugerimos que, no futuro, possa ser aproveitado na preleção antecedente aos passes ou na área de ensino, pois tem uma boa verbalização". O que você me diz?

— Tenho medo de falar o português errado.

— Conheço um instituto que realiza um curso breve de redação e oratória. Ali você aprenderá a escrever corretamente e também a falar bem em público.

— Então, eu aceito a indicação. Apenas peço que me permita primeiro fazer o curso.

Ficou combinado que ele realizaria o curso e, em seguida, começaria a trabalhar na preleção, aos sábados, pela manhã. Apesar das dificuldades iniciais, ele conseguiu concluir o curso satisfatoriamente. Um mês depois, ele começou seu novo trabalho no Centro Espírita. Marcela fez questão de acompanhar Roberta para assistir à primeira preleção de Donato, que, emocionado, cumprimentou os assistidos:

— Bom dia a todos. Sejam bem-vindos! — Em seguida, passou o olhar pelos presentes e, com tranquilidade e segurança, deu início às suas palavras: — Disse Jesus, certa vez: "Nisto todos conhecerão que sois meus discípulos: se vos amardes uns aos outros". Não podemos considerar-nos discípulos do Cristo se não mantivermos acesa a chama do amor fraternal em nosso coração. Paulo de Tarso já dizia em sua primeira carta aos coríntios: "Ainda que eu falasse a língua dos homens e dos anjos, se não tivesse amor, seria como o metal que soa ou como o sino que tine". Nesse mesmo texto, ele afirma que "o amor não é invejoso; o amor não trata com leviandade, nem se torna soberbo, arrogante". E nós, como temos agido em relação a nossos irmãos? O espírito Emmanuel confirma que os seres humanos já ensaiaram diversas experiências para demonstrar a condição de discípulos de Jesus. Já organizaram concílios célebres, incentivaram guerras arrasadoras contra quem não tinha a mesma fé, disputaram o sepulcro do Divino Mestre, acenderam fogueiras e ergueram cadafalsos, inventaram suplícios e construíram prisões para quem discordasse da sua fé...

Marcela observava cada gesto e inflexão de voz do marido. Estava orgulhosa por poder ouvir pela primeira vez palavras tão fortes da boca de Donato. Como ele havia progredido, pensava. E ela? Havia acompanhado o progresso espiritual que ele agora demonstrava, não apenas pelas palavras que dizia, mas principalmente pelo exemplo que dava no lar, no trabalho e no próprio Centro Espírita? Lembrou-se de que, certo dia, dissera a Don Genaro que iniciaria a sua melhoria contínua, em nível moral e espiritual. Mas fizera, de fato, isso? Nem mesmo as roupinhas que fazia para as crianças da igreja ela continuara a costurar ou tricotar. Depois que se mudara para a Aclimação, passara a frequentar outra igreja, mas com tempo mais espaçado e sem nenhum tipo de trabalho assistencial. Agora seu esposo falava a respeito dessa caridade que ela deixara de exercer. Era preciso fazer algumas mudanças em sua vida. Disso ela não tinha nenhuma dúvida.

— Dentre as três virtudes: fé, esperança e caridade, o apóstolo Paulo diz que a maior delas é a caridade. E nós, como estamos agindo em relação àqueles que necessitam da nossa ajuda fraterna? Com amor? Ou com desdém e indiferença? Tomemos como ponto para reflexão as palavras de Jesus, segundo as quais apenas podemos nos considerar discípulos do Cristo se nos amarmos uns aos outros. Muito obrigado.

Estava encerrada a breve preleção de Donato, mas, para Marcela, ela continuaria a ressoar em sua mente por toda a semana.

Roberta ficou surpresa com a desenvoltura do pai e teve certeza de que Gertrudes acertara em cheio ao convidá-lo para essa nova atividade.

Mais tarde, em casa, Marcela chamou Donato para uma conversa. Depois de elogiar a sua estreia, entrou no assunto principal:

— Donato, faz algum tempo que não confecciono mais nenhuma roupinha para as crianças da igreja. Hoje, quando você falou em nos amarmos uns aos outros, lembrei-me de ter ouvido algo semelhante de frei Benedito. E notei igualmente que não tenho feito nada em favor daqueles que necessitam de uma pequena ajuda. Você esforçou-se, estudou e tornou-se um preletor de primeira.

— Estou apenas aprendendo, Marcela.

— Pois é. E eu? O que tenho feito da minha vida?

— Você tem administrado este apartamento da maneira mais eficaz possível.

— Eu sei. Mas tenho uma ajudante muito boa, que faz limpeza e cozinha, não é mesmo? Apenas supervisiono o trabalho. Isso significa que está sobrando um tempo que não tenho aproveitado.

Quero que as coisas sejam diferentes. Você me disse que há um setor no Centro Espírita que distribui roupinhas de crianças para novas mães, como na paróquia que eu frequentava. Será que meus serviços seriam aceitos? Afinal, sou católica...

— Marcela, Jesus disse que é o nosso Caminho, não é mesmo?

— Sim...

— Mas a trilha para chegar a esse caminho somos nós que abrimos. Portanto, não importa se a pessoa é espírita, católica, evangélica ou de outra religião. Todo trabalho que demonstra amor pelos semelhantes é bem-vindo. Um dia não haverá mais esta ou aquela religião, seremos apenas filhos de Deus, seremos tão somente irmãos. E é isso o que conta.

— Fico feliz por você pensar assim. No Centro Espírita, os diretores também pensam desse modo?

— Sem dúvida. E suas doações serão muito bem-vindas. Vou dizer-lhes que temos mais uma colaboradora.

Roberta, que acabara de fazer um curso no Centro Espírita, passou a trabalhar na pequena farmácia, que ali começava a existir. Ela classificava os remédios, colocando-os nos devidos lugares e distribuindo-os aos assistidos.

∞

Foi nessa ocasião que Marcela desejou obter nova mensagem de Giuseppe. Querendo ter em mãos um texto do filho, decidiu ir até o Centro Espírita em busca de uma mensagem psicografada. Na noite escolhida, lá estava ela, com a filha e o marido. Foram feitas breves preleções pelos componentes da mesa, sendo que uma em particular lhe tocou o coração. Foi dita pelo rapaz mais jovem. A atenção de Marcela aumentou quando ouviu as palavras lidas pelo preletor num livro que ela desconhecia:

— "É natural confiar em Cristo e aguardar nele, mas que dizer da angústia da alma atormentada no círculo de cuidados terrestres, esperando egoisticamente que Jesus lhe venha satisfazer os caprichos imediatos? Seria razoável contar com o Senhor tão somente nas expressões passageiras da vida fragmentária? É indispensável descobrir a grandeza do conceito de 'vida', sem confundi-lo com 'uma vida'. Existir não é viajar da zona de infância, com escalas pela juventude, maturidade e velhice, até a morte; é participar da Criação pelo sentimento e pelo raciocínio, é ser alguém e alguma coisa no concerto do Universo". Meus irmãos, será que também não estamos fazendo a confusão entre "vida" e "uma vida"? Será que não estamos encerrados em nosso próprio egoísmo, esperando um mundo melhor apenas para nós mesmos? O livro que tenho em mãos chama-se *Caminho, verdade e vida*[12] e o trecho que escolhi "Esperar em Cristo". Ou seja, esperar em Cristo, trilhando o caminho por Ele aberto para nós. Esperar em Cristo, alimentando nosso coração e nossa mente com a verdade que Ele nos trouxe. Enfim, esperar em Cristo, vivendo a vida em sua plenitude e na extensão que lhe é própria: a eternidade! Existir, como diz o espírito Emmanuel, não é apenas passar pelos estágios da existência, como qualquer animal, mas sim participar da Criação pelo sentimento e pelo raciocínio. É contribuir com a nossa parte para a melhoria do mundo em que vivemos. Mas Emmanuel prossegue: "Na condição de encarnados, raros assuntos confundem tanto como os da morte, interpretada erroneamente como o fim daquilo que não pode desaparecer".

Nesse momento, Marcela pensou em si mesma. Por que fizera questão de receber outra mensagem do filho que estagiava no mundo

---

12. XAVIER, Francisco Cândido. *Caminho, verdade e vida*. Espírito Emmanuel. FEB: Rio de Janeiro. (N.A.E.).

espiritual? Seria por não acreditar na vida eterna? Na igreja católica, ela sempre ouvira a respeito da eternidade da vida. Fazia pouco tempo que um padre dissera: "O homem é um ser feito à imagem e semelhança de Deus. E, desde sua concepção, está destinado à bem-aventurança eterna". Se não havia coincidência entre o que ela escutava na igreja e o que diziam no Centro Espírita, pelo menos uma convergência ela conseguia detectar: o ser humano era imortal. Bem, talvez não fosse sobre isso que recaísse sua dúvida, mas sobre o estado atual do seu filho, que desencarnara ainda jovem, sem ter feito grandes escolhas. Mas a própria filha lhe assegurara que estava tudo bem com ele. Por que, então, a necessidade quase neurótica de obter uma mensagem escrita? Não seria uma desconfiança em relação a Deus ou a Jesus Cristo, que pregava a felicidade eterna? Essas eram suas indagações, quando conseguiu ouvir as últimas palavras do expositor:

— Encerra Emmanuel a lição de hoje, exortando-nos: "Não vos prendais à idade do corpo físico, às circunstâncias e condições transitórias. Indagai da própria consciência se permaneceis com Jesus. E aguardai o futuro, amando e realizando o bem, convicto de que a esperança legítima não é repouso, e sim confiança no trabalho incessante". Encerro as minhas palavras, lembrando que permanecer com Jesus não é mergulhar na passividade de uma vida inoperante, mas envolver-se com o trabalho incessante em benefício daqueles que precisam do amparo de nossas mãos. Em outras palavras, é servir ao semelhante como Jesus nos demonstrou nas linhas sagradas do seu Evangelho.

Marcela estava pensativa. Não fora por acaso que ouvira a preleção daquele jovem. "Bem", pensou, "tenho certeza de que Giuseppe está bem. Também dou crédito à mediunidade de Roberta e vou confeccionar roupinhas para as gestantes atendidas por esta casa". Pouco depois, foram entregues as mensagens do plano espiritual.

Marcela pegou a sua e, antes de sair, fez questão de tomar um cálice de água fluidificada.

Já no carro, Donato abriu a folha que tinha em mãos e leu:

*Oi, mãe, tudo bem? Um grande abraço ao pai e à irmãzinha. Cá estou eu novamente, auxiliado por um amigo. Logo poderei mandar a mensagem sozinho. Serei breve, pois vejo que há várias crianças, jovens e adultos querendo passar a mensagem a seus parentes e amigos. Devo apenas dizer que os amo de todo o coração e sinto saudade de vocês. Mas a minha vinda para cá foi muito importante para todos nós, pois, como dizem os professores, todos cresceram com essa mudança. Portanto, essa mudança era necessária.*
*Continuo muito bem, até melhor que antes. Tenho vários amigos e uns professores maravilhosos, que muito me têm ajudado. Continuem firmes em sua crença no poder de Deus, na Sua sabedoria e bondade. Não desanimem. Deus não esquece ninguém. Um dia, estaremos todos reunidos novamente numa situação muito melhor que a anterior.*
*Recebam um abraço bem forte e um grande beijo.*
*Giuseppe,*
*que muito ama vocês.*

Marcela ficou emocionada e teve certeza de que, dali para a frente, Giuseppe só progrediria e se tornaria cada vez mais feliz. Não acreditava na reencarnação, mas, naquele momento, o que mais desejava era que isso fosse verdade, pois queria tornar a viver com o filho que tanto amava.

— Donato, os padres não creem na reencarnação, mas que ela é um consolo, não tenha dúvida... Até hoje não fui a pessoa que deveria ter sido, mas, daqui para a frente, tudo farei para melhorar-me e ter nova oportunidade de, no futuro, conviver com você, Roberta e Giuseppe. Ajude-me, a fim de que consiga realizar o meu objetivo de melhoria. Melhoria contínua, não foi isso que Don Genaro disse?

— Isso mesmo. Estaremos, daqui para a frente, nos ajudando uns aos outros.

∞

Roberta, notando a disposição da mãe, que passou a contribuir com as gestantes assistidas pelo Centro Espírita, achou que também poderia colaborar mais e começou a trabalhar igualmente na área de passe. Uma vez por semana, ela fazia questão de lá estar para aplicar passes nos assistidos, voltando para casa com o pai, que agora era um dos preletores.

Assim, passaram-se mais dois anos de muita atividade e alegria. Donato continuava trabalhando como gerente da marcenaria, acumulando as atividades de Don Genaro, que se afastara por motivo de saúde. Marcela fizera amizade com as responsáveis pela área de assistência social do Centro Espírita, e colaborava tanto quanto podia, buscando levar um pouco de alegria às moças socorridas de algum modo por um grupo de pessoas voltadas para o serviço ao semelhante. Roberta, além de trabalhar no Centro Espírita, estudava com afinco. Estava no terceiro ano da faculdade e pensava em especializar-se na área de oncologia. Assim que obtivesse o diploma, queria fazer parte do quadro de médicos do Centro Espírita, composto por três profissionais. Pensando desse modo, deu prosseguimento aos estudos, enquanto o tempo, inexorável, continuava correndo aceleradamente.

# 16

# As despedidas

NUMA TARDE, QUANDO MENOS SE ESPERAVA, um táxi parou diante da marcenaria. Don Genaro desceu todo sorridente, entrou no prédio e cumprimentou um por um dos funcionários. Donato, por um lado ficou contente, por outro, preocupou-se porque, intuitivamente, já previa o que iria acontecer. Fazia algum tempo que ele se afastara para cuidar da saúde. Agora voltava, dizendo que melhorara muito, mas, ao mesmo tempo, parecia ocultar alguma notícia, que só daria no momento certo. Pediu que Donato ordenasse a paralisação dos trabalhos e reunisse todos os colaboradores no pátio da marcenaria. Em seguida, falou gesticulando:

— Chega de *lavoro* por hoje. Daqui a uma hora e meia quero vocês na cantina do Filippo. Hoje haverá um jantar especial. Vocês merecem. E tenho uma boa notícia para lhes dar também.

Enquanto os funcionários tomavam banho e se arrumavam, Don Genaro seguiu com Donato para a sala da diretoria e iniciou uma conversa muito íntima:

— Donato, quero que saiba sobre a confiança que tenho em você e a amizade que nos une. Aprendi muito com a sua dedicação, competência e seu comprometimento. Nunca tive, desde que iniciei os trabalhos nesta marcenaria, um funcionário tão exemplar como você. Por tudo isso, ao afastar-me definitivamente da organização que fundei, quero que aceite o cargo de diretor e, com as habilidades que possui, mantenha a excelência dos trabalhos que aqui são realizados, assim como a elevada qualidade de vida que hoje esta empresa possui. Saio daqui feliz se você me substituir definitivamente.

Donato, com os olhos lacrimejantes, ficou sem saber como dar resposta àquele homem que um dia o tirou do desemprego para mudar sua vida, tanto no sentido material quanto, principalmente, na dimensão espiritual. Depois, com voz contida, falou:

— Don Genaro, essa era a última coisa que eu gostaria de ouvir. O senhor foi sempre a alma desta empresa. Não há ninguém que possa ombrear-se com todas as qualidades positivas que o senhor ostenta. Sou apenas uma pálida sombra de sua gigantesca figura. Não sei se poderei conduzir sozinho esses homens e profissionais valorosos que aqui trabalham.

— Donato — aparteou Don Genaro —, quando você chegou aqui, era um excelente operador, mas hoje, com os estudos que realizou e, principalmente, com a generosidade que expressa, tornou-se o grande líder deste empreendimento. Não tenho o menor receio de deixar a direção em suas mãos, conduzidas por coração nobre e mente clarificada. Aceite o posto que lhe ofereço, já que a liderança é uma conquista unicamente sua.

Donato estava suando. É claro que o posto que lhe estava sendo ofertado era o que mais gostaria de alcançar, porém, não com a ausência de quem era, para ele, o verdadeiro líder daquela organização empresarial.

— O senhor não pensa em voltar daqui a alguns meses, Don Genaro?

— A minha idade não permite mais, Donato. Minha saúde ainda é preocupante, entretanto, mesmo que após alguns meses eu me recupere, é melhor descansar um pouco em meus últimos anos nesta existência. — Após dizer isso, Don Genaro sorriu largamente e voltou à carga: — Você está me enrolando, Donato. Aceita ou não?

— Parece que não tenho saída — respondeu timidamente. — Pela nossa amizade, e apenas por ela, eu lhe digo que aceito. Mas isso será como perder um pai.

Don Genaro sorriu e disse:

— Você sabe que pai às vezes é chato, não é mesmo? Corrige, dá bronca e muitas vezes não fica satisfeito com o desempenho do filho.

— Todas as vezes que o senhor me corrigiu foi para o meu bem. Quanto à bronca, nunca o senhor me deu, embora às vezes eu merecesse.

— Chega de bobagem, *uomo di Dio!* Vamos levar a rapaziada para a cantina. Lá, eu anunciarei as mudanças.

∞

A cantina foi decorada com fitas com as cores do Brasil e da Itália. Músicas alegres estavam sendo executadas ao vivo por um conjunto previamente contratado. Antes de serem servidos os pratos principais, Don Genaro pediu a palavra e, diante de um silêncio incomum, anunciou as novidades. Donato falou em seguida:

— Don Genaro, eterno *conduttore* desta grande empresa. *Cari amici,* caros amigos. Eu deveria estar feliz por poder falar pela primeira vez a vocês como diretor desta empresa da qual me orgulho. Quando aqui entrei, alguns anos atrás, não poderia imaginar que um dia seria convidado a ocupar o posto máximo. O que eu tinha em mente era contribuir para a fabricação dos melhores móveis, concorrendo com as minhas pequenas possibilidades para o engrandecimento da empresa que me acolhera. Entretanto, quis o destino que as minhas previsões fossem substituídas por todos os benefícios que aqui me foram ofertados. Comecei como supervisor, passei a gerente e hoje, expressamente contra a minha vontade, assumo a direção. Quero, entretanto, deixar bem claro que, para os assuntos de máxima importância, estarei recebendo a inspiração e as orientações deste que será para sempre o *conduttore* da nossa Organização, Don Genaro, o nosso legítimo líder.

Aplausos espocaram pelo salão da cantina durante muitos segundos. Don Genaro agradeceu com um menear de cabeça, e Donato continuou:

— Pois bem, fui pego de surpresa, assim como vocês. O que esperava realmente era a volta de Don Genaro, mas, como isso não acontecerá, quero, diante de nosso líder e de vocês, meus companheiros de trabalho, assumir solenemente o compromisso de dedicar-me de corpo e alma a esta empresa, que tem por objetivo máximo atender plenamente às reais necessidades dos clientes. Espero também o empenho total de vocês para a melhoria contínua dos nossos produtos e serviços. Façamos desta marcenaria uma organização em que o trabalho em equipe seja um fato e não apenas uma ideia. Ajudemo-nos uns aos outros, pois assim estaremos servindo a toda a nossa clientela. Mais tenho por dizer, porém, deixarei para outra ocasião. Encerrando, portanto, renovo os meus agradecimentos pela confiança depositada em mim e me coloco à disposição de cada um para o bem da empresa, para a motivação dos colaboradores e para a satisfação de todos os clientes.

Depois, olhando fixamente para aquele homem sorridente, que estava diante de si, falou de modo emocionado:

— Vida longa a Don Genaro!

Aplausos demorados fizeram-se ouvir. Don Genaro levantou-se, agradeceu os aplausos e as palavras de Donato, falou mais um pouco sobre o histórico da marcenaria e encerrou, dizendo com voz embargada:

— Assim como fui respeitado e benquisto, espero o mesmo para o meu digno substituto, Donato Callegari, homem respeitável e líder motivador. Um beijo no coração de cada um de vocês.

Estava encerrada mais uma etapa na vida daquele italiano, que chegara pobre ao Brasil, mas que conseguira, por esforço próprio e muita competência, fundar uma empresa de sucesso, que era o próprio símbolo de qualidade elevada. Agora, ele queria dedicar seus últimos anos de vida à reforma íntima, de que nunca descuidara, mas que pensava ser necessário intensificar. O mundo exterior começava a ficar mais distante da sua alma...

∞

Donato sentiu mais tristeza que alegria com a decisão de Don Genaro. É verdade que ele já estava havia algum tempo afastado da direção da marcenaria, mas a sua volta era muito esperada. Agora, Donato só poderia vê-lo no Centro Espírita ou em visitas esporádicas à sua casa. Contudo, em contrapartida à sua tristeza, houve muita alegria em casa. Marcela nunca chegara a imaginar que o marido seria o chefe máximo da empresa que crescia ano a ano.

— Meu querido, estou mais uma vez orgulhosa de você.

— Fico até sem palavras, pois jamais pensei em tornar-me diretor da empresa. Muito menos agora que estamos cogitando abrir um belo *showroom* no bairro de Pinheiros. O próprio espaço da marcenaria está ficando pequeno. Quando fui admitido, havia um grande quintal, em que se plantavam até verduras. Hoje, o espaço é muito menor. Com certeza, inauguraremos a nova filial no próximo ano.

— E você vai comandar tudo isso?

— Não fale assim, que eu fico com medo!

— Nada de medo! Se você não fosse competente, Don Genaro não o teria colocado nesse posto.

— É verdade.

Roberta ficou feliz com a nova situação do pai. Ela, porém, sempre tivera a íntima certeza de que Donato tinha um potencial muito grande, que, no tempo certo, seria muito bem aproveitado. E agora chegara a ocasião propícia para que isso acontecesse.

Depois das comemorações, começou o trabalho, ampliado pela próxima inauguração do *showroom*. Donato acompanhou pessoalmente os preparativos, sempre assessorado pelo novo gerente escolhido por ele. Foi feita divulgação na imprensa e, alguns meses depois, a nova unidade já estava aberta, gerando mais lucros. Depois de um ano, foi inaugurada uma filial da marcenaria, no bairro de Perdizes. Don Genaro sorria satisfeito, na convicção de que Donato tinha todas as qualidades exigidas de um grande empreendedor. Todavia, se os negócios eram abençoados por bons ares, a saúde do velho Don Genaro começou a definhar. Com grande dor no coração, ele teve de deixar as atividades no Centro Espírita, permanecendo acamado durante grande parte dos dias. Nesse tempo, aproveitou para estudar ainda mais a doutrina que abraçou logo que chegou ao Brasil. Ao reler *O Evangelho Segundo o Espiritismo*, num dia em que lhe bateu uma tristeza profunda diante da situação que estava vivendo, encontrou o seguinte trecho:

> *Que o Espiritismo vos esclareça, pois, e recoloque em seu verdadeiro lugar a verdade e o erro, tão estranhamente desfigurados*

*pela vossa cegueira! Agireis, então, como bravos soldados que, longe de fugir do perigo, preferem as lutas dos combates arriscados à paz que não lhes pode dar nem glória, nem promoção. Que importa ao soldado perder na refrega as armas, o equipamento e a farda, desde que saia vencedor e com glória? Que importa ao que tem fé no futuro deixar sobre o campo de batalha da vida a riqueza e o invólucro de carne, contanto que sua alma entre radiante no reino celeste?*[13]

Don Genaro pousou o livro na cama e começou a refletir: "Quantas vezes eu já disse algo semelhante a pessoas que se achegavam a mim e pediam uma palavra de esclarecimento? É extremamente verdadeiro o que diz o espírito Delphine de Girardin. Estou passando por mais uma batalha e, sem o perceber, tenho me fixado nela, esquecendo-me de que é uma pequena parte do todo, que é a minha vida. Se souber aceitar com resignação esta breve etapa, com certeza, sairei vencedor. Tenho fé no futuro e estou convicto de que, ao deixar o meu manto de carne, terei dado um passo além no meu autoaprimoramento, na minha reforma íntima. Nada de tristeza, portanto. Daqui para a frente, lutarei bravamente contra o desânimo, a tristeza e a depressão. Pensarei mais naqueles que precisam de uma oração para dar continuidade à sua existência.

Após tomar essa resolução, Don Genaro leu pouco mais à frente as palavras que o reergueram definitivamente:

*Se no curso dessa prova, e cumprindo a vossa tarefa, virdes caírem sobre vós os cuidados, as inquietudes e tribulações, sede fortes e corajosos para suportá-los. Enfrentai-os com resolução.*

---

13. KARDEC. Allan. *O Evangelho Segundo o Espiritismo*. Capítulo V. Item 24. Delphine de Girardin, Paris, 1861 (N.A.E.).

*Eles duram pouco e vos conduzirão para junto dos amigos por quem chorais, que se alegrarão com a vossa chegada entre eles, estendendo-vos os braços, a fim de conduzir-vos a uma região inacessível às aflições da Terra.*[14]

Era tudo de que precisava para recompor-se. A partir desse dia, resistiu bravamente e redobrou suas preces em favor dos necessitados. Todos os que o visitaram, notaram a mudança estampada em seu rosto. O sorriso, que lhe era característico, e as palavras amenas que sempre saíam de sua boca, voltaram.

Nesse estado de ânimo, Don Genaro passou bom tempo. Avizinhava-se a formatura de Roberta, quando a sua saúde teve uma queda e ele teve de ser internado. Ao receber a notícia, Donato foi imediatamente ao hospital, recebendo a notícia de que seu amigo estava com pneumonia. Perguntando sobre a gravidade da situação, recebeu a seguinte resposta:

— O estado de saúde de Don Genaro é muito grave, pois ele já estava bastante debilitado. Faremos, no entanto, o que estiver ao nosso alcance.

Marcela e Roberta correram ao hospital assim que souberam. Conseguiram ter breve conversa com aquele que começava a se despedir do mundo terreno. Com muita dificuldade, ele disse:

— Marcela, você foi e continuará sendo uma filha para mim. Continue abrigando o amor no coração e coloque-se nas mãos de Deus. Nosso Pai nunca deixa de responder às nossas orações. E você, Robertinha, desde que a vi, considerei-a a neta que pedi a Deus. Siga a carreira de médica, fazendo o bem aos semelhantes. E prossiga com seus trabalhos no Centro Espírita. Você tem um futuro glorioso pela frente.

---

14. KARDEC. Allan. *O Evangelho Segundo o Espiritismo*. Capítulo VIII. Item 25. François de Genève, Bordeaux (N.A.E.).

Marcela e Roberta aproximaram-se, beijando a face de Don Genaro, que deixou escapar uma lágrima. Teve, porém, forças para ainda dizer:

— Meu grande amigo Donato, meu filho querido. O que posso lhe dizer? Você tem demonstrado ser um cristão autêntico, um verdadeiro homem de bem, no dizer de Kardec. Continue assim, buscando a melhoria contínua, como sempre tem feito. A minha bênção a todos.

Depois, esforçando-se para sorrir, disse com grande alegria:

— Ah! Ia-me esquecendo: meu advogado vai procurá-lo, Donato. A partir de amanhã, a marcenaria será sua. O testamento foi feito há bastante tempo. Chegou a hora de ser cumprido.

Donato quis dizer alguma coisa, Don Genaro, porém, colocou o dedo diante da boca, pedindo silêncio, e completou:

— Se você é meu filho, a você cabe o que deixo. Afinal, já não tenho parentes, não é mesmo? Só quero dizer mais uma coisa: "Fiquem com Deus. Permaneçam com Deus". Não se esqueçam deste velho amigo que os ama.

Um acesso de tosse não deixou que falasse mais nada. A enfermeira entrou no quarto e pediu gentilmente que todos saíssem. A seguir, chegou um médico para tomar as devidas providências. A família deixou o hospital sem palavras para comentar o que ocorrera naquele curto espaço de tempo.

∽

Encerrado o acesso de tosse, Don Genaro sentiu-se tranquilo. Uma onda de paz o invadiu. Apenas um pensamento fixara-se em sua mente: estava chegando a hora de partir. Fez uma longa oração e, depois, ficou revendo os principais lances da sua presente encarnação. Pesou os prós e os contras e, embora não achasse que cumprira todas as tarefas que lhe haviam sido destinadas, a onda de paz não o abandonou. "Terei de ser mais vigilante na próxima oportunidade que me for concedida", pensou, enquanto alisava as dobras do alvo lençol. "Deixei passar muitas ocasiões de praticar o bem, de servir ao próximo. 'Orai e vigiai', orientou o Divino Mestre. E, embora tenha repetido inúmeras vezes essa exortação, aparentemente simples, fui deficiente em sua aplicação na minha própria vida. Agora, como se diz, não devo chorar sobre o leite derramado. É preciso que me prepare conscientemente no mundo espiritual, a fim de aproveitar melhor as oportunidades de serviço na próxima encarnação".

Don Genaro continuava o homem humilde e simples que sempre fora. Diante da partida iminente, fazia planos de uma existência mais benéfica no porvir, como se planejasse como aproveitar melhor o dia seguinte. E foi exatamente, enquanto fazia esse tipo de reflexão, que ouviu uma voz conhecida: "Genaro! Venha cá, Genaro!". Despertado de seu sonho acordado, ele olhou para a porta, que estava fechada, e não viu ninguém. Em seguida, olhando melhor para o lado da cama, viu Giovanna, sua esposa, que sorria e lhe estendia as mãos.

— Venha, Genaro. Chegou o momento de você partir. Estaremos ao seu lado.

Só então, Don Genaro notou que ali estavam seus tios Evaristo e Hipólito, o seu antigo sócio Stéfano, dois amigos de juventude, além dos pais. Alegre pela visão repentina de tantos espíritos amigos, Don Genaro estendeu as mãos para a esposa e, quando se deu conta, pairava sobre o corpo, que permanecia rígido na cama. Abraçando efusivamente a todos, ele apoiou-se na esposa e, vendo uma réstia de luz que vinha do alto, seguiu placidamente com a comitiva. Ele sabia que novas atividades deveriam ser realizadas. E estava feliz por contar com a ajuda de tantos espíritos que só desejavam o melhor para ele. O desencarne aconteceu com tranquilidade e a caminhada foi feita com alegria e muita paz...

A tarde caminhava rumo ao fim quando a notícia da desencarnação de Don Genaro chegou até Donato. Imediatamente, ele foi até seu apartamento, tomou um rápido banho e seguiu para o velório do hospital, ao lado de Marcela e Roberta. O enterro foi realizado no dia seguinte. Além dos funcionários da marcenaria, também compareceram muitos voluntários do Centro Espírita. Antes que o caixão fosse fechado, Donato tomou a palavra e disse, muito comovido:

— Aqui está o corpo de um homem que partiu para o mundo espiritual. Diz Kardec que o verdadeiro homem de bem é aquele que pratica a lei de justiça, amor e caridade na sua maior pureza. Don Genaro, sem dúvida, revelou-se pela prática da justiça. Mas, senhoras e senhores, acima de tudo, expressou-se pelo exercício do amor e da caridade. Eu, que aqui estou diante de seu envoltório físico, sou um exemplo vivo do que estou afirmando. Quantas vezes fui socorrido, material ou espiritualmente, pela generosidade compassiva daquele que liderava seus colaboradores mais pela afetividade positiva do que pela autoridade formal.

Enquanto Donato discursava com grande emotividade, Marcela relembrava o dia em que o marido, desempregado, chegara radiante em casa, dizendo que fora contratado por Don Genaro, cuja fama percorria as marcenarias do Cambuci e adjacências. Recordava-se da amizade sincera daquele homem generoso, que tanto ajudara sua família. Observando as pessoas ali presentes, via funcionários da marcenaria, cujos olhos avermelhados denunciavam o respeito e o amor fraterno que aquele homem despertava em tantos quantos dele tinham a honra de se aproximar.

Donato, nesse momento, dava continuidade ao discurso:

— Ainda abordando as características do homem de bem, Kardec comenta que, se a ordem social colocou outros homens sob a sua dependência, trata-os com bondade e benevolência, porque são seus iguais perante Deus. Usa da sua autoridade para levantar-lhes o moral e não para esmagá-los com seu orgulho. Colaboradores da nossa marcenaria, essa não é a radiografia perfeita do nosso homenageado? Não é a sua fotografia sem retoques?

Os funcionários assentiram com movimentos positivos de cabeça, enquanto Roberta se lembrava dos dias em que, ainda criança, era levada com a família por Don Genaro ao hospital, onde Giuseppe estava internado. Ele mais parecia o avô amoroso, não só dela como de seu irmão. E foi assim que ela sempre o considerou, e mais ainda agora, que estava prestes a se formar. Momentos inesquecíveis do convívio com Don Genaro passavam pela tela da sua memória, emocionando-a profundamente. Quando se deu conta, o pai encerrou o discurso:

— Aqui ficamos, Don Genaro, saudosos, mas certos de que, em espírito, o senhor continuará conosco, inspirando-nos para vencer os obstáculos e solucionar os problemas que a vida nos oferece. O bom exemplo, o senhor já nos ofertou generosamente. Cabe-nos agora, segui-lo, implementando-o em nossa vida, a fim de que promovamos aquilo que o senhor sempre repetiu: "Hoje melhor do que ontem, amanhã melhor do que hoje!".

∽

No início, não foi fácil para Donato conduzir os destinos da marcenaria, mantendo o mesmo padrão de qualidade, como acontecia nos tempos de Don Genaro. Mas a disciplina, a paciência e a persistência fizeram com que todas as metas fossem alcançadas no tempo esperado, e algumas até superadas. Nova filial foi aberta, contando, assim, a empresa com a matriz e duas filiais. Com o tempo, os funcionários notaram que, praticamente, não havia diferença entre a administração de Don Genaro e a de Donato, que fazia questão de seguir as orientações que recebera do amigo. "Nada de seguir teorias esdrúxulas", pensava, "o estilo 'Don Genaro' funciona, e é assim que continuarei conduzindo os destinos da empresa".

Em casa, também tudo continuou dando certo. Roberta graduou-se em medicina, tendo feito dois anos de residência e um ano e meio de especialização em oncologia. Estava feliz com o início da vida profissional. Conseguiu o posto de oncologista em conhecido hospital de São Paulo e abriu seu próprio consultório na região da Avenida Paulista. Passou também a atender no consultório do Centro Espírita em que era voluntária. Sempre que batia uma forte saudade de Don Genaro, ela lhe enviava vibrações de sustentação, paz e harmonia, fazendo em seguida breve oração. Com isso, acalmava-se e sentia-se mais leve, como se estivesse recebendo a bênção daquele que a amava como neta. Afinal, a despedida fora apenas passageira. Um dia se encontrariam novamente. E numa situação ainda melhor que a anterior...

# 17

# Trabalho e amor

Para Roberta, a medicina era mais que uma profissão. Encarava-a como uma verdadeira missão.

— Eu não quero ser apenas mais uma médica — disse à mãe. — Quero ajudar os necessitados. No Centro Espírita, já faço meu trabalho gratuitamente, mas quero mais: também no consultório, terei uma cota de pacientes que atenderei sem cobrar. Embora não possa comparar-me a ele, tenho no dr. Bezerra de Menezes o meu modelo, o meu incentivo. Disse ele certa vez: "Espírito algum construirá a escada de ascensão sem atender às determinações do auxílio mútuo". Eu já recebi por muitos anos o auxílio dos outros, como a senhora, o meu pai e Don Genaro. Já fui muito ajudada. Agora, mãe, é a minha vez de ajudar.

Assim, Roberta começou a servir ao próximo, atendendo gratuitamente em seu consultório. E, apesar desse gesto incomum, em seu íntimo, pensava: "Pelo tanto que recebi de Deus nesta existência, tenho feito muito pouco em relação aos meus semelhantes".

Certa noite, quando colocava em ordem os remédios da pequena farmácia instalada no Centro Espírita, Roberta ouviu uma voz:

— Há alguém aqui?

— Sim, Roberta.

— Que bom, estou precisando da sua ajuda — falou Samuel, psicólogo que também atendia no Centro Espírita. Era um jovem de trinta anos, que fazia mestrado em psicologia clínica e trabalhava durante o dia na área de Recrutamento e Seleção de uma grande empresa.

— Entre, por favor.

— Acho que não nos conhecemos. Trabalho aqui há seis meses e ainda não consegui ampliar meus relacionamentos. Meu nome é Samuel. Trabalho no setor de atendimento psicológico.

— Eu sou Roberta. E já estou aqui há alguns anos. Em que posso ajudá-lo?

— Uma de minhas pacientes está com a filha doente e precisa de atendimento com certa urgência. Seria possível você atendê-la amanhã cedo?

— Amanhã cedo não há atendimento médico aqui, mas pode dizer-lhe para vir com a filha às oito e trinta, que virei atendê-la.

— Obrigado, Roberta. Vou avisá-la. Com licença.

Na manhã seguinte, Roberta atendeu a menina, que estava com princípio de pneumonia, conseguindo reverter a situação em alguns dias. A mãe ficou muito agradecida e comunicou o fato a Samuel, que fez questão de agradecer o favor feito pela jovem médica.

— Nada de agradecimentos — disse Roberta rindo. — Não fiz mais que minha obrigação. Se houver outros casos como esse, pode encaminhar-me. Terei prazer em atender quem precisa da minha ajuda.

— É humana — completou Samuel, olhando para o rosto de Roberta que, pela primeira vez, perdeu o jeito e abaixou a cabeça. Depois, já refeita, perguntou se ele tinha tempo para uma conversa sobre os atendimentos que eram feitos ali.

— Tenho todo o tempo do mundo. Pelo seu jeitinho, parece que tem algum plano na cabeça. Certo?

Samuel estava mais à vontade que Roberta. Embora pouco a tivesse visto, agora que tinha chance de conhecê-la, não queria perder a oportunidade, já que ela tocara seu coração.

— Você está certo, sim. Tenho notado, Samuel, que o atendimento médico e o atendimento psicológico funcionam completamente separados. É como se um não existisse para o outro. Passei a pensar assim desde que você solicitou minha ajuda. Penso que isso não deveria ser uma coisa esporádica. Acredito que deveríamos criar um sistema em que ambos os departamentos funcionassem como partes integradas de um todo.

— Espera aí, Roberta. Eu é que trabalho no RH de uma empresa, que funciona como um sistema integrado, e é você que vem com essa ideia? Parabéns, menina! Por que não pensei nisso antes? Genial! Uma salva de palmas para a dra. Roberta!

— Não exagere, Samuel. Não conheço bem a teoria de sistemas, no entanto, com a sua ajuda, penso que poderíamos melhorar muito o atendimento aqui.

— Pois eu também. Mas me fale mais sobre sua ideia.

— Tenho notado que há pacientes que, além do atendimento médico que fornecemos, precisam também de assistência psicológica. Assim como há pacientes do setor de psicologia que precisam de atendimento médico. Minha sugestão é criarmos um sistema, em que eu possa enviar meus pacientes a você e você possa enviar-me pacientes que precisam de atendimento médico. Isso tudo como uma rotina e não como um acontecimento excepcional. Mas o que sugiro vai além: penso que deveríamos nos reunir algumas vezes para trocar experiências. O que acha, Samuel?

— Acho que você é um gênio, Roberta. Estou orgulhoso de poder trabalhar com você.

— Você é mesmo exagerado — disse, rindo, Roberta.

Esse foi, na verdade, o encontro que aproximou os dois, antes apenas dedicados ao estudo e ao trabalho. Eles não sabiam que espíritos bondosos haviam auxiliado para que o encontro fosse concretizado. Companheiros de encarnações passadas, Samuel e Roberta haviam se proposto, na erraticidade, a se encontrarem novamente para darem conta das tarefas que lhes caberiam e dos resgates que teriam de efetuar.

Erraticidade, como já foi dito, é o nome que se dá ao intervalo entre duas existências corpóreas. Ou seja, ao desencarnar, o espírito permanece por um tempo indeterminado aguardando nova encarnação. Desse modo, a erraticidade é a situação temporária do espírito desencarnado que permanece no mundo espiritual em atividades missionárias, de estudos ou expiações. Aí, ele dá continuidade ao seu progresso moral e espiritual. Na erraticidade, ele examina o que fez, reconhece seus erros ou acertos, elabora planos e toma resoluções para uma nova existência, tida como oportunidade abençoada de resgatar débitos. Só passam por essa situação os espíritos que ainda têm de reencarnar. Aqueles que atingiram a perfeição relativa possível ao homem, já não reencarnam e são chamados de espíritos puros. Esses não se encontram, portanto, na erraticidade.

Com o objetivo de progredir espiritualmente, o espírito recebe uma tarefa ou missão, que é um conjunto de atividades que ele deve cumprir ao retornar ao mundo terreno. Há missões em graus variados de importância, desde as grandes, confiadas aos espíritos mais elevados, até as menores, entregues a espíritos de todas as ordens. Cada um de nós tem uma missão particular. Contudo, muitos têm de passar pela expiação, que é a consequência da má conduta diante da Lei de Deus. Não é propriamente um castigo, mas uma corrigenda divina. Podemos expiar nossas faltas na mesma existência em que a cometemos ou numa existência futura, quando, talvez, tenhamos oportunidade de aproveitar melhor a lição que nos é reservada.

À libertação de uma falta cometida no passado (na mesma encarnação ou em encarnação anterior), dá-se o nome de resgate. Resgatamos um erro, depois de o termos expiado. Como já explicado, o resgate pode acontecer por meio do trabalho regenerador, das lutas árduas, porém, educativas, de dificuldades econômicas, de doenças físicas, mentais ou morais, ou ainda por meio de mortes dolorosas, sempre com o objetivo de o espírito reparar a falta cometida.

Já a prova é uma situação aflitiva que revela a capacidade do espírito para suplantar, superar as próprias imperfeições morais. É um desafio da vida que nos permite crescer, dando-nos a oportunidade de progredir espiritualmente, ao passarmos ilesos por ela. A prova é, pois, o desafio da melhoria dos nossos sentimentos, a purificação espiritual, centrada no caminho da reforma íntima.

∽

Inicialmente, Roberta achou Samuel muito simpático. Depois, notou também que ele era um verdadeiro amigo e que estava sempre à disposição para ajudar em qualquer situação. Soube que ele era tido em bom conceito dentro do Centro Espírita. Depois, com o passar dos dias, reparou que a sua presença lhe fazia muito bem. Quando não dava certo de se encontrarem, ela sentia que estava faltando alguma coisa, para que estivesse tranquila e satisfeita. Até que, finalmente, percebeu: "Estou apaixonada por Samuel! Será possível? Isso nunca me aconteceu antes! Como devo portar-me?". Ela ficou confusa. Mesmo estando com quase trinta anos, nunca se apaixonara.

Sua vida fora toda dedicada ao estudo e à profissão. Quando os acordes da cítara do amor se fizeram ouvir em seu coração, ela se sentiu desprotegida. Afinal, não sabia o que Samuel sentia por ela. Talvez a visse apenas como uma boa amiga e companheira de trabalho, nada mais. Era preciso refrear aquele sentimento que brotava em seu íntimo. Mas como? Pensou em conversar com a mãe, em quem via uma grande amiga. Mas se sentiu envergonhada. Encontrou, porém, um meio de colher algumas informações. Numa noite em que estava muito agitada, sentou-se perto de Marcela, que confeccionava uma roupinha de bebê para o setor de assistência social do Centro Espírita, e começou a falar da sua infância, lembrando-se das travessuras de Giuseppe.

— Mãe, como a senhora conheceu papai?
— Foi numa festa de Nossa Senhora da Penha.
— Na igreja da Penha, mesmo?
— Lá mesmo.
— E como foi?
— Bem, era mês de setembro. Havia uma quermesse na igreja. Eu estava com uma amiga, olhando para as prendas de uma barraquinha, quando ele passou com alguns amigos e esbarrou em mim. Até hoje não sei se foi de propósito ou não, mas ele voltou e pediu desculpas. Mais tarde, voltamos a nos encontrar e ele tentou conversar comigo. Pediu licença, apresentou-se, perguntou meu nome... mas eu disse que já estava indo embora, pois meu irmão estava chegando para buscar-me.
— Que chata, hein, mãe!
— Mas era verdade. Seu tio Manfredo já estava chegando. Olhou feio para ele, porém, para minha surpresa, Donato disse que desejava conversar com ele. Os dois afastaram-se um pouco e eu fiquei esperando. Logo depois, Manfredo chegou e disse muito sério: "Pode ir para a casa com ele, mas saiba que estarei de olho, a pouca distância".

— Papai convenceu tio Manfredo?

— Sim. Ele me levou até o portão de casa, depois chamou Manfredo e disse que as suas intenções eram sérias e que desejava levar-me ao cinema no domingo seguinte. Manfredo concordou, desde que eu levasse uma amiga. Encurtando a história, nosso namoro começou assim.

— Naquele tempo era o irmão quem decidia?

— Primeiro o irmão, depois, mais tarde, o pai. Pelo menos, era assim em nossa família.

— Mas papai já foi dizendo suas intenções, sem nunca ter visto a senhora?

— Ele confessou que já estava me observando havia algum tempo. Só não tinha encontrado uma maneira de iniciar conversa.

— Então, mãe, ele esbarrou na senhora de propósito! Que cara de pau!

Ambas riram e depois, Marcela, desconfiada, perguntou:

— Mas por que está me perguntando isso?

— Por nada, por nada.

— Aí tem coisa. Alguém está querendo namorá-la?

Não tendo como escapar, e querendo mesmo conversar com a mãe a respeito, Roberta contou o que estava acontecendo com ela em relação a Samuel.

— Realmente, você está interessada nesse rapaz. É preciso saber, porém, qual o sentimento que ele nutre em relação a você. Ele não é casado?

— Claro que não, mãe.

— Então, vou procurar ajudá-la. Preste atenção...

Apesar da idade, Roberta não tinha a astúcia das garotas em relação ao amor. A dedicação plena aos estudos e, agora, ao trabalho não haviam deixado espaço para os assuntos do coração, de modo que ela prestou muita atenção ao que mãe lhe disse.

∞

— Roberta, você já assistiu ao filme "Freud além da alma"?

Era Samuel que, entrando no consultório médico do Centro Espírita, jogara a pergunta e rapidamente respondera:

— Nesse caso, vai assistir comigo e com um casal de amigos.

— Mas eu não respondi ainda — falou com largo sorriso.

— Pela sua fisionomia, sei que ainda não assistiu.

— Que filme é esse? Onde está passando?

— "Freud além da alma" é um filme que trata das descobertas de Sigmund Freud, tomando como base suas próprias experiências psicanalíticas, de 1885 a 1890. Foi rodado em 1962 e dirigido por John Huston. É uma razoável introdução à psicanálise, quando ainda estava sendo desenvolvida por Freud. Você, que é médica, deveria assistir. Tenho um casal de amigos que me convidou para assistir em sua casa, amanhã à noite. Disse que iria com uma amiga, portanto...

— Portanto, eu sou obrigada a ir?

— Não, eu não disse isso. Digamos apenas que você está sendo convocada por um grande amigo.

O desejo de Roberta foi de dizer um sonoro "sim", porém, atendendo às observações feitas pela mãe, respondeu com leve desdém:

— Não sei se terei a noite livre. Posso responder amanhã cedo?

— Claro, claro.

Samuel ficou um tanto decepcionado, e Roberta notou. Mais uma vez, teve vontade de dizer que a sua noite estaria muito livre e que ela iria, sim. Prevaleceu, porém, o conselho da mãe. Na manhã seguinte, procurando expressar naturalidade, ligou para o amigo, dizendo que, para aprender um pouco mais sobre psicanálise, iria com ele. À noite, na casa dos amigos de Samuel, Roberta assistiu ao filme. Quando terminou, Alaor olhou para a esposa e para Roberta, e perguntou:

— Então, o que acharam?

Norma, esposa de Alaor, disse que o filme era bom, entretanto, poderiam ter explorado um pouco mais os temas psicanalíticos. Roberta concordou, lembrando, porém, que o filme se dirigia a um público vasto, e o diretor fora obrigado a restringir um pouco a profundidade dos temas. Samuel, então, deu sua explicação:

— Vocês foram perspicazes. Em primeiro lugar, o título original do filme é "A paixão secreta", mas foi mudado aqui no Brasil. Contudo, o mais importante é que o roteiro foi encomendado a Jean-Paul Sartre, o filósofo existencialista. Acontece que ele demorou muito para entregá-lo e, quando o fez, era muito volumoso. John Huston achou que era inviável filmar tudo; assim, pediu a dois roteiristas que o refizessem. Sartre não quis que seu nome constasse na ficha técnica do filme e, ainda, disse em tom sarcástico: "Diretores de cinema ficam tristes quando têm de pensar".

— Você conhece bem cinema, não é, Samuel?

— Roberta, não vou dizer que conheço bem, mas gosto bastante. Costumo fazer uma pesquisa antes de assistir a um filme.

Muitas considerações foram feitas, até que Roberta avisou que precisava retirar-se, devido ao avançado das horas. Samuel fez questão de levá-la para casa. Antes, porém, de se retirar, convidou-a para assistir a outro filme, dessa vez num cinema. Pega de surpresa, Roberta aceitou o convite. Iriam no domingo à noite.

A companhia de Samuel lhe agradava cada vez mais; todavia, ele parecia demonstrar apenas amizade e nada mais. Isso deixou a jovem muito triste, pois, passadas algumas semanas, nada mudara. Entretanto, numa noite em que ela trabalhava no Centro Espírita, Samuel tomou coragem e foi até o apartamento dela. Recebido por Donato e Marcela, pediu muitas desculpas e disse trabalhar no setor de atendimento psicológico do Centro Espírita.

— Sim — disse Donato —, eu o conheço de vista. Já o vi algumas vezes lá.

Marcela, que sabia do interesse de Roberta pelo psicólogo, observava-o cuidadosamente, em seus mínimos gestos, buscando esticar um pouco a conversa, a fim de melhor avaliá-lo. Chegou, porém, um momento em que Samuel teve de dizer por que fora até lá.

— Bem, seu Donato e dona Marcela, quero lhes esclarecer por que vim até aqui. Peço que me ouçam com carinho, pois o que tenho a dizer parte do fundo da minha alma e diz respeito à Roberta. Conheço-a há algum tempo e ultimamente tenho procurado aproximar-me mais porque sua presença me faz muito bem. Ela é uma jovem educada, bonita, honesta, simpática e uma médica que, mesmo jovem, demonstra a maturidade profissional de muitos veteranos. Temos pensamentos afins e planos de vida muito semelhantes. Enfim... eu gostaria muito de receber o aval dos senhores para poder namorá-la.

Donato olhou para Marcela, depois para Samuel, e perguntou:
— Ela concorda?
— Sei que parece esquisito, mas, antes de falar com ela, quis pedir a autorização de vocês. Posso, entretanto, afirmar que ela dirá "sim". A nossa aproximação, a harmonia que reina entre nós, a maneira como nos comunicamos, tudo aponta para um desenlace feliz. Sei que estou me deixando levar pela emoção, mas o que mais quero na vida é um dia poder casar-me com ela. Desculpem, mas essa é a minha intenção.

Donato ia responder, pedindo que as coisas começassem pelo início, quando a porta se abriu e Roberta entrou, dizendo que voltara mais cedo porque...

— Samuel! Que bela visita!

Marcela fez um sinal imperceptível para Donato e, pedindo licença, o casal se retirou.

— Não sei o que você vai achar, mas vim aqui porque... quero pedi-la em namoro...

Roberta, que estava um pouco desanimada quanto a essa possibilidade, estampou um largo sorriso, aproximou-se dele e, sem ter mais o que dizer, apenas sussurrou:

— Eu aceito, Samuel.

Depois de se abraçarem, ela quis saber por que ele escolhera o seu apartamento para fazer o pedido.

— Bem, eu queria a aprovação de seus pais, em primeiro lugar.

— E se eu não aceitasse?

— Eu sabia que você aceitaria.

— Por quê?

— Já ouviu falar em comunicação corporal? Eu li em seus olhos, em sua boca, em seus gestos.

— Sempre psicólogo, não é? Quer dizer que eu me traí?

— Não. Você foi honesta, demonstrando o que lhe ia na alma. Deixe-me, porém, dizer que hoje é o dia mais feliz da minha vida. Mesmo conhecendo-a há tão pouco tempo, posso dizer que a amo do fundo do meu coração.

Roberta ia confidenciar-lhe alguma coisa, quando Donato e Marcela retornaram à sala.

— E então? — perguntou Donato. — Alguma conclusão?

— Sim — respondeu Roberta, sorrindo. — Queremos o consentimento de vocês para iniciarmos um namoro.

Donato pousou a mão sobre o ombro da esposa e disse, olhando para o novo par de namorados:

— Vou ser sincero. Já esperávamos por isso. Foi por essa razão que procurei investigar um pouco a vida de Samuel. Desculpe, mas eu precisava fazer isso. E posso dizer que só obtive ótimas informações. Sendo assim, se pretendem conhecer-se melhor, quem somos nós para dizer "não"? Têm a nossa bênção. Ah! Mais uma coisa, Marcela foi peça fundamental nessa decisão. Parece que sua intuição estava muito certa.

Donato e Marcela souberam que Samuel era filho único e que os pais haviam desencarnado em um acidente automobilístico, quando ele tinha apenas dez anos. A partir daí, fora educado por uma tia, viúva e sem filhos. Agora, já desencarnada, Samuel ficara praticamente sem parentes. Sabia que tinha uns primos, que moravam no interior, mas não possuía nenhuma outra informação.

O namoro de Roberta e Samuel foi a continuação natural da amizade que já existia entre ambos. Os momentos que passavam juntos eram, além de agradáveis, um meio de cada um adaptar-se ao modo de ser do outro. No entanto, as semelhanças entre eles eram tão grandes que conviver, nos momentos de namoro ou nas horas de voluntariado no Centro Espírita, era apenas acrescentar alegria e amor à satisfação de estarem juntos. Depois de um ano de namoro, Samuel quis ficar noivo. Obtido o consentimento, noivaram por um ano e o casamento foi marcado. Tanto Samuel quanto Roberta eram espíritas, por essa razão se casaram apenas no civil. Na recepção aos convidados, em um hotel da cidade, um dirigente espírita fez um belo discurso, muito bem assimilado pelos noivos. É verdade que, no íntimo, Marcela gostaria que a filha se casasse na igreja, como ela e Donato haviam feito. Mas eles eram católicos naquele tempo. Agora, até Donato tornara-se espírita. Não houve meio senão conformar-se com a decisão da filha.

Quando Marcela e Donato chegaram ao apartamento, depois da festa, sentiram um vazio na alma, tão acostumados estavam à alegria constante da filha.

— Donato, você não está sentindo uma tristeza?

— É verdade, Marcela, mas não podemos nos entregar a esse sentimento. Afinal, Roberta encontrou o par perfeito para o restante da sua existência. Samuel parece ter nascido para conviver com ela.

— Tem razão. E você já pensou como estaria Giuseppe se estivesse entre nós?

— Pensei. Tenho certeza de que ele esteve presente no cartório e na festa para abençoar o casamento da irmã. Ele também deve estar muito feliz, Marcela. Só nós dois que somos bobos e estamos aqui, com lágrimas nos olhos. Se Roberta está feliz, por que vamos ficar tristes? Temos de dormir felizes.

— É. Não vamos empanar o brilho de felicidade nos olhos de Roberta e Samuel. Bem disse um dos convidados: "Vocês não perderam uma filha. Ganharam um filho". E quem não gostaria de ter um filho como Samuel?

Assim, com um misto de tristeza e felicidade, Donato e Marcela adormeceram tranquilamente. Não sabiam, porém, que um espírito muito querido aplicava-lhes um passe, a fim de que se harmonizassem e pudessem ter um sono reparador. Giuseppe sorria amorosamente, enquanto os pais conciliavam o sono.

～

Tanto na cerimônia, diante do juiz de paz, como na recepção, além de Giuseppe, outros dois espíritos estiveram presentes abençoando a união que se oficializava. Eram Teodoro e Lucíola, amigos do casal em encarnações passadas. Sabedores de que Samuel e Roberta já haviam sido casados em outras existências, colaboraram para que se encontrassem novamente e pudessem dar sequência ao resgate de dívidas pretéritas, como havia sido combinado durante o período de erraticidade. Agora, sorriam felizes. Samuel e Roberta poderiam dar continuidade ao seu aprimoramento interior, à sua reforma íntima. Também Don Genaro se fizera presente para abençoar a "neta", que adotara, e o "neto" que ele também já conhecera em encarnações passadas. Muitas bênçãos recebiam os nubentes. E eles realmente precisavam delas.

# Provações

DONATO, AGORA MUITO BEM FINANCEIRAmente, não só comprara um apartamento para a filha, como fizera questão de mobiliá-lo. Afinal, ele era proprietário de uma grande marcenaria.

Terminada a semana de núpcias em Águas de Lindoia, o casal voltou para São Paulo para iniciar a nova vida, que se lhes abria para futuras experiências. Profissionalmente, quase nada mudou. Roberta continuou atendendo no hospital, em seu consultório e no Centro Espírita. Samuel deu continuidade às atribuições na área de Recrutamento e Seleção da empresa, e, além do atendimento no Centro Espírita, também montou um consultório próprio, onde passou a fazer atendimentos psicológicos.

Os primeiros meses, depois das bodas, transcorreram muito bem. Roberta ficou grávida após sete meses de casamento, o que deixou os pais muito felizes. Quando faltavam dois meses para o nascimento da criança, Roberta parou de trabalhar e ficou de repouso em casa, de acordo com a orientação da ginecologista. Nesse período, Marcela ficou muitos dias ao lado da filha, voltando para casa apenas à noite. Felizmente, tudo transcorreu da melhor maneira possível até que, numa tarde, Roberta sentiu fortes contrações, tendo de ir imediatamente para a maternidade. Às duas da madrugada, nasceu um garotinho robusto que, de acordo com o desejo da mãe, se chamaria Samuel Moreira Júnior, em homenagem ao pai.

Júnior, como seria chamado, mostrou-se um bebê cordial e alegre. Sempre abria grande sorriso quando alguém se aproximava dele. Os avós não cabiam em si de contentes. E os pais papariçavam o garotinho, afeiçoando-se cada vez mais a ele. Todavia, logo após o primeiro aniversário, quando a alegria era geral na família de Donato, um incidente deixou Roberta preocupada. Numa tarde, Marcela estava deitada na cama com a cabeça voltada para trás. Roberta aproveitou-se da situação e fez um exame de toque na região da tireoide. Nesse exame inesperado, notou uma pequena saliência que nunca havia percebido. Disse, porém, à mãe que não devia ser nada de anormal, mas que faria novos exames. Na verdade, nesse primeiro momento, ela chegou à conclusão de que a mãe estava com um nódulo na tireoide. Para não preocupá-la, desconversou. Mas, na mesma noite, reuniu-se com Donato e Samuel, dizendo da importância de levá-la na manhã seguinte ao hospital onde trabalhava. Todos os exames foram realizados, inclusive ultrassonografia e biópsia, sendo constatado carcinoma papilífero da tireoide, ou seja, um tumor maligno na glândula tireoide. Esta glândula está localizada na parte frontal do pescoço e tem o formato que lembra uma pequena borboleta. Os hormônios secretados por ela são a tiroxina e a tri-iodotironina, que aumentam a velocidade dos processos de oxidação e de liberação de energia nas células do corpo, elevando a taxa metabólica e a geração de calor. Também estimulam a produção de RNA e a síntese de proteínas, estando relacionados ao crescimento, maturação e desenvolvimento. Outro hormônio secretado pela tireoide é a calcitonina, que participa do controle da concentração sanguínea de cálcio, inibindo a remoção do cálcio dos ossos e a saída dele para o plasma sanguíneo, estimulando sua incorporação pelos ossos. Deduz-se daí a sua importância para o corpo humano.

Diante do diagnóstico, Roberta pediu a colaboração de uma oncologista, sua amiga, para a tomada de decisão sobre os procedimentos a serem adotados. O câncer de Marcela estava localizado no lóbulo esquerdo da tireoide, não havendo extensão para outros tecidos. Seria necessária, entretanto, a realização de uma cirurgia para remoção do nódulo maligno.

— Quer dizer que estou com câncer? — perguntou Marcela, com o rosto tomado pelo horror. — A mesma doença do meu Giuseppe? Então, vou morrer! Meu Deus!

— Calma, mãe. Ter câncer não é o mesmo que assinar um atestado de óbito. Vou deixar que a dra. Célia converse com a senhora. Ela vai lhe explicar tudo. Samuel também já vai chegar e dialogar com a senhora.

— Bom dia, dona Marcela. Sou a dra. Célia, oncologista. Podemos conversar um pouco sobre a sua doença?

— Não sei se vai adiantar, mas pode sim. Enfim, já estou condenada a morrer mesmo.

— Permita-me dizer-lhe que não é bem assim. A senhora não está condenada.

Donato e Roberta deixaram o quarto, a fim de que Célia conversasse mais à vontade com Marcela.

— Dona Marcela, o que a senhora conhece sobre o câncer?

— Tudo ou quase. Afinal, acompanhei a doença do meu filho, desde que foi diagnosticada até o seu último dia de vida.

— Quer dizer que a senhora conheceu muito bem o estado mórbido do seu filho. E em relação ao seu?

— Não sei o que você quer dizer com isso.

— Não podemos fazer prognósticos sobre a doença de alguém a partir do que ocorreu com outra.

— A doença não é a mesma?

— Não exatamente.

— Continuo sem entender.

— Para começar, a doença do seu filho foi diagnosticada já em estado avançado. E se tratava de linfoma de Burkitt. Havia uma neoplasia de células B, madura e altamente agressiva. Não é o seu caso. Aqui, estamos falando de carcinoma papilífero. É o tumor tireoideano tratável com altos índices de cura, quando detectado em seu início, como aconteceu com a senhora.

— Quer dizer que vou durar um pouco mais? — perguntou Marcela, com um sorriso forçado.

Célia percebeu a acidez e o derrotismo da paciente diante do diagnóstico que lhe fora apresentado. Tentaria fazer o possível para tirá-la daquele estado, mas contava com a ajuda de Samuel, assim que estivesse presente. Com sua chegada, ele também participou do diálogo com Roberta. Foi esclarecido a Marcela que o fato de alguém estar com câncer não significava que iria desencarnar, particularmente quando o diagnóstico era feito precocemente.

— Dona Marcela, como eu já lhe falei, não é preciso morrer de medo por causa do câncer da tireoide — disse Célia. — É preciso, sim, estar atenta, seguindo todas as prescrições médicas. Ficar abatida, prostrada, só prejudica o tratamento e a recuperação. Samuel pode falar sobre isso melhor que eu.

Como psicólogo, Samuel conversou com Marcela, que prestou muita atenção às suas palavras. Depois de certo tempo, ele sugeriu usar uma técnica de relaxamento com a sogra. Tensa como estava, Marcela, desejando tranquilizar-se, aceitou. Aos poucos, ela foi soltando os músculos, a face foi deixando a tensão e, depois de alguns minutos, adormeceu. Todos saíram do quarto e foram conversar na sala.

— Como o senhor está? — perguntou Célia a Donato.

— Sendo sincero, estou muito assustado, ansioso e apreensivo. Não fosse a Doutrina Espírita, eu estaria mais amargurado, prostrado e decepcionado com Deus. O que me mantém equilibrado, apesar de tudo, são os ensinamentos do espiritismo, doutora. Afinal, tive um filho que partiu para o mundo espiritual, justamente por causa do câncer.

— Eu sei, seu Donato. E digo-lhe o mesmo que falei à dona Marcela. Os dois casos são muito diferentes. O seu filho teve a doença diagnosticada tardiamente, o que não ocorre com sua esposa. E o tipo de câncer do seu filho era muito agressivo, o que não acontece com o câncer de dona Marcela. O câncer da tireoide é tratável, com altos índices de cura, desde que detectado em seu início. E é justamente esse o caso dela. Não faça comparações com o que aconteceu a seu filho, pois são situações muito distintas.

— Você tem razão, doutora.

Roberta deu algumas explicações adicionais e agradeceu a presença da colega, que se retirou em seguida. Samuel procurou tranquilizar Donato. Esperou que ele tomasse um banho e fosse para a cama e lhe aplicou uma técnica de relaxamento. Marcela dormia suavemente. Donato relaxou aos poucos e caiu em sono profundo. Nessa noite, Samuel dormiu ali mesmo e Roberta foi para o apartamento com Júnior. No dia seguinte, Marcela soube que lhe fariam nos próximos dias uma tireoidectomia.

— O que é isso, Roberta?

— Trata-se da retirada da tireoide ou de parte dela.

— Quer dizer que vou ficar sem a tireoide? — perguntou Marcela, aflita. — Mas tudo tem razão de ser, não é mesmo? Extraindo-se a tireoide, não terei problemas?

— Se vamos retirar toda a tireoide ou parte dela, mãe, só saberemos depois. Entretanto, a senhora tomará medicação para repor o hormônio dessa glândula. Depois da cirurgia, terá uma vida normal.

— Dizem que essa cirurgia pode fazer com que a voz fique afetada. É verdade?

— Em média, de dez pacientes, um tem alterações na voz durante os dias posteriores à cirurgia, voltando depois ao normal.

— Mas me falaram que poderei ficar com a voz comprometida para o resto da vida.

— Mãe, alterações definitivas são muito mais raras. Fique tranquila. E, se for necessário, a senhora receberá assistência de uma fonoaudióloga.

A mãe sempre fazia perguntas, às vezes até repetia algumas. Roberta, sabedora da ansiedade que domina os pacientes nessa fase, respondia-as com tranquilidade. Entretanto, Marcela estava mais que apreensiva: começava a duvidar da resposta de Deus a suas orações. O mesmo que lhe ocorrera, quando da doença de Giuseppe, acontecia-lhe agora. Donato, percebendo o que lhe ia no íntimo, sentou-se na beirada da cama, à noite, e iniciou um diálogo muito sério com a esposa.

— Marcela, como é que você está se sentindo?

— Você sabe, Donato, desanimada, inquieta e muito revoltada.

— Entendo.

— Você pode até entender, mas com certeza não tem a dimensão de como me sinto.

— Por que diz isso?

— Porque não é você que está com câncer e porque o vejo muito tranquilo diante da situação irremediável pela qual estou passando.

— É verdade que não tenho seu diagnóstico, mas estou tranquilo porque tenho feito minhas orações e creio no poder e na compaixão de Deus, Marcela.

— Eu também cheguei a ficar assim quando foi diagnosticada a doença de Giuseppe. Eu confiava no poder e na compaixão de Deus. E veja no que deu!

— Você está tendo uma recaída. Todas as explicações nos foram dadas por Don Genaro e por dona Rosalba, lembra-se?

— Sim.

— E então?

— Não sei explicar, mas um desânimo profundo abateu-se sobre mim. Orei, sim, várias vezes, mas Deus parece não me escutar, parece não se importar com o meu sofrimento.

— Quando Giuseppe estava doente, eu, como católico, fiz uma oração a santa Paulina.

— É verdade.

— A resposta veio-me em sonho: o melhor para Deus era o melhor para Giuseppe. E nosso próprio filho nos confirmou isso depois.

— Para você, que é espírita, essas coisas são mais fáceis. Mas eu não sei, não. A verdade é que Deus não está me ouvindo.

Naquela noite, Donato pensou muito sobre o que diria à esposa no dia seguinte. Foi quando um espírito conhecido inspirou-o a pegar um livro na estante. Ele o abriu e leu: "Coragem". Era uma psicografia de Chico Xavier. No meio de várias mensagens, ele encontrou uma do espírito Emmanuel. Leu-a e disse para si mesmo: "É isso que vou dizer a Marcela pela manhã". O espírito sorriu, satisfeito. Era Don Genaro que, sabedor do que ocorria, pediu autorização para ajudar a família que tanto amava. Donato dormiu tranquilo e, logo cedo, quando Marcela acordou, recomeçou o diálogo:

— Você está com o semblante melhor.

— É só fachada, Donato. Aqui por dentro estou remoída de dor e decepção.

— Você acredita que Deus não está respondendo às suas orações, não é verdade?

— Sim.

— Vou ler alguns trechos deste livro. Ouça bem: "Oraste, pediste. Desfaze-te, porém, de quaisquer inquietações e asserena-te para recolher as respostas da divina providência"[15]. Entendeu?

— Claro!

— Diz este capítulo que devemos tranquilizar-nos para recebermos as respostas de Deus. Como é que, em estado depressivo ou desesperador, poderemos ouvi-Lo? Emmanuel acrescenta: "Ora e pede. Em seguida, presta atenção. Algo virá por alguém ou por intermédio de alguma coisa doando-te, na essência, as informações ou os avisos que solicita".

Marcela prestava muita atenção. Afinal, fazia ou não sentido aquilo que lhe estava sendo dito? Donato continuou a leitura: "Deus responde sempre, seja pelas vozes da estrada, pela pregação ou pelo esclarecimento da tua casa de fé, no diálogo com pessoa que se te afigura providencial para a troca de confidências, nas palavras escritas, nas mensagens inarticuladas da Natureza, nas emoções que te desabrocham da alma ou nas ideias imprevistas que te fulgem no pensamento, a te convidarem o espírito para a observância do Bem Eterno".

Marcela pensou: "Se Deus nos responde por meio de uma pessoa com quem trocamos confidências, não será Donato essa pessoa? Foi ele que me procurou para essa conversa tão necessária. Diz também o autor que a resposta divina pode vir nas palavras escritas. Não são palavras escritas que Donato está me repassando?".

— Continue — pediu Marcela.

— Emmanuel conclui esta bela e sábia lição: "Recordemos o Divino Mestre e estejamos convencidos de que Deus nos atende constantemente; imprescindível, entretanto, fazer silêncio no mundo de

---

15. XAVIER, Francisco Cândido. *Coragem*. Espíritos Diversos. FEB: Rio de Janeiro (N.A.E.).

nós mesmos, esquecendo exigências e desejos, não só para ouvirmos as respostas de Deus, mas também a fim de aceitá-las, reconhecendo que as respostas do Alto são sempre em nosso favor, conquanto, às vezes, de momento, pareçam contra nós".

Donato fechou o livro e olhou para Marcela. O silêncio foi total. Depois, ela começou a chorar. O marido esperou calmamente que ela dissesse alguma coisa.

— Você não sabe o bem que me fez, Donato. Eu estava descrente. Já não conseguia fazer uma oração. Havia rompido com Deus. Mas as palavras que acabei de ouvir deram-me a resposta que, no fundo, eu esperava. Parece que as portas se abriram. Eu tenho de pedir perdão a Deus. Perdão pela descrença e falta de fé em sua compaixão absoluta. Gravei dessa leitura um pensamento: "Algo virá por alguém ou por intermédio de alguma coisa". Ou seja, a resposta divina aos nossos apelos pode chegar por uma frase lida num cartaz, pelas palavras escritas em um livro ou pela boca de alguém que nos seja significativo. Agora só me resta entrar em sintonia com Deus e esperar pela sua misericórdia infinita.

Marcela pensou em ir à igreja para confessar-se, depois, atendendo a um apelo interior, preferiu o intercâmbio com a Divindade, no secreto do seu coração, no *Sanctum Sanctorum* da sua alma.

∾

A cirurgia foi marcada para a semana seguinte. Participariam dois cirurgiões, além de Roberta, que pedira a colaboração deles para sentir-se mais segura e tranquila. Marcela ainda estava preocupada com os acontecimentos, entretanto, já era mais dona da situação. Além do poder da oração, também foi fundamental a ajuda psicoterapêutica de Samuel. No dia agendado, com Donato, ela fez uma oração e seguiu para o hospital. A cirurgia durou duas horas e dez minutos, e foi extraída toda a glândula tireoide. O câncer estava bem localizado, de modo que o prognóstico era bom, deixando Roberta mais serena. No momento da cirurgia, porém, quando a inconsciência parecia ter tomado conta da alma de Marcela, algo incomum aconteceu: ela sentiu-se flutuar por sobre o próprio corpo físico. Viu os médicos trabalhando cuidadosamente. Sentiu o cheiro do éter. Ouviu o tilintar dos instrumentos cirúrgicos e o diálogo dos cirurgiões. Mas o que mais lhe chamou a atenção foi um senhor muito bem-vestido que foi em sua direção, muito sorridente. Um halo de luz branco-azulada contornava suas formas.

— Don Genaro!

— Esteja tranquila, Marcela. Tudo vai dar certo.

— Fico feliz por vê-lo depois de tanto tempo.

— Eu também, Marcela. A minha vinda tem o objetivo de tranquilizá-la. Deus sempre atende a uma oração que parte do íntimo da alma, como as que você tem feito.

— Eu havia me tornado descrente, Don Genaro. Mas uma leitura que Donato fez, tirou-me dessa situação. Pedi perdão a Deus e prometi a mim mesma que, dali para a frente confiaria sempre na providência divina. Certa vez eu havia prometido que iria melhorar-me a cada dia um pouco. Durante certo tempo consegui, depois, a promessa foi caindo no esquecimento. Foi por esse motivo que cai em tentação e me separei de Deus.

— O importante, Marcela, é que Deus é um bom Pai. Lembra-se da parábola do Filho Pródigo? Procure fazer uma releitura e terá uma ideia da compassividade divina. Concentre-se no bem. Tenha a certeza de que Deus responde aos seus apelos. E da maneira que for melhor para você. Outra coisa: Giuseppe não pôde vir, mas lhe mandou um abraço afetuoso e vibrações de paz e harmonia.

— Obrigada, Don Genaro. Muito obrigada.

— Agora tenho de partir, mas estarei sempre perto de vocês, em pensamento. Que a paz de Deus recaia sobre a alma de todos.

Assim dizendo, Don Genaro afastou-se em meio a uma espécie de neblina. E Marcela perdeu a consciência. Quando acordou, estava no quarto do hospital. Aos poucos, o ambiente foi-se tornando claro, até que viu diante de si Donato, Roberta e Samuel.

— A senhora está bem? — perguntou-lhe Roberta.

— Sim, estou muito bem — respondeu, com um sorriso nos lábios.

— A cirurgia teve pleno êxito. Foi longa, como esperávamos, e não ocorreu nada que pudesse prejudicá-la. Agora, é só aguardar em repouso até poder voltar para casa. A senhora ficará aqui entre sete e dez dias para uma plena recuperação.

Tanto Roberta quanto Donato e Samuel notaram um brilho diferente nos olhos de Marcela. Desaparecera a tristeza, o desânimo e, principalmente, a revolta. Isso ficou patente quando ela disse com tranquilidade:

— Entreguei-me nas mãos de Deus e não estou arrependida.

Todavia, ela nada falou a respeito da suposta visita do espírito Don Genaro durante a cirurgia. Afinal, não fora um santo católico que, milagrosamente, surgiu para serená-la. Fora um amigo que desencarnara havia alguns anos. E ainda lhe informara sobre as vibrações que Giuseppe lhe havia ofertado. Quando Don Genaro lhe deu essa notícia, ela sentiu repentinamente uma onda de paz e — ela bem o sabia! — de harmonia, que agora reinava em sua alma. Lágrimas ainda afloravam em seus olhos quando ela se recordava do evento. Assim que pôde, a primeira coisa que fez foi pedir um exemplar do Novo Testamento. Procurou ali a Parábola do "Filho Pródigo" e começou a ler:

*Um homem tinha dois filhos. O mais jovem disse ao pai: Pai, dá-me a parte da herança que me cabe. E o pai dividiu os bens entre eles. Poucos dias depois, juntando todos os seus haveres, o filho mais jovem partiu para uma região longínqua e ali dissipou a sua herança numa vida devassa.*

*E gastou tudo. Sobreveio, porém, àquela região uma grande fome e ele começou a passar privações. Foi, então, empregar-se com um dos homens daquela região, que o mandou para seus campos cuidar dos porcos. Ele queria matar a fome com as bolotas que os porcos comiam, mas ninguém lhas dava. E caindo em si, disse: Quantos empregados de meu pai têm pão com fartura e eu, aqui, morrendo de fome! Vou-me embora, procurar o meu pai e dizer-lhe: Pai, pequei contra a Céu e contra ti. Já não sou digno de ser chamado teu filho. Trata-me como um dos teus empregados. Partiu, então, e foi ao encontro do seu pai.*

*Ele estava ainda ao longe, quando seu pai o enxergou, encheu-se de compaixão, correu e lançou-se-lhe ao pescoço, cobrindo-o de beijos. O filho, então, disse-lhe: Pai, pequei contra o Céu e contra ti. Já não sou digno de ser chamado seu filho. Mas o pai disse a seus servos: Ide depressa, trazei a melhor túnica e revesti-o com ela, ponde-lhe um anel no dedo e sandálias nos pés. Trazei o novilho cevado e matai-o. Comamos e festejemos, pois este meu filho estava morto e tornou a viver. Estava perdido e foi reencontrado! E começaram a festejar.*

*Seu filho mais velho estava no campo. Quando voltava, já perto de casa ouviu músicas e danças. Chamando um servo, perguntou-lhe o que estava acontecendo. Este lhe disse: É teu irmão que voltou e teu pai matou o novilho cevado, porque o recuperou com saúde. Ele ficou com muita raiva e não queria entrar. Seu pai saiu para suplicar-lhe. Mas ele lhe respondeu: Há tantos anos que eu te sirvo, e jamais transgredi um só de teus mandamentos. No entanto, nunca me destes um cabrito para festejar com meus amigos. Contudo, veio esse teu filho, que devorou teus bem, dissipando-os, e para ele matas o novilho cevado!*

*Mas o pai lhe disse: Filho, tu estás sempre comigo, e tudo o que é meu é teu. Mas era preciso que festejássemos e nos alegrássemos, pois esse teu irmão estava morto e tornou a viver; ele estava perdido e foi reencontrado!*

Após completar a leitura, Marcela ficou absorta em seus pensamentos. Lembrou-se da revolta que teve contra Deus por causa do câncer na tireoide. "Os bens que recebi de Deus, meu Pai", pensou, "foram os momentos de alegria e felicidade que vivi junto de meu esposo e de meus filhos. Mas parece que esbanjei todos esses 'haveres' e caí na pobreza absoluta: a minha falta de fé. Contudo, pedi perdão a Deus e Ele me recebeu novamente de braços abertos como o Pai bondoso recebeu de volta o Filho Pródigo. Não quero mais, em toda a minha vida, desviar-me do Caminho oferecido por Jesus a quem quer chegar a Deus. Lembrar-me-ei sempre da sua afirmativa: 'Eu sou o Caminho, a Verdade e a Vida'. E buscarei seguir a sua orientação para chegar ao Pai".

∾

Depois de alguns dias no hospital, Marcela recebeu alta e voltou para o apartamento. Donato estava muito feliz com a recuperação da esposa e com seu bom ânimo, completamente diverso do estado em que estava até o momento da cirurgia. Roberta e Célia congratularam-se pelo bom êxito da cirurgia. Samuel levou Júnior para visitar a avó, que não se cansava de contemplar o rosto risonho do garoto brincalhão, enquanto lá esteve. Somente uma coisa toldava a felicidade de Marcela: o fato de estar escondendo o que lhe ocorrera durante a cirurgia. Mas, depois de alguns dias, não aguentou mais. Chamou Donato e disse com certo nervosismo:

— Donato, quero contar-lhe o que me aconteceu durante a cirurgia e que até hoje tenho guardado para mim.

— Diga, Marcela, por favor.

— Bem, após ter recebido a anestesia, eu adormeci, em termos, porque fiquei mais acordada que antes.

— Como assim?

— Senti-me sair do corpo e pousar quase na altura do teto. Vi meu próprio corpo e os médicos. Percebi a tensão de Roberta, ouvi o diálogo deles, o ruído dos instrumentos cirúrgicos e senti o cheiro do éter. Logo depois, uma espécie de neblina brilhante chegou bem próxima a mim. Aos poucos, começou a desfazer-se e eu vi claramente a figura de Don Genaro. Era ele mesmo, estava vestido como de costume e quando começou a falar, tinha o tom de voz de quando estava entre nós. A única diferença é que ele parecia um pouco mais jovem. Pediu-me para ficar tranquila, pois tudo daria certo. Conversamos durante algum tempo e ele me inspirou bom ânimo. Tornei-me leve e tranquila. Contei-lhe que havia perdido a confiança em Deus durante certo tempo, mas que, arrependida, havia pedido perdão pela minha falta de fé. Em resposta, ele me pediu que lesse a parábola do Filho Pródigo. Falou também que sente saudade de todos nós, que Giuseppe não tinha podido estar ali, mas que me mandava um abraço afetuoso e vibrações de paz e harmonia. Depois, a neblina foi-se formando novamente e ele se despediu, desaparecendo lentamente.

— Você não sabe a alegria que me dá saber dessa visita tão necessária e tão esperada.

— Esperada?

— Eu também devo dizer-lhe algo, Marcela. Na noite anterior à cirurgia, eu tive um sonho. Don Genaro veio conversar comigo e me prometeu que a cirurgia teria sucesso e que ele estaria presente para infundir paz e harmonia em você. Na verdade, não foi um sonho comum, mas um desdobramento, em que tive a oportunidade de contatá-lo.

— Quer dizer que ele cumpriu a promessa?

— Agora confirmei.

— Precisava conversar com você, pois me senti um tanto estranha. Sempre ouvi contarem que santos aparecem para as pessoas, mas, para dizer a verdade, nunca imaginaria que o espírito de alguém tão conhecido pudesse vir até mim para me proteger. Fiquei muito emocionada, mas não tive coragem de contar a ninguém. As pessoas poderiam não acreditar.

— Bastaria você se recordar de que Giuseppe e Roberta tinham visões. A diferença é que, no seu caso, houve um desdobramento.

— Explique melhor, Donato.

— Quando dormimos, recuperamos energias por meio do sono, preparando-nos para a vigília que se aproxima. Mas não é só isso. Esse é também o momento em que o espírito, acompanhado do perispírito, projeta-se para fora do corpo físico, a fim de entrar em contato com o mundo astral. Explicando melhor: o ser humano constitui-se de espírito, perispírito e corpo físico. Somos essencialmente espírito, que se reveste de um corpo físico para agir na dimensão material, ou seja, na Terra. O corpo físico é, portanto, uma espécie de revestimento do espírito. Contudo, entre o espírito e o corpo físico existe um corpo sutil chamado perispírito, que é o laço de união entre o espírito e o corpo físico. Trata-se de um laço semimaterial, intermediário entre o espírito e o corpo. Resumindo: o ser humano é formado por três partes essenciais: o corpo físico, ou ser material, semelhante ao dos animais; a alma, ou espírito encarnado, que tem no corpo a sua habitação; e o princípio intermediário, ou perispírito, substância semimaterial que serve de primeiro envoltório à alma e a une ao corpo. Sempre que a alma, durante o sono, projeta-se para fora do corpo físico tem consigo o perispírito, que é inseparável dela.

— Você quer dizer que, no momento da cirurgia, minha alma, com meu perispírito, deixou meu corpo físico?

— Isso mesmo. Melhor dizendo, você, em espírito, projetou-se para fora do corpo físico e entrou em contato com um espírito desencarnado: Don Genaro. Diante dele, pôde estabelecer comunicação, ouvindo-o e conversando com ele.

— Não é fácil falar nesses termos, mas conversei com ele, isso é verdade. E mais: segui o conselho que me deu de reler a parábola do Filho Pródigo e ela calou fundo em meu coração. Nunca mais quero sair das mãos de Deus, meu Pai, e de Jesus, meu Mestre.

∽

A partir das palavras que ouvira de Don Genaro e da releitura da parábola do Filho Pródigo, Marcela mudou radicalmente sua conduta. Orava todos os dias e não reclamava mais, mesmo sabendo que teria de ingerir, pelo resto da vida, levotiroxina, que substitui o hormônio produzido pela glândula retirada. O importante para ela era sair da prisão de seu próprio ego, isto é, deixar de lado o egoísmo e estender as mãos para os semelhantes. Também, sempre que podia, visitava Roberta e Samuel, para igualmente curtir o netinho, que crescia rapidamente. Tudo parecia sorrir na vida de Marcela. Nuvens turvas, porém, começavam a surgir no horizonte...

# 19

# Reação da aprendiz

TUDO CORRIA MUITO BEM NA VIDA DE Marcela até o dia em que, após novos exames, constatou-se a presença de metástase na traqueia, o canal que comunica a laringe com os brônquios. Isso significa que o câncer espalhara-se para um órgão próximo da tireoide. Roberta quis poupar a mãe de mais um dissabor e combinou com Célia que diriam tratar-se de um ato de rotina o tratamento com radioterapia em órgãos próximos ao afetado pela doença. Entretanto, Marcela ouviu muito bem quando a filha disse à colega: "O câncer está migrando para a traqueia. Temos de agir rapidamente". Se isso tivesse ocorrido alguns meses antes, ela teria ido à loucura. Mas agora, a notícia não lhe tirou a paz de espírito. Ela apenas chamou Roberta para bem perto de si e falou serenamente:

— Não precisa poupar-me, filha. Sei perfeitamente o que está acontecendo comigo. Mas não se preocupe.

Deus sabe o que faz. Continuo com a tranquilidade de todos os dias. Não preciso mais buscar desesperadamente a saúde, como fazia antes. Como você bem sabe, somos um com o Pai e tudo o que Ele tem já é nosso. Deus criou a saúde e não a doença. Desse modo, como Deus habita em mim, em mim habita igualmente a saúde. A doença é uma ilusão dos sentidos.

— É verdade, mãe.

— Não foi Jesus quem disse que o reino de Deus está dentro de nós?

— Foi Ele mesmo.

— E você acha que pode haver algo de mau, de negativo, de destrutivo no interior desse reino?

— É claro que não.

— Então, minha filha, não tenho por que me preocupar.

Roberta ficou abismada ao ouvir tamanhas considerações da mãe, que já titubeara em relação à fé. O que ela dizia agora à filha era uma lição de fé inabalável no amor divino. Poucos dias depois, quando a terapia já estava em andamento, Roberta ainda ouviu da mãe:

— O espírito de Deus está permanentemente dentro de nós. Ele habita em nós. Contudo, é necessário que nos tornemos conscientes da sua presença. Caso contrário, não usufruiremos de seus benefícios. Você conhece a história da empregada doméstica que foi despedida depois de idosa?

— Não. Nunca ouvi falar.

— Pois, então, escute: uma senhora sempre serviu sua patroa, desde jovem. As duas eram muito amigas e tinham quase a mesma idade. Quando a patroa se tornou idosa, a filha, que morava noutra cidade, foi buscá-la para morarem juntas. A patroa chamou a empregada, também idosa, e pagou tudo o que a lei mandava. Por fim, antes de partir, deu-lhe de presente uma caixinha de papelão.

A empregada ficou muito frustrada. "Onde já se viu tamanha desconsideração?" pensou. "Servi a essa mulher durante toda a minha vida e agora ela me põe na rua e me dá apenas uma caixinha velha com um presentinho dentro? Eu mereço muito mais". Quando assim pensava, a empregada passou por um jardim e vendo uma estátua sobre um pedestal, deixou ali a caixinha, ainda resmungando contra a antiga patroa. Tentando esquecer o ocorrido, seguiu em frente sem olhar para trás. Um mendigo, que assistiu à cena da mulher deixando a caixinha no pedestal da estátua, foi até ali e a pegou. Sentou-se no banco de madeira e abriu a misteriosa caixinha. Quase desmaiou ao verificar que havia no seu interior um enorme brilhante, cuja venda poderia dar dinheiro suficiente para sustentar a empregada pelo resto da vida, em grande estilo. Tentou ainda encontrá-la, mas ela já desaparecera na rua, em meio à multidão. Roberta — falou Marcela com lágrimas nos olhos —, a patroa é Deus, nós somos a empregada. E quantos de nós jogamos fora a caixinha que contém um brilhante de valor incalculável? Quantos de nós nos queixamos de que Deus é surdo às nossas orações? O brilhante que recebemos de seu amor compassivo está em nosso íntimo, mas precisamos tomar conhecimento e apropriar-nos dele. Caso contrário, passaremos pela vida pensando ter recebido um bibelô sem valor e não fazendo uso do brilhante que nos sustentaria a vida.

Roberta também deixou escorrer uma lágrima, ao abraçar a mãe. Como ela mudara! De onde tirara tanta confiança e coragem? Bem... ela abrira a caixinha de papelão...

∞

O tratamento de Marcela teve início. Pacientemente, ela cumpriu todas as etapas e, quando passou pela última sessão, voltou tranquila para casa. Roberta quis saber de onde vinha tanta fé na bondade divina e Marcela lhe respondeu:

— Tenho lido muito ultimamente, filha, e reaprendido o que já esquecera, mas tenho igualmente aprendido muitas coisas. Das lições recebidas, algumas particularmente me ficaram impressas na alma: a primeira foi dita na parábola do Filho Pródigo pelo pai misericordioso: "Filho, estás sempre comigo, e tudo o que tenho é teu". A outra foi expressa diretamente por Jesus: "Eu vim para que tenham vida, e a tenham em abundância". Mas há também aquela afirmação fabulosa do Grande Mestre: "Eu sou a porta. Se alguém entrar por mim, será salvo; entrará, sairá e encontrará pastagem". Não são lindas?

— São.

— E são mais que isso. Quando o Pai compassivo diz que o filho está sempre com Ele e tudo o que possui é também do filho, está falando de nós. O Pai é Deus, que está sempre em nosso íntimo e, entre tudo o que Ele possui, está a saúde, portanto, eu também tenho saúde. A doença é para mim uma ilusão. Eu já estou curada pelo poder de Deus. Antigamente, filha, eu tinha medo da doença e a atraía, dando-lhe poder. Mas hoje só reconheço o poder de Deus. Não existem dois poderes. O poder é único e pertence ao Pai.

Roberta continuou surpresa com a fé demonstrada pela mãe. E foi com mais uma dessas assertivas que Marcela encerrou o diálogo:

— Eu descobri a porta e, passando por ela, encontrei a pastagem, encontrei a vida.

∞

Os dias foram passando e Marcela, assim que sentiu forças suficientes para trabalhar, chamou Donato para uma conversa:

— Durante a minha existência pensei muito em mim. Ainda quando chorava a passagem de Giuseppe, creio que estava pensando mais na minha dor do que na sua felicidade. Afinal, não foi dito várias vezes que ele estava bem?

— Mas sempre que teve saúde para isso, você confeccionou roupinhas para as crianças. Mesmo podendo comprá-las prontas, você fazia questão de costurá-las, criando modelos muito bonitos.

— Você está chegando aonde quero. Li há poucos dias mais uma vez a parábola dos talentos e fiquei aterrorizada. Você já se deteve nas entrelinhas desse ensinamento?

— Já meditei sobre isso, mas gostaria de ouvir o que você concluiu.

Marcela foi até o quarto, pegou o Novo Testamento e fez questão de ler a parábola na íntegra para Donato.

*Um homem, tendo de viajar para fora do país, chamou os seus servos e lhes confiou os seus bens. A um deu cinco talentos; a outro, dois e a outro, um, segundo a capacidade de cada um deles. Depois partiu. Imediatamente, o que recebera cinco talentos saiu e negociou com eles, ganhando outros cinco. Do mesmo modo, o que recebera dois ganhou outros dois. Mas o que só tinha recebido um, saiu, fez uma cova na terra e escondeu o dinheiro do seu senhor.*

*Depois de muito tempo, veio o senhor daqueles servos e ajustou contas com eles. Então, aproximando-se o que recebera cinco talentos, entregou-lhe outros cinco, dizendo: Aqui estão outros cinco que ganhei. Disse-lhe o senhor: Muito bem, servo bom e fiel! Sobre o pouco foste fiel, sobre o muito te colocarei. Entra na alegria do teu senhor!*

*Aproximando-se também o que recebera dois talentos, disse: Senhor, dois talentos me confiaste. Aqui estão outros dois que ganhei. Disse-lhe o senhor: Muito bem, servo bom e fiel! Sobre o pouco foste fiel, sobre o muito te colocarei. Entra na alegria do teu senhor!*

*Aproximando-se, finalmente, o que recebera um talento, disse: Senhor, eu sei que és um homem severo, que ceifas onde não semeaste e ajuntas onde não espalhaste. Assim, pois, atemorizado, fui ocultar debaixo da terra o teu talento. Aqui tens o que é teu.*

*Respondeu-lhe o senhor: Servo mau e preguiçoso, sabias que eu ceifo onde não semeei e que ajunto onde não espalhei? Devias, portanto, ter depositado o meu dinheiro com os banqueiros, e, quando eu viesse, receberia com juros o que é meu. Tirai-lhe o talento e dai ao que tem dez. Porque a todo aquele que tem será dado e terá em abundância. Mas ao que não tem, até o que tem lhe será tirado. Lançai o servo inútil nas trevas exteriores. Ali haverá choro e ranger de dentes!*

— Como você interpreta essa parábola tão significativa, Marcela?

— Em primeiro lugar, não devemos nos ater às palavras, ou seja, não podemos fazer uma leitura literal desse texto. A parábola fala em dinheiro, não é mesmo? Talento era uma moeda usada na Grécia e em Roma, segundo minha pesquisa. Mas, quando fiz a releitura, pensei em talento como aptidão, capacidade. Há aquelas pessoas que possuem vários talentos e outras que possuem bem menos. Há pessoas que têm um grande talento e outras que têm um talento bem menor. No ano passado, ouvimos no Municipal um grande pianista, não é verdade?

— Sim. Esqueci seu nome. Ele é polonês e sua especialidade é Chopin.

— Ouvir aquele pianista executar músicas polonesas é como chegar perto do paraíso. E eu nada entendo de música. Apenas gosto. Assistimos também à ópera "Tosca", de Puccini. Essa eu conheço bem, porque era a preferida da minha mãe. Em casa, ouvia-se muita ópera. Mas vamos ficar por aqui. Que grande talento recebeu o pianista, que viaja pelo mundo, encantando multidões. E que enorme talento recebeu Puccini, que criou "Tosca" e outras óperas famosas. Podemos falar o mesmo de grandes cientistas, de grandes benfeitores da humanidade, que receberam grandes talentos. Mas e as pessoas simples, como você e eu? De você, posso dizer que recebeu dois grandes talentos: a aptidão para a marcenaria e a habilidade de comandar pessoas. Recebeu do Senhor os talentos e conseguiu multiplicá-los. Depois de considerar isso, pensei em mim mesma. Não tenho estudo, nunca pisei numa universidade. Hoje, graças a Deus, temos um bom dinheiro, mas antes éramos muito pobres. Que talento recebi das mãos de Deus? E quando assim refleti, lembrei-me de que conheço muito bem costura, bordado e crochê. Ou é pretensão minha?

— Claro que não. Quando você confeccionava roupas para crianças e gestantes para doar, todos elogiavam suas peças.

— Muito bem. Li em algum de seus livros que devemos buscar com sinceridade o real valor das nossas próprias possibilidades. Assim, podemos ver que elas nos oferecem preciosas oportunidades de auxílio aos semelhantes. Cada um tem pelo menos um talento, uma aptidão, que pode utilizar em proveito dos outros. Quem assim não faz é como o servo que recebeu apenas um talento e o escondeu sob a terra. O pianista que ouvimos executar Chopin, com certeza ainda estuda horas por dia, a fim de brindar a plateia com a sublimidade da música. Ele está multiplicando o talento que recebeu. Foi aí que pensei, e eu? Antes, quando tinha forças para isso, costurava, bordava, confeccionando roupinhas para bebês. Eu procurava multiplicar meu talento. Mas e agora? O que faço em benefício dos outros? Nada! Absolutamente nada!

— Lembre-se de que você passou algum tempo acamada e mesmo quando se recuperou, estava proibida de fazer certos esforços.

— É verdade. Não creio, porém, que bordar e fazer crochê exija muito esforço. Mas pensei noutra coisa. Com o dinheiro que você coloca todos os meses em minha poupança, quero abrir um pequeno negócio.

— O quê?

— Calma. Não é um negócio para eu obter lucro, mas para ajudar meus semelhantes.

— Não estou entendendo.

— Montarei uma pequena empresa de confecção para fazer as roupinhas das crianças carentes e os enxovais de gestantes. Se você colaborar, poderemos oferecer emprego para umas cinco ou seis costureiras e bordadeiras, de modo que, tanto a igreja como o Centro Espírita poderão vender o excesso em bazares beneficentes. O que você acha? É possível?

Donato ficou emocionado. Marcela acabava de passar pelo segundo tratamento de câncer. Não sabiam qual seria o resultado no futuro, mas ela estava mais interessada nas pessoas menos favorecidas financeiramente.

— *Amore mio,* você me deixa sem palavras.

Marcela riu, satisfeita, e disse:

— Quando você fala italiano é porque está nervoso ou emocionado.

— Estou emocionado. Agora entendi por que quis conversar sobre a parábola dos talentos. Há, entretanto, muitos detalhes a discutir antes de abrirmos a empresa.

— Quer dizer que você concorda?

— Eu não seria Donato Callegari se dissesse outra coisa que não fosse um sim.

∾

Roberta ficou preocupada, inicialmente, pois, mesmo reagindo bem diante da doença, Marcela ainda inspirava cuidados. Mas a alegria da mãe diante do empreendimento que pretendia iniciar, fez com que cedesse.

— Mãe, a senhora sabe administrar uma empresa? — perguntou, com certa preocupação.

— Seu pai vai me ajudar. Ele também conseguiu um contador experiente. Não estou bem assessorada?

— Não tenho dúvida. Lembre-se, porém, de que lidar com pessoas não é fácil. Isso pede muito equilíbrio e muita energia. E por falar em energia...

— Já sei. Estou um tanto debilitada. Por isso mesmo, terei uma supervisora. Ela será o meu cérebro, o meu coração e os meus braços. O seu pai não tem um gerente que ajuda muito na administração da marcenaria?

— Mais de um, mãe.

— Como a nossa empresa é pequena, basta de início, uma supervisora, que será muito bem escolhida. Aliás, vou precisar de uma médica competente para cuidar da saúde das futuras funcionárias. Você pode indicar-me alguma?

Roberta sorriu, abraçou a mãe e disse, com emoção:

— Está bem, mãe. Eu aceito. E poderia ser diferente?

A ideia de Marcela era que a pequena empresa manufatureira, que ela chamava simplesmente de oficina de costura e bordado, produzisse mensalmente peças para os trabalhos sociais da igreja católica, próxima de seu apartamento, e do Centro Espírita frequentado por Donato, Roberta e Samuel. A diferença de credos religiosos não era um entrave na família, mas, paradoxalmente, um elo que os unia. Samuel também recebeu o convite de Marcela, numa noite em que foi visitá-la com a esposa e o filho:

— Você sabe que já consegui uma médica do trabalho para a minha empresa, não é, Samuel?

— Sim, fiquei sabendo. E Roberta ficou muito feliz com o convite.

— É verdade, mãe.

— Sabem que ainda não temos um psicólogo?

— O *bote* é agora, Samuel — disse Roberta, rindo.

— A senhora está me convidando?

— Parece? — perguntou Marcela, fingindo surpresa. — Mas se você está se candidatando, fique sabendo que está aprovado. Já levantei sua ficha e os antecedentes são muito bons...

— Aceito, dona Marcela. E quem sou eu para ousar recusar? Vou fazer um plano anual de treinamento. Para uma boa produtividade, para uma elevada qualidade e um relacionamento positivo e produtivo, nada melhor que o treinamento sistemático. Aliás, já conversei com Roberta e tenho uma ideia que desejo apresentar agora à senhora e ao meu sogro.

— Por favor, Samuel, diga o que está pensando.

— A oficina de costura e bordado gera gastos, não é verdade? Poderia até vender uma parte da produção mensal para lojas e, com o dinheiro arrecadado, aumentar o capital de giro. Entretanto, por que não abrir também uma agência de empregos? Não faríamos apenas o assistencialismo, mas ofereceríamos emprego aos assistidos. Uma agência de empregos gera lucros. E esses lucros seriam reinvestidos no empreendimento, perpetuando-o. O que vocês acham?

— Samuel — disse Marcela, que fora colhida de surpresa —, sua ideia é genial. Mas quem tocaria a agência de empregos? Não conheço nada disso.

— A senhora esqueceu-se de que trabalho na área de recrutamento e seleção? Nós contratamos dois selecionadores e eu os oriento e superviziono à distância. Com o passar do tempo, poderemos contratar um coordenador. Se a senhora concordar, começo a planejar a agência.

— Fico feliz, Samuel, e até emocionada. Você tem uma mente refinada e um coração muito grande.

Em pouco tempo, Donato encontrou um amplo salão, próximo ao prédio em que morava, alugou e fez as reformas necessárias para abrigar a oficina de costura e bordado, e a agência de empregos. O contador cuidou da abertura da empresa, de tal modo que, três meses após o início das conversações foi realizada a inauguração. Com apenas três funcionárias e dois funcionários. Os demais integrantes da equipe eram voluntários, tanto do Centro Espírita como da igreja. Marcela quis que fosse realizado um ato ecumênico. Falaram dois oradores, o padre Francisco, da igreja católica, e Rogério Dantas, do Centro Espírita. Padre Francisco fez um breve discurso:

— Caríssimas irmãs, caríssimos irmãos, disse Jesus, certa vez: "Olhai e acautelai-vos contra toda avareza, porque a vida do homem não depende da abundância dos bens que possui". Nada mais justo para lembrar nesta data honrosa, pois a bondade e a magnanimidade desta família de servidores do nosso Mestre abriu o seu coração e, deixando de pensar apenas em si mesma e nos bens materiais que possui, ofertou algo de si para aqueles que necessitam de mãos amigas para sobreviver. É a isso que chamamos caridade. Sem ostentação, mas no silêncio da noite, um grupo de pessoas abnegadas planejou as atividades que este empreendimento exercerá em benefício dos menos afortunados.

Naquele local, durante o discurso inaugural, dois espíritos estavam presentes: Giuseppe e Don Genaro, que aplicava um passe coletivo em todos os presentes, desejando que o evento significasse o início abençoado de muitos benefícios marcados com o selo da caridade aos semelhantes.

Quando o padre terminou, colocou a estola e espargiu água benta nos ambientes da oficina, como desejava Marcela, que guardava sua crença católica. Em seguida, tomou a palavra o secretário geral do Centro Espírita, Rogério Dantas:

— Distintos presentes, irmãos em Cristo, inaugura-se hoje não apenas mais uma empresa, ou duas, no coração industrial e comercial de São Paulo. Inicia-se uma obra pioneira de amor aos semelhantes. Fizessem assim todos os que têm condições de ajudar materialmente os seus irmãos necessitados e veríamos diminuir drasticamente a fome e a miséria. Mais que diminuir: desaparecer. Não, esta não é uma obra assistencialista. Vai além, pois, com a agência de empregos anexa, dá inicialmente o peixe, para, em seguida, ensinar a pescar. Há dois tipos de caridade, irmãos. A caridade material e a espiritual. Esta empresa atuará com as duas. Em termos de caridade material, distribuirá gratuitamente enxovais aos assistidos da igreja católica e do Centro Espírita. Em termos de caridade moral, vai amparar essas mesmas pessoas, oferecendo-lhes emprego digno em várias empresas da cidade. Os lucros auferidos retornarão para a empresa, a fim de mantê-la indefinidamente.

Marcela estava muito emocionada. Com todos os afazeres que precederam a inauguração, ela até se esquecera do câncer, que já considerava curado. Recebendo os benefícios imensos do passe oferecido por Don Genaro, sua alma alegrava-se diante do amparo que teria um número maior de pessoas. Quando se deu conta, o orador encerrava suas palavras:

— Enfim, caríssimos irmãos, como afirma enfaticamente Léon Denis, o homem caridoso faz o bem ocultamente; e, enquanto este encobre as suas boas ações, o vaidoso proclama o pouco que faz. "Que a mão esquerda ignore o que faz a direita", disse Jesus. "Aquele que fizer o bem com ostentação já recebeu a sua recompensa." Beneficiar ocultamente, ser indiferente aos louvores humanos, é mostrar uma verdadeira elevação de caráter, é colocar-se acima dos julgamentos de um mundo transitório e procurar a justificação dos seus atos na vida que não acaba. Que assim façamos nós, católicos e espíritas que participam deste empreendimento abençoado, num mutirão ecumênico, não nos envaidecendo do bem que realizamos, mas, humilde e silenciosamente, contribuindo para a melhora do mundo em que nos situamos. Que Deus abençoe a generosidade destas almas que se dispõem a abrir o coração em benefício dos semelhantes. Muito obrigado.

O abraço sincero e espontâneo entre o padre católico e o dirigente espírita, selou a cerimônia, que marcou o início de uma nova etapa que unia duas comunidades, diferentes em relação a certos princípios adotados, mas irmanadas pelo amor universal e incondicional que vertiam da alma de cada um.

∾

Para gratificação de Marcela, a oficina, com diversas voluntárias, conseguiu, desde o início, um ritmo satisfatório de produtividade, elevando o número de peças a serem doadas aos assistidos do Centro Espírita e da igreja. Samuel realizou os cursos necessários para o entrosamento da equipe e para a melhoria da produtividade com qualidade.

Depois de seis meses, o padre Francisco pediu a Marcela orientação para fundar em sua paróquia uma oficina nos moldes da criada por ela.

— Penso que assim será melhor, dona Marcela, pois a senhora terá um maior número de peças para atender os seus assistidos. Já podemos caminhar com as nossas próprias pernas. Sempre me senti como uma espécie de parasita, retirando dos outros o sustento do rebanho da igreja. De agora em diante, com a sua ajuda, teremos a nossa própria oficina. Que Deus a abençoe. Espero vê-la sempre conosco.

De início, Marcela ficou triste com a divisão. Depois, porém, entendeu que as intenções do padre eram puras e continuou administrando sua oficina com o mesmo empenho demonstrado desde a fundação. Essa era a sua missão e ela queria cumpri-la até ser chamada por Deus para prestar contas do talento que recebera do Senhor.

# Momentos de oração

Roberta acreditava na cura do câncer de sua mãe. Entretanto, estava atenta, exigindo exames periódicos, que Marcela fazia sem reclamar. Ela mudara muito desde o contato que tivera com Don Genaro, em desdobramento. Mesmo sem ter estudo, aprendeu a gostar da leitura, e estava sempre com um bom livro em mãos, lendo-o atentamente. Mas, muito além disso, fazia constantemente suas orações, num contato quase ininterrupto com Deus. Certa noite, quando Donato lhe falou a respeito da sua transformação, travaram um diálogo muito inspirado.

— As mudanças vêm acontecendo devagar e sempre em minha vida, Donato. Tento concretizar na espiritualidade do meu cotidiano o que Don Genaro chamava de *kaizen* ou melhoria contínua, que você continua utilizando na marcenaria.

— Tenho notado.

— Não sei quantos anos ainda tenho de vida, mas quero vivê-los da melhor maneira possível, escolhendo a melhor parte. Deixe-me explicar. Li uma passagem do Evangelho que me fez refletir. Diz o evangelista Lucas que um dia Jesus fazia o seu caminho e entrou numa aldeia. Uma mulher chamada Marta recebeu-o em sua casa. Sua irmã, Maria, que trabalhava com ela nos afazeres do lar, parou o trabalho e sentou-se aos pés do Mestre, escutando sua palavra. Enquanto isso, Marta continuou atarefada com muitos serviços, até que, percebendo que cumpria as tarefas caseiras sozinha, aproximou-se de Jesus e reclamou: "Senhor, não te preocupa que a minha irmã me deixe sozinha a servir? Diz-lhe que me venha ajudar". O Senhor, porém, respondeu-lhe: "Marta, Marta, andas inquieta e perturbada com muitas coisas, mas uma só é necessária. Maria escolheu a melhor parte, que não lhe será tirada".

— Esse trecho do Evangelho nos faz pensar, realmente — disse Donato.

— A primeira questão que me surgiu foi: "O que significa a melhor parte"? Imediatamente, vieram-me à mente as expressões: "coisas do mundo" e "coisas de Deus". Há quem viva inquieto e preocupado constantemente com as coisas do mundo. Há quem se ocupe apenas de ganhar dinheiro, de fazer aplicações financeiras, de comprar imóveis, de cuidar do carro, de fazer viagens e tantas coisas que se referem somente à vida terrena. E se esquece das coisas de Deus, da sua melhoria interior, que vocês, espíritas, chamam acertadamente de "reforma íntima". Há quem nunca pare por alguns minutos para ouvir o seu Deus Interior e encontrar as respostas para os seus problemas. Há quem nunca leia uma única página diária de algum livro que o ajude a caminhar para Deus. Enfim, há quem nunca faça a viagem para o seu próprio interior, a fim de alcançar recursos para o avanço em direção à sua autorrealização.

— Você acertou em cheio em sua interpretação.

— Pois bem, depois de assim pensar, perguntei-me: "E eu, quem tenho sido? Maria ou Marta?". Procurei ser honesta comigo mesma e com Deus. E cheguei à conclusão de que tinha sido mais Marta que Maria. Pouco tempo depois, caiu em minhas mãos um pequeno trecho de Mateus, em que o Mestre disse aos apóstolos: "Felizes os vossos olhos, porque veem e os vossos ouvidos porque ouvem. Em verdade vos digo que muitos profetas e justos desejaram ver o que vedes e não viram, e ouvir o que ouvis e não ouviram". É verdade que nunca vi Jesus nem ouvi as parábolas de sua boca, assim como os apóstolos tiveram o privilégio de fazê-lo. Todavia, por meio do Evangelho, posso ver na minha imaginação o Divino Mestre a me dizer as mesmas palavras que proferiu para os seus discípulos. E com a vantagem de poder voltar a ouvi-las, quando quiser, para melhor entendê-las e segui-las. Nesse momento, decidi mudar. E continuo com essa intenção, esforçando-me diariamente para conseguir uma pequena transformação.

Donato estava emocionado. Nunca ouvira a esposa falar com tanta convicção, fé, sabedoria e amor. Lembrou-se de uma palestra ouvida no Centro Espírita e comentou:

— Em uma das palestras a que assisti, ouvi uma interpretação semelhante. Fiquei até emocionado ao ouvi-la dizer quase as mesmas palavras.

— Eu tenho orado muito. Mudei meu modo de entender a oração. Li também a esse respeito em alguns livros que você me indicou. Antes eu costumava orar, prestando atenção apenas nas palavras. Eram elas que me interessavam. Contudo, um dos livros lembrava a passagem do Evangelho em que Jesus diz que não devemos usar de vãs repetições, como fazem pessoas que imaginam que é pelo palavreado excessivo que nossos pedidos são ouvidos. Diz também que não devemos ser como essas pessoas, porque Deus sabe do que temos necessidade antes de fazermos nossos pedidos.

— É verdade. Numa das cartas aos romanos, Paulo afirma que aquele que conhece a fundo o coração sabe qual o desejo do espírito.

— O livro diz ainda que o que vale de verdade é o sentimento nascido em nosso íntimo e não as palavras que pronunciamos. E cita novamente Jesus, ao dizer mais ou menos assim: "Quando orares, entra no seu quarto e, fechando a porta, ora ao seu Pai que está lá, no segredo; e o seu Pai, que vê no segredo, vai recompensá-lo".

— É exatamente isso. Deus conhece nosso interior. Ele perscruta nosso coração, isto é, penetra o nosso íntimo. Ele nos conhece por fora e por dentro.

— O que deve prevalecer em nossas orações é, portanto, o sentimento, não é?

— O sentimento é essencial. As palavras são apenas o veículo do que estamos sentindo ao orar. Não temos de nos preocupar com elas. As belas orações que encontramos impressas não terão valor nenhum se não forem feitas com sentimento. Há pessoas que decoram uma oração e a repetem, como se estivessem lendo um número telefônico num cartão. Que valor pode ter uma oração dita dessa forma?

— Aprendi também outro aspecto essencial da oração, Donato. Vale a pena repetir: quando oramos, temos de acreditar que já obtivemos a resposta de Deus. Precisamos vivenciar os sentimentos de que a mudança que esperamos já ocorreu. Por esse motivo, todos os dias, inúmeras vezes agradeço a Deus pela saúde que me foi restituída. Comecei a fazer isso antes mesmo de voltar à médica para uma avaliação clínica. Roberta me ajudou muito.

— O espiritismo fala muito em "fé raciocinada". E, pelo que vejo, essa crença está em acordo com essa expressão.

— Explique melhor.

— Há pessoas que possuem uma "fé cega". Nesse caso, quando alguém diz algo que foge à razão, elas acreditam e aceitam sem questionar. A fé cega nada examina, aceitando, como consequência, tanto o falso como o verdadeiro. Em excesso, produz o fanatismo. Já, na "fé raciocinada", a pessoa analisa, busca informações e pesquisa, com o objetivo de esclarecer o que ouve. A fé raciocinada fundamenta-se na comprovação dos fatos, na compreensão desses fatos e na lógica. Kardec tem uma frase que ilustra o que estou dizendo: "Fé inabalável só é a que pode encarar a razão, face a face, em todas as épocas da Humanidade".

— Você disse que a fé raciocinada nada tem contra o conceito de oração que aprendi. É isso?

— Exatamente. Jesus disse: "Tudo quanto em oração pedirdes, crede que o recebestes, e será assim convosco". Há quem diga, depois de muito ter pesquisado sobre a oração: "Estamos limitados apenas por aquilo em que acreditamos".

— Eu li também alguma coisa assim: "Na prece, simplesmente pense com tranquilidade no resultado que quer e visualize-o tomando forma a partir desse momento".

— Estamos plenamente de acordo. Durante a oração, precisamos, na qualidade de filhos de Deus, expressar a nossa confiança no Pai. Como diz o espírito Emmanuel: "A prece tecida de inquietação e angústia não pode distanciar-se dos gritos desordenados de quem prefere a aflição e se entrega à imprudência, mas a oração tecida de harmonia e confiança é força imprimindo direção à bússola da fé viva, recompondo a paisagem em que vivemos e traçando rumos novos para a vida superior".

— Lembro que, ao fazer as minhas orações pela cura de Giuseppe, eu estava transtornada, desequilibrada mesmo. Não havia fé nas palavras que eu pronunciava.

— Não foi, porém, devido a isso que ele partiu para o mundo espiritual. Havia chegado o seu momento, como já estava previsto durante o período preparatório para esta encarnação. E, como ele mesmo disse, foi muito melhor que assim tivesse acontecido. Nós também crescemos muito depois disso, não é verdade?

— Sem dúvida. Não sou espírita, mas, concordo plenamente com muito do que se diz. Fico feliz por estarmos seguindo para o mesmo objetivo, embora por trilhas diferentes.

— Há muitas trilhas, Marcela, mas um mesmo fim. Para concluir, se você não tiver mais nada a dizer, quero sintetizar o que afirma um pesquisador da oração, Gregg Braden. Com relação a qualquer coisa que você queira, em vez de pedir que seu desejo se realize, sinta como se ele já estivesse concretizado. Respire profundamente e sinta a plenitude da sua oração realizada em cada detalhe, de todos os modos. Em seguida, agradeça o fato de sua vida ser como é. Observe a sensação de bem-estar e libertação que advém do agradecimento, em vez da preocupação e ansiedade associadas ao pedido de ajuda! A diferença sutil entre bem-estar e ansiedade é o poder que separa o pedir do receber.

— É o que estou fazendo, Donato. E estou feliz!

∞

A recuperação de Marcela prosseguiu. Um dia, conversando com Roberta, esta lhe disse com emoção:

— A senhora está curada, mãe. Não há nenhum sinal de recidiva.

— Não fale difícil, filha. Sua mãe não tem muito estudo, você bem sabe.

— Não se esqueça de que foi pelo seu amor e dedicação, e pelo trabalho amoroso do meu pai que pude estudar. Quero dizer que não há sinal de reaparecimento da doença depois desse período de cura.

— Entendi. Deus me curou por meio de Jesus, filha. Agora o que me cabe é cumprir a minha parte, ou seja, cuidar de mim mesma e doar amor ao semelhante. Podemos chamar isso de caridade. Lembro-me de São Paulo, ao dizer... Bem, eu não saberia o trecho todo de cor, mas pegue o Novo Testamento, por favor, vou ler para você o que me veio à mente.

Roberta foi até a estante, pegou o livro e o entregou à mãe, que procurou a primeira carta de Paulo aos coríntios e leu, com emoção na voz:

> *Ainda que eu falasse línguas,*
> *as dos homens e as dos anjos,*
> *se eu não tivesse a caridade,*
> *seria como um bronze que soa*
> *ou como um címbalo que tine.*
> *Ainda que eu tivesse o dom da profecia,*
> *o conhecimento de todos os mistérios*
> *e de toda a ciência,*
> *ainda que eu tivesse toda a fé,*
> *a ponto de transportar montanhas,*
> *se não tivesse a caridade,*
> *eu nada seria.*
> *Ainda que eu distribuísse*
> *todos os meus bens aos famintos,*
> *ainda que entregasse*
> *o meu corpo às chamas,*
> *se não tivesse a caridade,*
> *isso nada me adiantaria.*
> *A caridade é paciente,*
> *a caridade é prestativa,*
> *não é invejosa, não se ostenta,*
> *não se incha de orgulho.*
> *Nada faz de inconveniente.*
> *Não procura o seu próprio interesse.*

*Não se irrita, não guarda rancor.*
*Não se alegra com a injustiça,*
*mas se regozija com a verdade.*
*Tudo desculpa, tudo crê,*
*tudo espera, tudo suporta.*
*A caridade jamais passará.*
*Quanto às profecias, desaparecerão.*
*Quanto às línguas, cessarão.*
*Quanto à ciência, também desaparecerá.*
*Pois o nosso conhecimento é limitado,*
*e limitada é a nossa profecia.*
*Mas, quando vier a perfeição,*
*o que é limitado desaparecerá.*
*Quando eu era criança,*
*falava como criança,*
*pensava como criança,*
*raciocinava como criança.*
*Depois que me tornei homem,*
*fiz desaparecer o que era próprio*
*da criança.*
*Agora vemos em espelho*
*e de maneira confusa,*
*mas, depois, veremos face a face.*
*Agora o meu conhecimento é limitado,*
*mas, depois, conhecerei como sou conhecido.*
*Agora, portanto, permanecem fé,*
*esperança, caridade,*
*estas três coisas.*
*A maior delas, porém, é a caridade".*

— Não é lindo este trecho, Roberta? — perguntou Marcela, com lágrimas nos olhos.

— É lindo e também um apelo para que nos tornemos caridosos em relação aos nossos irmãos, sejam eles quais forem e em qualquer situação em que estiverem.

— Fico arrepiada, quando ele diz que a caridade é paciente, prestativa, não é invejosa nem se incha de orgulho. Quando leio isso, penso em mim mesma e em quanto preciso melhorar. Veja, a caridade nada faz de inconveniente, não procura o seu próprio interesse, não se irrita, não guarda rancor. Nós já chegamos a esse ponto?

— Não, mãe.

— E mais, a caridade não se alegra com a injustiça, mas se regozija com a verdade. Tudo desculpa, tudo crê, tudo espera, tudo suporta. Como estamos longe disso! Falo apenas de mim.

— Pode me incluir, mãe. O ser humano em geral ainda não alcançou nível tão elevado.

— E, no entanto, o amor, a caridade ainda é tão necessária!

— Dizemos no espiritismo, e a senhora já deve ter ouvido: "Fora da caridade não há salvação".

— Tenho de admitir que isso é uma grande verdade. Não basta falar, é preciso fazer. Não basta conhecer coisas belas, é preciso colocá-las em prática.

— Mãe, quando dizemos que fora da caridade não há salvação, estamos lembrando que a caridade está ao alcance de todos, do ignorante, do sábio, do rico e do pobre. Dizemos também que ela independe de qualquer crença particular. O apóstolo Paulo mostra que a caridade está no conjunto de todas as qualidades do coração, na bondade e benevolência para com o próximo.

— Sei que você fala como espírita, mas uma coisa é muito verdadeira: a caridade, independente de qualquer crença religiosa, une a todas. Isso é muito diferente da guerra declarada de algumas crenças que se dizem cristãs, que também buscam seguir o Evangelho.

— A caridade ultrapassa línguas, raças, países e religiões. Ela é universal. Ela é o ponto de união entre todos nós, filhos de Deus.

Marcela ficou certo tempo em silêncio e disse, depois, comovida:

— Roberta, esta foi a melhor conversa que já tivemos em nossa vida.

∾

Seguiram-se alguns anos com a rapidez com que costumamos sentir a passagem do tempo. Nesse período, Donato foi se afastando gradativamente das atividades executivas que tinha na empresa. Samuel, com a experiência em psicologia organizacional e do trabalho, deixou a organização em que trabalhava para exercer o posto de gerente de Recursos Humanos na empresa do sogro. O sonho de Donato era que ele se tornasse o herdeiro de seus negócios. Assim, ele também foi aprendendo a respeito dos produtos que eram ali confeccionados. A administração geral ficava com o funcionário que estava assessorando Donato havia vários anos. Em pouco tempo, Samuel já tinha amplo conhecimento da administração da empresa, de modo que foi nomeado gerente-geral. Donato, assim que notou a grande competência administrativa do genro, afastou-se das lides diárias, tornando-se conselheiro e indo à empresa apenas quinzenalmente. Por essa época, ele e Marcela já estavam com mais de setenta anos. O câncer, para ela, era coisa do passado. O que continuava com a "fé que transporta montanhas" eram as orações que ela fazia todos os dias pela manutenção da saúde. Aliás, costumava dizer que fazia da sua vida uma prece contínua, oferecendo-a todos os dias a Deus. Por outro lado, o amor à família aumentava cada vez mais. Júnior ia sempre ao apartamento dos avós, e, às vezes, dormia lá. Marcela o amava com o mesmo amor que dedicara a Giuseppe, muitos anos atrás. E, se orava pelo neto, não passava um dia que não fizesse a sua oração pelo filho, recomendando-o ao Pai, pelas mãos do Mestre Jesus.

Tudo prosseguia na família de Donato e Marcela sob o signo do amor fraterno e da oração a Deus...

# 21

# Prova e expiação

DEPOIS DE TRÊS ANOS COMO GERENTE-GERAL, Samuel foi promovido a diretor-executivo, passando a deter todo o poder dentro da organização. Donato fez um testamento em que deixava todos os bens para Marcela, passando-os às mãos de Roberta e Samuel, quando ela desencarnasse. Ambos fizeram uma procuração para que Samuel tomasse todas as decisões a respeito da administração da empresa. Assim, o casal podia dedicar-se aos afazeres de amor ao próximo, que tanto amavam: Marcela, na oficina de costura e bordado, e Donato, nas preleções e palestras que realizava no Centro Espírita. O fato de Marcela continuar católica não era motivo de desavenças. Ambos acreditavam que a religiosidade superava qualquer religião. Donato costumava dizer que, um dia, quando o ser humano estivesse mais elevado espiritualmente, a religião deixaria de existir. E não haveria mais dissensões nem "guerras santas", pois todos estariam irmanados no amor a Deus, que prevalece sobre tudo.

Marcela continuou gerenciando a oficina, que aumentara a produção, fornecendo peças para outros dois Centros Espíritas e para uma paróquia. No Centro Espírita, Donato passou a ministrar aulas no Curso de Aprendizes do Evangelho. Desse modo, quase todas as noites, ele ia até a Casa Espírita, a fim de cumprir suas funções.

Como o marido estava às vésperas de completar mais um aniversário, Marcela, Roberta e Samuel prepararam uma grande festa num *buffet*, na Aclimação. Convidaram os funcionários da empresa, da oficina de bordados, alguns frequentadores do Centro Espírita e da igreja, além de amigos comuns. Dois corais estariam presentes: o do Centro Espírita e o da igreja católica. Contudo, a tônica impressa à festa era de simplicidade, como sempre fora a vida deles, apesar da situação econômica privilegiada da qual agora desfrutavam.

Tudo foi feito sem o conhecimento de Donato. Marcaram, para a comemoração, a véspera do aniversário. Desse modo, ao chegar ao *buffet*, ele pensou que era convidado de um amigo de Samuel. Assim que entrou, um dos corais começou a cantar um belo arranjo da famosa canção "Parabéns a Você". A letra começava dizendo "Parabéns a você, Donato" e prosseguia falando de suas qualidades. Ele ficou extremamente surpreso e, antes que pudesse dizer alguma coisa, o outro coral começou a cantar uma música que ele muito gostava: "La luna si veste d'argento", de Biri e V. Mascheroni.

— O que é isso? — perguntou admirado.

— É a sua festa, Donato — respondeu Marcela, sorridente.

— Desta vez vocês me surpreenderam! Eu disse que queria algo muito simples, somente entre nós.

— O senhor tem muitos amigos, pai — disse Roberta, piscando o olho.

Sob aplausos, Donato sentou-se ao centro da mesa principal e pôde ouvir músicas escolhidas, de acordo com o seu gosto, como:

"E più ti amo", "Buonanotte, amore mio" e "Roma Capoccia". Depois, músicas brasileiras, de que ele também muito gostava, foram tocadas, como "Canção de amor demais", de Tom Jobim, "Chega de saudade", de Tom e Vinícius de Moraes e "Encontro com a saudade", de Billy Blanco. Outras músicas sucederam-se. Enquanto a festa prosseguia, Donato recebeu muitos cumprimentos. Não faltou um discurso acalorado, feito por Samuel, que se emocionou ao abraçar o sogro. Em seus agradecimentos, ele foi breve, pois a emoção não permitia muitas palavras. A festa encerrou-se com a mesma alegria do início. O coral cantou "Homem de bem", uma criação do coral espírita, especialmente feita para a ocasião.

Quando chegou a casa, Donato ainda estava emocionado com tudo o que acontecera. Abraçou muito Roberta e Samuel, agradecendo pela surpresa maravilhosa que lhe haviam feito. Mais tarde, sozinho com Marcela, disse com voz emocionada, ao abraçar fortemente a esposa:

— Eu sei que foi você quem arquitetou tudo isso. E devo dizer que fiquei muito feliz. Foi a melhor festa de aniversário da minha vida.

— Você estava por merecer uma festa como essa, Donato.

— E sabe quem passou por lá?

— Quem?

— Giuseppe e Don Genaro.

— Roberta lhe contou?

— Sim. Ela me chamou de lado e disse que pôde vê-los, postados atrás de nós. Eles sorriam enquanto colocavam as mãos sobre nossos ombros.

— Eu sei, Donato. Eu sei.

— Que olhar é esse, Marcela?

— Tenho de lhe confessar: não os vi, mas senti as mãos em meu ombro. Consegui identificar as mãos de Giuseppe sobre minha cabeça. E, quando isso aconteceu, não sei como explicar, mas ouvi uma voz muito conhecida, dizendo: "Nós os amamos. Fiquem com Deus". Depois, não percebi mais nada. Isso foi suficiente para iluminar este dia maravilhoso, Donato. A voz inconfundível era de Don Genaro.

∾

A festa de aniversário foi um marco na existência do casal. Depois, a vida entrou nos eixos. Marcela com as atividades beneficentes e Donato, no Centro Espírita. Passado quase um ano, porém, ele sentiu-se mal durante uma preleção. Socorrido prontamente, foi levado a um hospital.

— O que aconteceu? — perguntou Marcela. — O médico explicou:

— Foi um infarto agudo do miocárdio. Trata-se de um processo de necrose de parte do músculo cardíaco por falta de aporte adequado de nutrientes e oxigênio.

— E quais serão as consequências?

— Por ora, tudo está bem. Temos, no entanto, de acompanhar de perto, o que poderá ocorrer nos próximos dias. Para que isso possa ser feito, o sr. Donato ficará internado por algum tempo na UTI e, depois, em um quarto particular.

Assim que Roberta chegou ao hospital, conversou com o médico que atendia Donato e, depois, explicou à mãe:

— O coração é o órgão responsável pelo bombeamento de sangue para todo o organismo. Por se tratar de um músculo em contínua atividade, suas exigências metabólicas também são elevadas. Por conta disso, qualquer patologia que interfira na nutrição afeta todo o balanço energético do organismo. As consequências são diversas, podendo influenciar no funcionamento normal do corpo e também acarretar graves distúrbios.

— Explique melhor, filha.

— Bem, há casos em que o infarto leva à morte súbita. Felizmente, não foi o caso de papai. Precisamos, entretanto, aguardar alguns dias, a fim de saber com exatidão as consequências.

Donato saiu logo da UTI e ficou por mais uma semana internado. Roberta, mais uma vez, explicou à mãe o que havia ocorrido, concluindo:

— Papai está razoavelmente bem. Vem mantendo boa a pressão e permanece estável. Mas terá de desacelerar o ritmo de vida. Por algum tempo, ficará de repouso em casa, depois poderá voltar às atividades, porém, diminuídas.

— O médico falou a mesma coisa.

— Há, entretanto, o risco de ele vir a sofrer de insuficiência cardíaca.

— O que isso significa?

— É o que se chama popularmente de *coração cansado*. Ter insuficiência cardíaca significa que o coração não está conseguindo bombear o sangue necessário para suprir as necessidades do organismo. Isto é, a quantidade de sangue que o coração é capaz de bombear a cada minuto não é suficiente para prover as necessidades de oxigênio e nutrientes do organismo. O coração, neste caso, busca mecanismos de compensação para que o sangue possa ser bombeado em quantidades normais para o corpo, o que leva a sua dilatação e maior estiramento do músculo cardíaco. Todavia, os mecanismos de compensação funcionam apenas durante algum tempo, depois o coração começa a enfraquecer e novamente se torna insuficiente. Daí a necessidade de um acompanhamento médico constante.

— E qual deve ser o tratamento?

— O médico vai receitar alguns remédios, que ele deverá tomar de acordo com as orientações.

Em pouco tempo, depois das intervenções médicas, Donato voltou ao apartamento, já com o diagnóstico de insuficiência cardíaca, assim como havia dito Roberta. O que mais o perturbava era não poder estar no Centro Espírita. No entanto, procurava acalmar-se, atendendo a todas as orientações médicas, que eram meticulosamente acompanhadas por Roberta. Nos momentos em que estava sozinho, entretanto, sentia-se inconformado por ter de ficar preso à cama, sem fazer o que mais gostava. Foi numa de suas costumeiras leituras, que topou com o seguinte trecho, quando tinha em mãos *O Evangelho Segundo o Espiritismo*:

> *Ato de Submissão e de Resignação*[16]
> *Quando nos acontece algum motivo de aflição, se lhe procurarmos a causa, muitas vezes descobriremos que é consequência da nossa imprudência, da nossa imprevidência, ou, então, de uma ação anterior. Em qualquer desses casos, não devemos nos queixar senão de nós mesmos. Se a causa de um infortúnio independe completamente de qualquer ação nossa, ou é uma prova para a existência atual, ou expiação de falta de uma existência anterior. Neste último caso, pela natureza da expiação, podemos conhecer a natureza da falta, visto que somos sempre punidos por aquilo em que erramos.*
> *No que nos aflige, só vemos, em geral, o mal presente e não as consequências posteriores favoráveis que a nossa aflição possa ter. Muitas vezes, o bem é a consequência de um mal passageiro, como a cura de uma doença é o resultado dos meios empregados para combatê-la. Em todos os casos, devemos submeter-nos à vontade de Deus e suportar com coragem as tribulações da vida, se quisermos que elas nos sejam levadas em conta e que se possam aplicar a nós estas palavras do Cristo: "Bem-aventurados os que sofrem".*

---

16. KARDEC, Allan. *O Evangelho Segundo o Espiritismo*. Capítulo XXVIII (N.A.E.).

Depois de ler por duas vezes o breve texto, Donato orou, fazendo cada palavra brotar do fundo da sua alma:

*Sinto, ó meu Deus, necessidade de Vos pedir que me deis forças para suportar as provações que quisestes enviar-me. Permiti que a luz se faça bastante viva em meu espírito, para que eu aprecie toda a extensão de um amor que me aflige porque me quer salvar. Submeto-me resignado, ó meu Deus; mas, a criatura é tão fraca, que temo sucumbir, se não me aparardes. Não me abandoneis, Senhor, pois sem Vós nada posso.*

Depois da prece, ficou meditando. A seguir, acorreu-lhe naturalmente a famosa frase de Paulo de Tarso na carta aos Filipenses: "Tudo posso naquele que me fortalece". Chamando Marcela, pediu que pegasse o Novo Testamento e leu com emoção:

*Alegrai-vos sempre no Senhor. Repito: alegrai-vos! Mostrai a todos os homens a sua benignidade. O Senhor está perto. Não vos inquieteis com coisa alguma, mas apresentai a Deus todas as vossas necessidades, em fervorosa prece e ação de graças; e a paz de Deus, que excede toda compreensão, guardará os vossos corações e os vossos pensamentos, em Cristo Jesus.*
*Finalmente, meus irmãos, ocupai-vos com tudo o que é verdadeiro, digno, justo, santo, amável, atraente, virtuoso ou digno de louvor. O que aprendestes e herdastes, o que ouvistes e observastes em mim, isso praticai. E o Deus da paz será convosco.*

Tudo o que leu, deixou seu coração pacífico e tranquilo. Dali para a frente, não se inquietou mais e o inconformismo não teve abrigo em seu coração. Durante o tempo em que esteve de repouso, leu muito e fez muitas meditações. Aprendeu que a doença era uma oportunidade para a introspeção, ou seja, para uma reflexão sobre o que ocorria no íntimo da pessoa, que por meio da introspecção, pode-se resgatar a autoestima, a aceitação e o autoperdão, que a doença é igualmente uma forma de comunicação, em que o sintoma é um alerta da alma para uma carência essencial. Assim, num certo sentido, a doença abre espaço para o conhecimento de si mesmo. O período de repouso fez-lhe tão bem, que ele pediu autorização médica para voltar ao voluntariado no Centro Espírita.

— Donato, vou ser sincero. Você não poderá mais ter tantas atividades como antigamente — disse o médico. — Entretanto, vou liberá-lo para ir uma vez por semana ao Centro Espírita, a fim de fazer suas costumeiras preleções antes do passe. Nesse mesmo dia, você pode receber o passe. Mas não autorizo nenhuma atividade que demande esforço físico, seja onde for. Estamos combinados?

— Certamente, doutor. Seguirei à risca sua recomendação.

Roberta apoiou as palavras do colega e se prontificou a fazer com que o pai seguisse as orientações recebidas. Desse modo, depois de três meses de repouso, Donato voltou às atividades do Centro Espírita. Escolheu para a primeira preleção exatamente o tema da doença:

— No livro *Nos domínios da mediunidade*[17], o espírito André Luiz explica que assim como o corpo físico pode ingerir alimentos venenosos que lhe intoxicam os tecidos, também o perispírito absorve elementos que o deterioram, com reflexos sobre as células materiais. Com isso, ele quer dizer que adoecemos primeiramente na alma, cujos efeitos se refletem em nosso perispírito e, dele, para o nosso corpo físico. Quando adoecemos espiritualmente por força do ódio, da inveja, do ciúme, da tristeza crônica e de outros sentimentos desagradáveis, o desequilíbrio resultante reflete-se no perispírito, e

---

17. XAVIER, Francisco Cândido. *Nos domínios da mediunidade*. Espírito André Luiz. FEB: Rio de Janeiro (N.A.E.)

dele, no corpo físico. A doença física é, portanto, o efeito da doença espiritual. Quando o nosso corpo adoece, é porque já estávamos emocionalmente doentes há muito tempo. E o que fazemos em geral? Cuidamos do físico e descuidamos da dimensão afetiva, que envolve as emoções e os sentimentos. Se quisermos permanecer saudáveis, nada melhor que obedecer às Leis Divinas, mantendo-nos em harmonia com Deus, com nós mesmos e com os outros. Quem vive permanentemente em harmonia, não adoece, dado que a doença é o reflexo do desequilíbrio, da desarmonia. Contudo, negligenciamos o bem, escorregando muitas vezes e, como tal, atraindo a destrutividade das energias nocivas. É preciso, entretanto, que nos recordemos de que a doença tem o seu lado positivo. Ela age como um aviso moral para que modifiquemos a nossa trajetória na vida, alterando a nossa conduta. Os frutos amargos que engolimos hoje são resultantes das sementes deterioradas que plantamos ontem. Se mudarmos a qualidade das sementes lançadas na alma, modificaremos também o sabor dos frutos do amanhã. Como considera o espírito Emmanuel: "Quem cultiva espinhos, naturalmente alcançará espinheiros. Mas o coração prevenido, que semeia o bem e a luz no solo de si mesmo, espera, feliz, a colheita da glória espiritual". Finalmente, mantenhamos isto na memória: a cura do corpo requer antes a cura da alma. E para alcançarmos a cura da alma, é necessário que recomecemos a trajetória da nossa existência. Recomeçar é retomar um percurso interrompido. Mas, acima de tudo, recomeçar é começar sob novas condições. E todos nós temos essa oportunidade. Chico Xavier diz a mesma coisa, embora de modo diferente. Segundo ele, não podemos mudar o começo que originou a situação que estamos vivendo. Como se diz comumente, ninguém planeja o passado, somente o futuro. Assim, não podemos mudar o que já passou, mas podemos mudar o fim. O que estamos vivendo hoje é colheita do plantio passado. Mas o que plantarmos hoje poderá mudar a colheita no futuro. Portanto, se não temos mais como mudar o início, temos certamente meios de mudar o fim. Se a história da nossa existência caminha para um fim trágico, temos a oportunidade de transformá-la em um final feliz. Jesus nos ensina isso de modo magistral. Onde? Na parábola do Filho Pródigo. Um pai tinha dois filhos, seus herdeiros. Um deles decide receber a sua parte antecipadamente. E o pai lhe dá o que já é seu. Todavia, ele dissipa o dinheiro que recebeu. E aí? Nós sabemos que, tendo-se empregado como guardador de porcos, nem a comida destes lhe era dada. É quando, lembrando-se da misericórdia do pai, ele volta para casa e pede perdão pelo erro cometido. O pai não só o perdoa como o recebe com alegria e, com certeza, o Filho Pródigo agirá de outro modo, vai recomeçar e mudar o fim da história. Conosco acontece a mesma coisa. A compaixão divina não mudou nem mudará jamais. Se temos correções a fazer em nossa vida — e todos nós temos — este é o momento. Exatamente como aconteceu com Lázaro, que, desvencilhado das amarras que o prendiam ao sepulcro, teve oportunidade de uma nova vida, com novas escolhas e realizações. Que se possa dizer de nós o que disse o pai compassivo a respeito do Filho Pródigo: "Ele estava morto e renasceu". De acordo com a mensagem de Emmanuel, se temos correções a fazer em nossa existência, o momento de fazê-las é hoje, o momento é agora. Depende apenas de nós. De cada um de nós. Do recomeço depende a saúde da nossa alma e do nosso corpo físico. Obrigado a todos.

∾

Quando passava pelo corredor, a fim de voltar para casa, Donato ouviu a voz de uma senhora que o chamava. Pedindo para que se sentassem num banco vazio, Donato ouviu atentamente o que a jovem senhora falou:

— Seu Donato, acabei de ouvir sua preleção e gostei muito. Mas gostaria de saber seu parecer quanto ao meu problema. Trata-se de uma situação aflitiva e desoladora que vivi há um ano. Eu tinha um filho de oito anos, chamado Juan Pablo, que eu apelidara carinhosamente de Pablito. Era um menino alegre, ativo e muito bonzinho. E era também muito estudioso. Pois bem, a nossa vida seguia maravilhosamente até que, no início do ano passado, verifiquei que ele estava tendo uma dor de cabeça constante e uma sonolência incomum. Como ele gostava muito de ler histórias infantis, um dia veio até mim e disse que não estava enxergando bem as letras do livro que ganhara da tia. Achei esquisito e o levei a um médico. Este o encaminhou a um oncologista. Recebi uma terrível notícia, o que eu e meu marido mais temíamos: ele estava com câncer no cérebro. E pior: o tumor já estava em estado avançado. Seis meses depois, Pablito faleceu, quase cego. Com ele, se foram também a minha vida e a de meu marido. Não queira saber o sofrimento que se abateu sobre nós. Ficamos os dois num estado depressivo e desesperador. Confesso que me veio a tentação do suicídio. E, para agravar ainda mais a situação, passei a me sentir culpada por não ter notado a tempo o que afligia meu filho. Bem, ainda hoje me sinto muito mal, embora tenha voltado a trabalhar com a mesma dedicação de antes. Sou ortodontista e trabalho com meu marido, que é protético. Devo dizer, entretanto, que, às vezes, dá vontade de largar tudo e desaparecer. Mas como, não é? Temos de enfrentar as situações da vida por mais incompreensíveis que sejam. Todavia, o senhor afirmou que a doença começa no espírito, passa para o perispírito e depois chega ao corpo. Estou certa?

— Sim.

— Mas o senhor também disse que a doença surge de uma desarmonia interior. Se seguíssemos sempre as Leis Divinas, nunca adoeceríamos. O desequilíbrio surge quando infringimos essas leis.

— É verdade, dona...

— Desculpe-me. Não me apresentei. Meu nome é Consuelo, seu Donato.

— Não precisa me chamar de senhor. Sou novinho ainda.

— Então, por favor, não me chame também de senhora.

— Tudo bem, Consuelo. Afinal, você é realmente jovem. Bem, eu, de fato, falei o que você acabou de repetir.

— Se Pablito era criança, como pode ter transgredido a Lei de Deus a ponto de receber um castigo tão tremendo?

— A senhora... digo, você está com tempo para ouvir as explicações?

— Sim, gostaria muito de saber o que tem para dizer.

— Digamos que Deus não castiga ninguém. Pelo menos, não como se entende habitualmente. Ou seja, Ele não está à procura de erros humanos para punir quem os comete. Ele não se compraz em impor o sofrimento em quem ousou desrespeitá-lo. Portanto, a doença e o desencarne de Pablito não foram punições divinas. Lembre-se do que disse o evangelista João: "Deus é amor". Assim, quer a alegria, o prazer e a felicidade de todas as suas criaturas.

— Mas, Donato, então por que meu filho adoeceu? Por que desencarnou? Se isso não foi castigo, foi o quê?

Donato olhou compassivamente para Consuelo. Nesse momento, recordou todo o sofrimento por que ele e Marcela haviam passado durante a doença e após a desencarnação de Giuseppe. Se ele conseguira manter-se mais resignado, Marcela, entretanto, resvalara para o desespero e a descrença em Deus. Era preciso compreender a desolação daquela mãe e procurar minorar seu sofrimento com algumas explicações.

— Consuelo, a desencarnação de uma pessoa não significa um castigo divino, nem para quem parte, nem para quem se despede. Você já ouviu falar em expiação e prova?

— Confesso que conheço pouco a esse respeito.

— Pois bem, em *O Evangelho Segundo o Espiritismo*, Kardec pergunta o que pensar das crianças que morrem em tenra idade e que só conheceram sofrimentos em sua breve existência. Seria Deus injusto com essas crianças e seus pais? Não é o que acontece. A brevidade da vida, aliada ao sofrimento, como foi o caso do seu filho, pode dever-se a uma de duas circunstâncias: expiação ou prova. Expiação consiste nos sofrimentos que são consequências de faltas passadas.

— Mas Pablito viveu tão pouco...

— Digo, faltas cometidas em encarnações passadas. Os sofrimentos devidos a causas anteriores são sempre a consequência dos erros cometidos. Sempre que nos desviamos da Lei Divina, contraímos um débito que tem de ser saldado, mais cedo ou mais tarde. Não se trata, porém, de um castigo. A expiação funciona mais como corrigenda divina do que como castigo. Ela purifica e lava as manchas do passado, ao mesmo tempo em que acelera o adiantamento do espírito. Assim como diz Kardec, depois da expiação, o espírito está reabilitado e pode dar continuidade ao seu aperfeiçoamento moral. A expiação, Consuelo, faz parte do aprendizado espiritual.

— Mas por que precisamos sofrer para aprender? Não poderíamos aprender em meio à alegria, em vez de ser pela dor?

— Esse é o melhor caminho: aprender e crescer pelo amor e não pela dor.

— Mas então...

— Acontece que, em dados momentos, infringimos as Leis Divinas e, como já lhe disse, ao agir assim, criamos dívidas que devem ser resgatadas. E é por meio do resgate que aprendemos. Se nos mantivéssemos sempre nos limites da lei, o nosso aprendizado e crescimento interior seria feito na paz e no amor.

— Quer dizer que Pablito, em outra encarnação contraiu dívida tão séria que teve de sofrer nesta existência, mesmo sendo uma criança pura?

— Eu disse que há expiações e provas. Ainda é Kardec quem afirma que não se deve concluir que todo sofrimento suportado neste mundo seja necessariamente indício de uma determinada falta. Frequentemente, são provas que o espírito escolheu para concluir sua purificação e acelerar seu progresso. Chamamos de *prova* a aquisição de novos conhecimentos em virtude de testes a que é submetido o espírito encarnado. É, portanto, toda e qualquer experiência que nos serve de desafio, de teste. O espírito, antes de reencarnar, pode pedir algum tipo de prova para acelerar seu autodesenvolvimento. É, enfim, a reforma íntima agindo no interior do espírito para promover o seu aperfeiçoamento moral.

— Quer dizer que Pablito pode ter pedido a Deus para passar por essa prova terrível com a finalidade de crescer espiritualmente de modo mais acelerado?

— Sem dúvida, Consuelo. Você o conheceu encarnado num corpo de criança; porém, tratava-se de um espírito que já viveu outras encarnações e, talvez, tivesse condições suficientes para fazer tal pedido aos espíritos superiores antes de reencarnar. Não sei o que você quis dizer com "terrível", mas pode ter sido uma prova que ele se achou à altura para evoluir mais rapidamente.

— Entendi.

— O que quero dizer é que o nosso sofrimento pode originar-se de duas fontes: *expiação,* ou seja, sofrimentos resultantes de infrações cometidas contra as Leis Divinas nesta ou noutras encarnações; ou *prova*, uma situação que nos serve de aprendizado ou testa nossa capacidade. Entretanto, a prova nem sempre traz sofrimentos.

— E como posso saber o que realmente aconteceu com ele?

— Você provavelmente não saberá. Isso porque tal conhecimento não iria ajudá-los em nada. O importante é que, no caso de expiação, ele teve um aprendizado maravilhoso, podendo ter uma reencarnação futura mais elevada. Já no caso de ter sido prova, ele a superou e avançou em seu progresso espiritual. Concluindo: em qualquer das hipóteses, ele foi beneficiado.

— Não é fácil aceitar, mas, pelo menos, você me abriu a mente para poder entender o que ocorreu. Já não estou pensando mais em castigo divino contra mim e meu marido nem contra meu filho. Só mais uma coisa, se eu e meu marido estamos sofrendo, tal sofrimento também pode ser expiação ou prova, não é mesmo?

— É possível, sim.

— E o que devemos fazer para melhorar a situação e sair resgatado, se for expiação, ou vencedor, se prova?

— Aceite tudo com resignação. A partir dos esclarecimentos recebidos, deixe de se desesperar, pois isso apenas complica o que já é difícil de suportar. As lamentações, Consuelo, são vibrações enviadas ao ente querido por quem chora desesperadamente. E a qualidade de tais vibrações é extremamente negativa, destrutiva. O espírito é sensível à lembrança e às lamentações daqueles que amou, mas uma dor incessante e desarrazoada o afeta penosamente, porque ele vê nesse excesso uma falta de fé no futuro e de confiança em Deus, e, por conseguinte, um obstáculo ao progresso e talvez ao próprio reencontro com os que deixou. Assim dizem os espíritos superiores em *O Livro dos Espíritos*, psicografado por Allan Kardec, que assinala que estando o espírito desencarnado mais feliz no plano espiritual do que na Terra, lamentar que ele tenha deixado a vida corpórea é impedir sua felicidade.

— Nunca pensei nisso.

— Ele faz uma comparação ao dizer para imaginarmos dois amigos que se achem presos na mesma cela. Ambos devem ganhar a liberdade, mas um deles vai obtê-la primeiro. Seria caridoso que aquele que continua preso se entristecesse por ter o seu amigo se libertado antes? Não haveria, de sua parte, mais egoísmo do que afeição em querer que o outro partilhasse do seu cativeiro e de seus sofrimentos? O mesmo acontece entre dois seres que se amam na Terra. O que parte antes é o primeiro que se liberta e devemos felicitá-lo por isso, aguardando com paciência o momento em que também seremos libertados.

Consuelo ficou em silêncio. Jamais havia pensado dessa forma na desencarnação do filho. Donato estava lhe dizendo que ela e o marido poderiam voltar a sorrir, a ter vida, enfim, retomar tudo o que ficara paralisado até aquele momento.

— Você me pergunta o que fazer daqui para a frente. Volte à normalidade da vida, tendo certeza de que seu filho está muito melhor onde se encontra. Ore muito por ele, mas com muito amor e carinho e não com descrença e desespero.

— Donato, você não sabe quanto me ajudou com suas palavras consoladoras.

Consuelo apertou a mão de Donato e, com emoção, agradeceu-lhe mais uma vez. Quando se virava para retirar-se, ouviu uma revelação que jamais esperaria:

— Consuelo, eu também tive um filho, mais ou menos da idade do seu, e que desencarnou depois de ter contraído câncer.

Após ouvir isso e trocar mais algumas palavras com Donato, Consuelo saiu realmente reconfortada e surpresa. Se aquele senhor passara pela mesma situação que ela e seu marido e hoje dizia palavras tão encorajadoras, era porque estava convicto de tudo o que lhe dissera. Foi com alívio que ela deixou a Casa Espírita.

# 22

# Palavras de paz

Donato estava feliz por poder voltar ao trabalho no Centro Espírita. Costumava escolher com antecedência o tema que iria tratar e deixava para a inspiração as palavras que iria proferir no momento adequado. Mesmo católica, Marcela algumas vezes o acompanhava e ouvia atentamente a palestra que ele proferia para o público à espera do passe. E, algumas semanas depois da conversa que ele tivera com a jovem senhora Consuelo, Marcela resolveu acompanhá-lo, a fim de ouvir o que ele iria dizer. O tema escolhido foi "Paz do Mundo e Paz do Cristo". Gostou quando Donato falou: *"Deixo-vos a paz, dou-vos a minha paz; não a dou como o mundo a dá. Não se perturbe nem se intimide vosso coração"*. Em seguida, leu um trecho do livro que tinha em mãos:

— Diz-nos o espírito Emmanuel no livro Vinha de luz[18]: "É indispensável não confundir a paz do mundo com a paz do Cristo. A calma do plano inferior pode não passar de estacionamento. A serenidade das esferas mais altas significa trabalho divino, a caminho da luz imortal. O mundo consegue proporcionar muitos acordos e arranjos nesse terreno, mas somente o Senhor pode outorgar ao espírito a paz verdadeira.

Colocando o livro sobre a mesa, Donato olhou para o público e comentou:

— A paz de que Jesus nos fala não é aquela que vem de fora para dentro, porque essa é a paz ilusória do mundo. A paz referida pelo Mestre é a que nasce do nosso interior. É a que se expressa pela Centelha Divina e resplandece em nosso íntimo. É a que se origina em nosso Eu Real. Temos o potencial para nos tornarmos perfeitos. Não fosse assim, Jesus não teria dito: "Sede perfeitos". Contudo, para alcançar essa perfeição, precisamos cultivar a verdadeira paz, que as traças não roem e os ladrões não roubam, porque se constrói dentro de cada um de nós. É dessa paz que nasce a felicidade. Diz um pregador indiano que a paz é o perfume de Deus. Isso significa que, ao deixarmos que o nosso Deus interior se expresse por meio de nós, sentimos esse perfume e nos inebriamos. Isso, meus amigos, não é poesia, não é devaneio. É a pura verdade. E quando é que permitimos que Deus se expresse por meio de nós? Quando cumprimos seus mandamentos, tão bem sintetizados por Jesus: "Amar a Deus sobre todas as coisas e ao próximo como a nós mesmos". Se permanecermos agindo de acordo com a Lei Divina, passamos a ter a consciência tranquila e Deus se expressa em nós. E quando Deus se expressa em nós e por meio de nós, sentimos o perfume da paz. Da verdadeira paz, não daquela que o mundo nos dá.

---

18. XAVIER, Francisco Cândido. *Vinha de luz*. Espírito Emmanuel. FEB: Rio de Janeiro (N.A.E.)

Marcela reverenciou o marido por sua inteligência e pela cultura religiosa que adquirira por meio da leitura constante e exaustiva, realizada diariamente. Contudo, quando ouvia as palavras que ele dirigia àquelas pessoas que se preparavam para tomar o passe, o que mais ressaltava em sua pessoa, postada à frente dos atendidos pela Casa Espírita, era a aura de intenso amor ao próximo. Ele queria doar-se mais, via-se, no entanto, amarrado pelas recomendações médicas, que procurava seguir obedientemente. Marcela sabia disso, de modo que, ao vê-lo compenetrado em sua preleção, ficou emocionada, enxugando disfarçadamente uma lágrima. Nesse momento, Donato encerrou, dizendo:

— Busca a paz do Senhor, paz que excede o entendimento, por ser nascida e cultivada dentro do espírito, no campo da consciência e no santuário do coração. Essa, meus amigos, é a orientação firme e segura do espírito Emmanuel. A paz do Cristo nasce no coração de cada um de nós. E tem o seu berço na tranquilidade da consciência e na serenidade da alma que segue o Caminho do Senhor.

Concentrado, ele esperou que os últimos assistidos que iriam tomar o passe deixassem o salão e, em seguida, levantou-se e foi ao encontro da esposa.

— Gostei muito do que disse. A mensagem é a mesma dos padres.

— Jesus é um só, Marcela. Nós é que nos entrincheiramos em fileiras que se combatem entre si. E o pior de tudo é que cada lado diz estar seguindo a Cristo. Cada lado se afirma cristão. Entretanto, o "amai-vos uns aos outros" fica totalmente desprezado em favor do egoísmo e do orgulho que preenchem o coração daqueles que dizem ser seguidores fiéis dos ensinamentos evangélicos. Chegará, porém, o dia em que as trincheiras já não farão sentido e, aí sim, o abraço fraterno substituirá as armas destrutivas da maledicência e do rancor.

— Concordo plenamente com suas palavras. Aliás, se não concordasse, não estaria aqui.

— Eu sei. E é também por esse motivo que muito me orgulho de você.

Enquanto dialogavam, Consuelo aproximou-se, pediu licença e, depois de ser apresentada a Marcela, disse com alegria:

— Acabo de chegar da entrevista. Na próxima sexta-feira pedirei uma mensagem ao meu Pablito. Quero mais uma vez agradecer-lhe por toda orientação que me forneceu. Meu marido também estará aqui. Melhoramos muito depois que ouvi seus conselhos. Muito obrigada.

— Apenas quero dizer que nem sempre é possível a um espírito vir passar uma mensagem. Pode ser necessário mais algum tempo. Portanto, não fique triste nem decepcionada se ela não lhe for passada. Permaneça insistindo e, algum dia, ela virá. Continue fazendo preces por seu filho. Vai fazer-lhe muito bem.

Mais algumas palavras foram ditas e a jovem senhora despediu-se.

— Espero que ela possa receber a mensagem. Esse casal precisa muito de uma consolação. Nós sabemos muito bem o teor do sofrimento num caso desse.

— É verdade. Também espero que sejam consolados.

∞

Na sexta-feira, como de hábito, o salão da Casa Espírita estava lotado. Depois das vibrações, preleções e orações costumeiras, abriu-se espaço para a psicofonia e, ao se encerrarem os trabalhos, começaram a ser anunciadas as mensagens psicografadas.

— Mensagem do espírito Lourdes para Valdete; mensagem do espírito Ana Lúcia para Roberto; mensagem do espírito Francisco para Maria Laura...

Consuelo e Alonso estavam apreensivos. A relação de mensagens começava a esgotar-se e eles não haviam recebido nenhuma.

Quando já se preparavam para levantar-se, foi dito de modo muito claro:

— Mensagem de Pablito para Consuelo.

O coração começou a bater muito forte. Consuelo foi pressurosa receber a folha dobrada que o trabalhador da casa lhe ofereceu. Ao voltar, sentou-se ao lado do esposo, desdobrou a folha e leu, emocionada:

*Mamãe,*
*Um grande beijo. Estou com muitas saudades de você e do papai. Mas fiquem tranquilos, porque já não estou mais doente. Até parece que nunca adoeci. Sou muito bem tratado aqui e estou numa escolinha, ao lado de outras crianças com quem estudo e brinco.*
*Às vezes, bate uma forte saudade, mas minha professora diz para eu fazer uma oração para você e para o papai. Quando eu termino a oração, já estou muito melhor e consigo estudar ou brincar com os outros. Ela me disse também que um dia poderemos nos encontrar novamente e aí eu estarei tão saudável como hoje.*
*Não chorem mais. Agora vocês sabem que estou bem. Chorar demais me faz mal, porque eu também fico triste. Gosto quando vocês fazem uma oração para mim. Aí sim, é legal.*
*Mais uma vez, um grande beijo e todo o meu amor.*
*Pablito.*
*Ah! Minha professora está passando esta mensagem em meu nome. Conversamos muito antes, para que ela dissesse exatamente o que estou sentindo. Ela também manda um beijão para vocês.*

Consuelo não sabia o que dizer. O coração estava disparado e as lágrimas ainda escorriam pelos olhos. Alonso limpava o rosto com um lenço. Depois de algum tempo, levantaram-se e se dirigiram silenciosos para a saída. No corredor, mais calma, Consuelo afirmou:

— Tive uma sensação tão boa enquanto lia a mensagem! Pareceu-me sentir a presença de Pablito.

— Eu também, Consuelo. Eu também. Agora, sinto-me muito melhor que antes. Penso que, a partir de hoje, nossa vida mudará radicalmente.

De fato, a vida do casal tomou novo rumo. A tristeza pela ausência física do filho continuou, mas já não era desesperança e desespero. Se dava vontade chorar, como às vezes acontecia, o choro brotava apenas com a vibração da saudade e logo depois vinha a prece em benefício de Pablito. O amor à vida também voltou. Alonso e Consuelo passaram a frequentar a Casa Espírita, abraçando o espiritismo, após a leitura de O Livro dos Espíritos.

Depois de seis meses, o casal recebeu nova mensagem do filho:

*Meus queridos pais,*
*Tudo bem? Quanto a mim, melhorei ainda mais, desde a última mensagem. Meus estudos continuam, assim como os jogos e as brincadeiras. Aqui é tudo bom. Não posso me queixar de nada. Minha professora Arlete continua passando a mensagem em meu nome, depois de conversarmos antes. Mas eu estou aqui, bem pertinho de vocês.*
*Fiquei feliz que vocês pararam de chorar e fizeram mais orações para mim. Eu também sempre oro por vocês. A saudade ainda existe, mas sei que no futuro voltaremos a nos encontrar, por essa razão fico muito tranquilo e procuro aproveitar a minha estada aqui.*
*Um abraço bem apertado e um grande beijo.*
*A professora Arlete gosta muito de vocês e manda um beijo.*
*Pablito.*

Após a leitura, Consuelo comentou com o marido:

— Como da outra vez, senti a presença do Pablito.

— Eu também, Consuelo.

— Como nosso filho está lindinho. As palavras são da professora, mas as ideias são dele.

— Você sabe que ele foi sempre muito inteligente. Agora, a tendência é ampliar ainda mais a sua inteligência. O seu aprendizado prossegue e ele continua nos amando.

— Esse é o meu grande consolo. Pablito está feliz e nos ama. Lembra-se quando, à noite, ele se sentava entre nós no sofá e encostava a cabecinha ora num, ora noutro, até adormecer?

— Não posso me esquecer desses momentos de muito amor e carinho.

Se a primeira mensagem levantou o ânimo do casal e contribuiu para a sua mudança de vida, a segunda solidificou a crença na vida após a morte, na comunicação com o mundo espiritual, enfim, nos princípios básicos da Doutrina Espírita. Consuelo e Alonso tornaram-se mais convictos da fé abraçada e procuraram ajudar outras pessoas que tinham passado por situações semelhantes à que eles haviam vivido tempos atrás. Fazendo uso do título de um livro que viu na livraria do Centro Espírita, Consuelo disse para Alonso:

— Penso que a partir do que nos vem acontecendo, devemos ser verdadeiros "Missionários da Luz" para as pessoas que passam pelo mesmo sofrimento que já sentimos.

∞

Num dos dias de preleção, Donato andava pelo corredor quando se encontrou com Alonso, que comprava um livro na livraria.

— Boa noite, Alonso. Tudo bem?

— Que bom vê-lo, Donato. Tudo bem. Noto que está ótimo.

— Certamente. Procuro levar uma vida normal, apesar de todas as restrições médicas. E a Consuelo, não veio hoje?

— Veio sim, mas teve de sair mais cedo, pois estamos aguardando visita em casa. Fizemos a inscrição no curso Aprendizes do Evangelho.

— Que bela notícia! Vocês vão gostar, tenho certeza.

— Precisamos conhecer melhor o Evangelho. Estávamos muito afastados de toda religiosidade. Esse foi o maior motivo de nos termos desesperado quando Pablito partiu para o mundo espiritual. Agora, mais equilibrados, chegou o momento de colocarmos mãos à obra e procurarmos mudar para melhor.

— Fico feliz por vocês. A escolha foi perfeita.

Donato afeiçoara-se àquele casal que passara pelos mesmos momentos difíceis que ele e Marcela. Notando a diferença no semblante de Alonso, voltou muito satisfeito para casa, contando à esposa o que conversara com o amigo. As palavras que ele havia dito ao casal, durante vários encontros, haviam surtido efeito. Foi nesse estado de espírito que ele foi para a cama e abriu um livro que denotava exatamente o que lhe ia no íntimo: *Calma*[19]. O título da lição em que abriu a obra dizia: "Ampara Hoje". Foi com alegria que começou a ler:

*Se podes compreender as dificuldades da alma, ampara a todos aqueles que a Divina Sabedoria te situou nas áreas de ação, quando te pareçam em desequilíbrio.*

"Foi o que Marcela e eu fizemos em relação a Consuelo e Alonso", pensou, continuando a leitura e dando muita atenção no seguinte trecho:

---

19. XAVIER, Francisco Cândido. *Calma*. Espírito Emmanuel. GEEM: São Bernardo do Campo/SP (N.A.E.)

*Se te manténs de pé, nos princípios de elevação que norteiam a vida, compadece-te dos que se viram envoltos no turbilhão de inesperados desafios.*

"O espírito Emmanuel nos dá uma bela lição de solidariedade moral neste capítulo. É preciso, de fato, que não nos fechemos em nosso próprio ego, deixando de servir àqueles que mais precisam de nossas mãos para sair das águas do sofrimento e da amargura. Preciso prestar ainda mais atenção àqueles que me cercam, seja em casa ou fora dela. É preciso estender a mão a quem pede ajuda, tanto por meio das palavras como por meio da linguagem muda dos gestos e feições!". Donato meditava sobre cada pequena parte que lia do capítulo. E continuou:

*Não te descuides do leme na embarcação que te seja própria e ajuda sempre aos que te compartilham a rota.*

"Quando tive de mastigar o amargo fruto da ausência de Giuseppe", pensou, "tive mãos amigas que me ampararam. Agora é o momento de retribuir. E há tantos braços pedindo ajuda. É só observar bem. Hoje, com segurança e tranquilidade, posso dizer a quem sofre palavras de apoio, amparo e paz. E é isso que me cabe até que Deus me chame para outros aprendizados." E sussurrou, antes que caísse em sono profundo: "Palavras de paz"...

# 23

# Mantendo a serenidade

Depois de vários meses após o infarto, Donato estava melhor, apesar das restrições que continuavam. Roberta o acompanhava de perto, estando sempre atenta à sua saúde. Quanto a Marcela, também monitorada pela filha, continuava saudável, tendo voltado plenamente às atividades assistenciais que comandava.

Num dos dias em que fazia alguns cálculos na oficina de costura e bordado, foi procurada por uma senhora bastante desesperada:

— Você é Marcela? Desculpe por invadir a sua empresa, mas preciso muito abrir-lhe o meu coração. Você tem algum tempo para me ouvir?

— Claro. Deixe-me fechar a porta.

Estando as duas acomodadas na sala de Marcela, a senhora começou a falar:

— Meu nome é Amália e, de vez em quando, vou tomar passe num Centro Espírita, mas não sou frequentadora assídua. Sei que você é católica, mas sei também que conseguiu reverter a situação de um câncer que a acometeu tempos atrás. Portanto, independentemente da religião, gostaria que você pudesse me dizer algumas palavras de consolo, pois há uma semana tive a terrível notícia de que estou com câncer de mama. Quando o médico fez o diagnóstico, eu caí em um buraco que se abriu sob meus pés. Eu não esperava por isso. Sou viúva, de modo que quase ninguém mais conhece esse diagnóstico. Nem meu filho Abel, que é casado e mora em Osasco. O médico orientou-me a fazer imediatamente a tumorectomia, que é a retirada do tumor. Mas fiquei tão desorientada que voltei aos prantos para casa. Quem me viu deve ter pensado que eu estava enlouquecida. Fechei-me no quarto e somente saí dali no dia seguinte. Mas não tive coragem de voltar ao médico nem de contar a meu filho e à minha nora. Caí em profunda depressão e tive séria vontade de dar um fim à minha vida. Entretanto, não sei muito bem como nem por que, resolvi sair um pouco e me encontrei com uma amiga a quem acabei contando tudo. Ela me ouviu pacientemente, como você está fazendo agora, e falou-me a seu respeito, dando-me seu endereço. Vim até aqui para obter algumas informações de quem já passou por algo semelhante e conseguiu voltar à vida. Você pode me ajudar, Marcela?

Marcela a ouviu atentamente e identificou os sentimentos que lhe iam na alma. Foi assim que, após o silêncio da senhora, ela começou a falar, colocando emoção em suas palavras:

— Acho que sei como você está se sentindo. Quando passei por situação bem próxima à sua, também entrei em depressão e cheguei até a duvidar da compaixão divina. Isso porque meu filhinho, na infância, faleceu com essa doença.

— Seu filho faleceu de câncer?

— Sim, o diagnóstico foi tardio. Quando recebi a notícia de que estava com câncer na tireoide, lembrei-me de tudo o que acontecera com ele e o desânimo abateu-se sobre mim. Como aconteceu com você, a terra desapareceu e fiquei completamente perdida. Desliguei-me totalmente de Deus. Há uma passagem no Evangelho, em que Jesus diz: "Ninguém acende uma candeia para colocá-la debaixo do alqueire; põe-na sobre o candeeiro, a fim de que ilumine a todos os que estão na casa". Pois eu fiz o contrário: coloquei um caixote sobre a candeia e me vi em meio às trevas, que tomaram conta da minha alma.

— É como me encontro.

— Felizmente, porém, essa loucura teve curta duração. Recebi orientações, inclusive de espíritas, e voltei a fazer orações, religando-me a Deus, de quem me afastara por descrença.

— Essa foi a maneira como você reencontrou a vida e a saúde?

— Exatamente, mas não deixei de receber a ajuda médica; afinal, minha filha é oncologista. Fiz a tireoidectomia, passei por todo o tratamento médico e aguardei a volta da saúde; dessa vez, confiando em Deus, a quem pedi perdão pela falta de fé demonstrada. Nesse aspecto, se você quiser ouvir o meu conselho, não ponha de lado o tratamento médico. Se Deus faz a sua parte, nós, sem dúvida, devemos fazer a nossa.

— Estou entendendo.

— Quanto à oração, não podemos entendê-la senão como o meio mais precioso que temos de nos comunicar com Deus, nosso Pai. Ouvi, há pouco tempo, alguém dizer que a oração é mais que um gesto devocional. Ela expressa essencialmente a comunicação viva entre Deus, o Criador, e os seres humanos, suas criaturas. Na oração, Deus ouve pacientemente o conteúdo da nossa mensagem, e nós ouvimos no silêncio da nossa alma a resposta que Ele nos oferece. Entretanto, sou católica, Amália. E, sendo você espírita, creio que deveria ouvir o que meu marido tem a dizer sobre a prece, de acordo com os princípios da Doutrina Espírita. Ele chegará daqui a alguns minutos. Por favor, espere e troque ideias com ele. Tenho certeza de que vai lhe fazer bem.

Amália aceitou a sugestão e, enquanto aguardava, aproveitou para conhecer os trabalhos realizados na oficina de costura e bordado. Não demorou muito e Donato surgiu sorridente, cumprimentando a visitante. Logo, o assunto tomou o rumo que Amália desejava: a oração. Disse-lhe Donato, com muita tranquilidade e interesse:

— Amália, o tema da oração é de fundamental importância para todas as religiões. É verdade que a maneira de orar pode ser diferente em alguns aspectos, de acordo com os princípios de cada uma delas. Entretanto, em todas, a oração simboliza o contato primordial entre o Criador e as criaturas. Se há mais de um tipo de oração, sei que hoje você está fixada numa modalidade específica, que é a oração petitória, aquela em que fazemos um pedido a Deus. Saiba, em primeiro lugar, que Deus já nos cumulou de todos os bens, inclusive a saúde. Se nós a perdemos é por nossa própria responsabilidade, quando nos afastamos da Lei Divina, quando entramos mentalmente em desarmonia, nesta ou noutras encarnações. A doença tem o seu início no desequilíbrio da alma. Como já se disse, as doenças físicas são o registro das enfermidades espirituais. Entre a alma e o corpo físico existe o perispírito, que é o invólucro semimaterial da alma e faz a intermediação entre esta e o corpo físico. Costuma-se dizer que o perispírito é o envoltório sutil e perene da alma, que possibilita sua interação com os meios espiritual e físico. Quando a alma se desarmoniza, reflete isso no perispírito. O nosso corpo físico é uma cópia do perispírito, também chamado de corpo espiritual. Assim, com o passar do tempo, a desarmonia registrada no perispírito é repassada para o corpo físico na forma de doença. Desse modo, a doença física que hoje temos é reflexo da desarmonia da nossa alma em algum momento de nossa vida.

— Entendi. E o que podemos fazer para reverter a situação?

— Estávamos falando da oração, não é mesmo? Por meio dela nos ligamos a Deus. Restabelecemos a comunicação que estava interrompida, dado o desequilíbrio. E se Deus já nos deu tudo de que necessitamos, precisamos em primeiro lugar confiar em sua Divina Providência. Se quisermos sarar de uma doença, é preciso que não nos fixemos nela, e sim na saúde que estamos procurando. É necessário crer que já estamos saudáveis. Nosso pensamento, nossa emoção, nosso sentimento têm de estar alinhados na crença de nosso corpo saudável. Precisamos sentir dentro de nós que já conseguimos o que desejamos. Como ouvi outro dia: "Em cada momento da nossa vida estamos fazendo escolhas que afirmam ou negam a vida que já existe em nosso corpo". E onde há vida não há morte, onde há saúde não há doença. Você acha que Deus nos quer doentes e infelizes?

— Claro que não.

— E Ele tem o poder de nos dar a saúde?

— Sim, com toda certeza.

— Então, lembre-se de que só existe um poder: o poder de Deus. Não existe o poder do mal, pois este é a ausência de bem. Quando você crê no poder da doença, impede a cura. Ao contrário, quando crê, de fato, que existe um único poder — o poder de Deus —, aí sim, a cura encontra caminho aberto para o processamento. Pense comigo: se Deus quer a sua saúde e se existe apenas o poder de Deus, você já está saudável. Não é verdade?

— O raciocínio é plenamente correto, Donato.

— Então, quando você fizer orações, creia que a saúde já existe em seu corpo, imagine-se saudável, vivendo normalmente. E, acima de tudo, sinta a plenitude da vida atuando em seu ser. Comece as orações agradecendo a Deus pela saúde do seu corpo. Louve a Deus, que lhe concedeu o dom da vida e agradeça-Lhe pelas inúmeras oportunidades do dia que você está vivendo. Deus nos quer vivos, saudáveis, prósperos e felizes. Mas é preciso que confiemos realmente que só existe um poder: o Poder Divino.

— Farei isso.

— Quero dizer-lhe que quanto mais você puder tranquilizar-se na certeza de que Deus é onipotência, onipresença e onisciência, maior será a capacidade de obter a cura, porque você terá abandonado a crença em dois poderes, restabelecendo a harmonia interior, que fora quebrada pela convicção na força da doença.

— Estou gravando na memória tudo o que estou ouvindo para aplicar em minha vida.

— Tudo o que lhe dissemos não dispensa os passes que você vem tomando nem o cumprimento das determinações médicas. Afinal, esses poderão ser os canais escolhidos por Deus para a efetivação da cura.

Amália ouviu mais algumas palavras de Donato e agradeceu a ajuda fornecida pelo casal. Estava para sair, quando perguntou:

— Marcela, você disse que sua filha é oncologista?

— Sim. E ela tem me ajudado muito.

— Bem, nesse caso eu gostaria de marcar uma consulta com ela.

Amália saiu dali com novas energias. O desânimo e o abatimento já não se estampavam em seu rosto. Conseguiu marcar consulta para a tarde seguinte. Marcela ligou para Roberta e passou-lhe todos os dados que ouvira de Amália, a fim de que a filha tivesse um quadro inicial da pessoa que iria procurá-la logo mais.

∞

Quando Amália entrou no consultório, foi recebida com um largo sorriso de Roberta, que a cumprimentou como se fosse uma velha amiga. Em seguida, teve início a anamnese médica. Roberta ouviu a paciente, analisou os resultados dos exames e também concluiu pela necessidade da tumorectomia, acrescida da remoção dos gânglios linfáticos das axilas.

— Precisamos fazer tudo isso com urgência, a fim de que não haja propagação da doença para outras partes do organismo. Esteja, porém, tranquila. O estágio do câncer ainda é inicial, de modo que o prognóstico de breve recuperação é bastante animador.

Amália ficou mais tranquila e concordou em se submeter à cirurgia dali a dois dias. Enquanto aguardava a data aprazada, ela fez muitas orações em que, seguindo os conselhos de Donato e Marcela, tirava as palavras do fundo do coração, colocando emoção em tudo o que dizia. Caiu-lhe também às mãos um livro em que o autor dizia que a nossa atitude durante a oração deve pautar-se pela aceitação da onipotência, onisciência e onipresença de Deus. É importante — dizia o autor — que, ao orar, penetremos em nosso silêncio interior para que possamos ouvir a voz de Deus. Afinal, como disse Jesus, o reino de Deus está dentro de cada um de nós. Por meio do nosso silêncio, permitimos que se manifeste o Poder Divino, de modo que o Seu reino se torne a nossa experiência. Ela agiu desse modo e sentiu uma paz inigualável penetrar em sua alma. Era como se Deus lhe tivesse dito: "Serena o teu ânimo. A saúde se expressa e permanece em ti". Foi assim que ela interpretou a sensação inusitada que teve naquele momento. Isso aconteceu pouco antes de conciliar o sono da noite que antecedeu a cirurgia. Quando chegou ao hospital, acompanhada pelo filho e pela nora, conheceu a equipe que faria a cirurgia. Recebeu de todos palavras de ânimo, porém, ela já estava tranquila, pensando nas palavras de Jesus: "Deixo-vos a paz, a minha paz vos dou; não vo-la dou como o mundo a dá. Que vosso coração não se intimide nem se perturbe". Foi com tal pensamento que adormeceu e não teve consciência de mais nada.

Ao acordar, no quarto do hospital, Amália viu o filho conversando em voz baixa com Roberta, que, ao notar que a paciente acordara, apressou-se em dizer, sorridente:

— Oi, Amália, parabéns! A cirurgia foi um sucesso.
— Obrigada, doutora. Eu já esperava por isso.
— Agora, você terá de seguir todas as orientações médicas.
— Será necessária a quimioterapia?
— Sim. É importante que seja feita. Devemos eliminar todas as possibilidades de manifestação da doença após a cirurgia.
— Pois que venha a quimioterapia — disse Amália, sorrindo.

À noite, Marcela e Donato fizeram uma visita à nova amiga, levando de presente um livro de reflexões espiritualistas. Amália ficou muito contente e pôde conversar bastante com os visitantes. A uma pergunta de Amália sobre o restabelecimento de quem pudesse estar doente, Donato respondeu:

— Quando adoecemos, tendemos a nos tornar muito egoístas, pensando apenas em nós mesmos e nos esquecendo de todos os que nos rodeiam. Se isso não é bom, pior ainda é nos curarmos, voltar à vida e descuidar daqueles que precisam de nós. Para a manutenção da saúde, é necessário que deixemos a casca do ovo em que estávamos encerrados, para nos abrirmos ao mundo e nos aproximarmos dos nossos irmãos, estendendo-lhes as mãos. Primeiramente, Amália, se alguém quiser curar-se, tem de pensar na saúde e não na enfermidade. A cura depende em grande parte do modo como se observa a vida. Quando pensamos em nossa existência como um mar de grandes possibilidades, inundamo-nos de fé e alegria, de modo que abrimos caminho para o bem entrar em nossa vida e, com ele, a saúde. Se quisermos saúde, é preciso que não vejamos a doença como símbolo da morte, lembrando-nos de que, para Deus, não existe doença incurável. A doença atua como um comunicado que recebemos da Vida, exigindo reflexão sobre a nossa existência e um plano de melhoria dos nossos hábitos para o futuro. Quando obtemos a cura, a fim de sustentá-la, é preciso que mudemos de conduta, abrindo-nos para o mundo, para os nossos semelhantes.

É fundamental que ponhamos uma dose de amor em tudo o que fizermos, acrescentando uma pitada de alegria e uma boa porção de serenidade.

A conversa prosseguiu com um tom de fraternidade. Amália sentia-se muito bem, pedindo sempre uma palavra explicativa sobre dúvidas que a assaltavam e recebendo uma resposta carinhosa, tanto de Marcela quanto de Donato. Já quase no fim do horário de visitas, Marcela tomou nas mãos o Novo Testamento e abriu-o aleatoriamente, como fazia Ruth quando ela trabalhava na casa dela. Nesse momento, Marcela se emocionou, recordando-se de Bruna e Zeca, seus vizinhos. Todos já haviam partido para a pátria espiritual. Agora, como se fosse a antiga patroa, ela, tendo aberto o livro, disse, olhando ternamente para Amália:

— Parábola da Ovelha Perdida.

Fez uma pausa, e começou a ler com vagar:

*Aproximava-se de Jesus toda espécie de publicanos e pecadores para ouvi-lo. Murmuravam disso os fariseus e escribas, dizendo: "Este homem acolhe os pecadores e come com eles".*
*Ao que Jesus lhes propôs a seguinte parábola: "Que homem dentre vós, tendo cem ovelhas, e perdendo uma delas, não deixa no deserto as noventa e nove e vai atrás da perdida, até que venha a achá-la? E, tendo-a encontrado, põe-na aos ombros, cheio de alegria; e, de volta à casa, reúne os amigos e vizinhos, dizendo-lhes: "Alegrai-vos comigo, porque achei a minha ovelha que se perdera".*
*Digo-vos que assim haverá alegria no céu por um pecador que se arrepende, mais do que por noventa e nove justos que não necessitam de arrependimento.*

Quando terminou de ler, Marcela e Donato puderam notar que os olhos de Amália estavam marejados de lágrimas. Em respeito, silenciaram por algum tempo; depois, Marcela retomou a palavra, falando pausadamente:

— Creio que todos nós somos como ovelhas desgarradas, Amália. Em algum momento do nosso itinerário, desviamo-nos do caminho e acabamos por nos perder. Todavia, Deus, por meio de Jesus, anda à nossa procura até que nos arrependamos, permitindo que Ele nos carregue em seus ombros, trazendo-nos de volta à vida.

Chorando baixinho, Amália completou:

— Eu que o diga. Assim que soube do diagnóstico da minha doença, afastei-me imediatamente de Deus, como se Ele não existisse. Foram vocês que me ajudaram a voltar ao rebanho do Senhor. Hoje, estou arrependida da minha conduta e agradecida a Deus por ter-me tomado em seus ombros, continuando a velar por mim. Quero, daqui para a frente, retomar o equilíbrio perdido, a harmonia desfeita, e viver de acordo com os ensinamentos de Jesus. Sei que você é católica e eu, espírita. Mas, acima de tudo, que Deus é único e quando nos colocamos sob o Seu manto, somos todos irmãos.

— É assim que se fala — exclamou Donato.

— Nós também nos propusemos a fazer a mesma coisa — disse Marcela, olhando suavemente para Donato, que concordou com um movimento de cabeça.

— Agora, Amália — concluiu Marcela, rindo —, muita alegria, porque, ao encontrar a ovelha perdida, o pastor ficou cheio de júbilo, não é mesmo?

— É isso aí. Muita alegria em nosso coração. Muito júbilo em nossa alma.

A volta para casa foi também muito alegre. Marcela dizia que, assim como ela, também Amália havia reencontrado a saúde e poderia, a partir dali, pensar nos irmãos que necessitam de ajuda.

— Ela ouviu atentamente nossas palavras, Donato.

— E creio que vai pôr em prática muito do que ouviu. Você tem razão, ela conseguiu reencontrar a saúde.

∞

Os dias passaram muito rapidamente. Roberta estava satisfeita com os resultados do tratamento de Amália, que reagia muito bem. Após deixar o hospital, ficou ainda por um tempo em repouso e depois retomou às atividades do dia a dia, acompanhada de perto pela oncologista. Ela procurava colocar em prática tudo o que ouvira do casal amigo. Uma das técnicas adotadas foi a que Donato chamava de "psicoterapia da gratidão".

— Para você se beneficiar da "psicoterapia da gratidão", em primeiro lugar, elabore uma relação de tudo pelo que você deve agradecer. Quando fazemos isso, nossa energia transforma-se e nosso modo habitual de pensar passa por uma mutação. Sempre para melhor. Com o tempo, começamos a agradecer inclusive pelo que nos desagrada. Isso porque acreditamos que tudo o que nos acontece é uma resposta divina aos nossos comportamentos. Mudando-os, transformamos nossa vida. Quem me falou a esse respeito foi Samuel, meu genro. Enfim, é preciso que agradeçamos por tudo o que nos acontece, se quisermos que aconteçam coisas boas em nossa vida.

Amália aplicou as palavras de Donato em seu cotidiano, que foram fortalecidas quando leu a afirmação do espírito André Luiz: "Agradecer a Deus os benefícios e valorizar os recursos do próprio corpo", acrescido do pensamento do espírito Emmanuel: "Vencerás hoje e sempre, entregando-te a Deus".

Toda manhã, ao acordar, ela começava o dia louvando a Deus e Lhe agradecendo pela vida que inundava seu corpo. Agradecia pelas células restauradas e pelo corpo agora saudável. Agradecia também pela doença, que lhe trouxera a mensagem da mudança, pois foi por meio dela que conseguira mudar sua conduta para melhor. E continuava os agradecimentos a todos os órgãos e sistemas do seu corpo, a seus pais, que lhe permitiram o reingresso na vida terrena, a seu marido, que estava no mundo espiritual, aos amigos que conseguira; enfim, a lista era desfiada com um sentimento genuíno de gratidão. Quando terminava, sentia-se bem energizada para o dia que se iniciava.

Assim como acontecia com Marcela, também aprendeu a importância da serenidade e o valor inestimável da paz. Por tudo isso, sempre dizia que Jesus havia lhe dado a paz que o mundo não podia dar...

# 24

# Oração e trabalho

Donato continuou indo uma vez por semana ao Centro Espírita. No seu entender, porém, isso era pouco. Ele queria ir duas ou três vezes, doando mais de si para amenizar o sofrimento das muitas pessoas que acorriam àquela casa pela via do sofrimento. Assim, orou muito, pedindo a Deus forças para servir mais. Quando se julgou forte o suficiente, foi ter com a filha para obter autorização médica para trabalhar três dias por semana. Roberta ouviu suas considerações e, olhando para o pai que, ansiosamente esperava um "sim" à sua pretensão, respondeu:

— Pai, você sabe o quanto o amo. Sabe que meu desejo é vê-lo saudável e também alegre e feliz. Sei que ir ao Centro Espírita três vezes por semana é o que você mais quer. Entretanto, lembre-se de que está com insuficiência cardíaca. Melhor dizendo, você tem insuficiência cardíaca congestiva. Entretanto, essa não é a minha especialidade. Marcarei uma consulta com o dr. Joel, que tão bem o atendeu anteriormente.

No dia da consulta, Roberta e Marcela acompanharam Donato. Após algum diálogo, Joel disse com seriedade:

— Seu Donato, o senhor está com insuficiência cardíaca congestiva, que significa que seu coração está enfraquecido e falha ao bombear o sangue. Como resultado, o envio de sangue para os tecidos do corpo diminui, escasseando a oferta de oxigênio nos tecidos. Isso repercute até nos rins, que acabam falhando na remoção de água, sal e impurezas do sangue. Por causa disso, o senhor tem tomado remédio para eles. Resumindo: seu coração está sobrecarregado e precisa de repouso, não de trabalho.

— O que você chama de trabalho é para mim uma distração, doutor.

— Isso é muito bom, mas a dra. Roberta disse que o senhor sente muito cansaço e que, às vezes, falta-lhe ar ao deitar-se. Ao levantar-se, também lhe falta ar, não é verdade?

— Às vezes. Não é sempre.

— De qualquer modo, esses são sintomas típicos do mal que o aflige. Não quero, porém, dizer em definitivo que o senhor tem de parar de trabalhar. Faremos novos exames e, aí sim, direi o que o senhor pode ou não fazer.

— E as preleções semanais que faço no Centro Espírita?

— Por enquanto, continue com elas. Depois de analisar os exames, conversaremos novamente.

Donato ficou decepcionado com o resultado da consulta. Voltou para casa cabisbaixo, embora Marcela e Roberta procurassem encorajá-lo. Entretanto, assim que chegou a casa, pareceu ouvir uma voz interior a lhe dizer: "Donato, onde está a resignação que tanto prega? Será que incorporou o ditado 'Faça o que falo, mas não faça o que faço'? Medite sobre isso". A reação foi imediata. Agradeceu a ajuda da filha, assegurou que aguardaria com paciência o resultado dos exames e, alegando cansaço, foi para o quarto, onde, deitado, começou a refletir.

"Resignação", pensou, "é a virtude da aceitação consciente das vicissitudes da vida. É aceitar provas e expiações com paciência e coragem, sem revolta e sem reclamações. Não foi o que fiz agora há pouco. Não aceitei as determinações do médico com a tranquilidade das almas acostumadas a obedecer aos ditames divinos. Não me revoltei, é verdade, mas reclamei mentalmente das ordens recebidas. Entretanto, quero mudar meus pensamentos, minhas emoções; enfim, minha conduta".

Assim pensando, pegou o exemplar de *O Evangelho Segundo o Espiritismo* e abriu-o no capítulo V, onde leu as considerações do espírito Lacordaire:

> *Bem-aventurados os que têm ocasião de provar sua fé, sua firmeza, sua perseverança e sua submissão à vontade de Deus, pois terão centuplicada a alegria que lhes falta na Terra, porquanto, após o trabalho virá o repouso.*

Ficou alguns minutos meditando sobre o que ele costumava dizer a seus assistidos e que deveria colocar em prática. Para tanto, procurou o capítulo IX do livro e leu com toda atenção as palavras do espírito Lázaro:

> *A doutrina de Jesus ensina, em todos os seus pontos, a obediência e a resignação, duas virtudes companheiras da doçura e muito ativas, embora os homens erradamente as confundam com a negação do sentimento e da vontade. A obediência é o consentimento da razão; a resignação é o consentimento do coração. As duas constituem forças ativas, porque carregam o*

*fardo das provações que a revolta insensata deixa cair. O covarde não pode ser resignado, do mesmo modo que o orgulhoso e o egoísta não podem ser obedientes. Jesus foi a encarnação dessas virtudes que a antiguidade material desprezava.*

Donato deixou o livro a seu lado e começou a tecer considerações: "Se a doutrina de Jesus ensina em todos os seus pontos a obediência e a resignação, quem sou eu para não querer incorporá-las em minha existência? Se Jesus é o modelo dessas duas grandes virtudes, como posso querer passar ao largo, sem lhes dar o devido valor? Estou sendo orgulhoso e egoísta. Orgulhoso, porque estou com excesso de amor-próprio, julgando que, sem mim, as preleções não serão tão persuasivas, tão completas nem tão elevadas. Egoísta, porque alguém está fazendo preleções nos dias em que não posso estar lá e, se voltar, essa pessoa poderá perder a oportunidade de prestar esse serviço ao semelhante. Se há alguém cobrindo a minha ausência é porque seu lugar é ali e sua hora é agora. Quem sou eu para impedir o seu trabalho? O que me diz que sou melhor que ele, senão o egoísmo e a vaidade?". Envergonhado diante da atitude que assumira ao escutar as determinações médicas, Donato fez uma oração, pedindo a Deus que o inspirasse, a fim de que assumisse as virtudes da obediência e da resignação. Nessa noite e madrugada afora, ele pensou muito em tudo o que acontecera e em tudo o que lera, adormecendo quando o sono foi mais forte que a reflexão. Na manhã seguinte, ao acordar, enquanto Marcela fazia o café, ele tomou um banho relaxante e, assim que pôde, foi ter com a esposa:

— Marcela, demonstrei muita imaturidade ontem.
— Quando?
— Ao ouvir as recomendações do médico.
— Você apenas estava querendo trabalhar. Isso não é um mal. Aliás, você nada retrucou ao médico quando ouviu as recomendações.

— Não falei nada, é verdade, mas pensei. Fiquei muito decepcionado. Minha vontade era estar lá no Centro Espírita falando aos assistidos, tantas vezes quantas fossem necessárias. Como temporariamente só posso continuar indo uma vez por semana, fiquei desapontado. Pura vaidade, Marcela. Aliás, veio-me à mente aquela citação bíblica: "Vaidade das vaidades; tudo é vaidade".

— Padre Francisco, de vez em quando diz isso, repetindo sempre que está escrito em "Eclesiastes".

— Exato. Pois, a minha vontade de fazer aquelas preleções também é pura vaidade.

— Nem tanto, Donato. Não exagere.

— Não estou exagerando. Por que nunca pedi para limpar o chão, quando não há mais ninguém no Centro Espírita? Por que não me disponibilizei para arrumar o salão, antes que entrasse o primeiro assistido? Porque ninguém dá valor a essas atividades... Porque ninguém diria: "Como Donato conhece o espiritismo! Como Donato fala bem! Como Donato..."

— Bem, não concordo com você, mas o que fazer a respeito, já que você pensa assim?

— Eliminar o egoísmo e a vaidade. Os espíritos superiores disseram a Kardec que é necessário combater o egoísmo, que é a chaga social da humanidade, o seu maior mal. Mas disseram também que o egoísmo se enfraquece à medida que a vida moral passa a predominar sobre a vida material e, sobretudo, com a compreensão que o espiritismo nos dá sobre o nosso futuro real. Marcela, se seguirmos as lições do Evangelho, o egoísmo desaparece imperceptivelmente.

— Concordo.

— Por mais difícil que seja, precisamos renunciar à nossa personalidade em proveito dos outros. É fundamental que amemos a nós mesmos, assim como é essencial que amemos ao próximo como a nós mesmos. O amor fraterno e a caridade são os antídotos do egoísmo. Vou prestar mais atenção nisso. Quanto à vaidade, demonstra a insegurança da pessoa que a ostenta e sua carência afetiva. Você sabe qual é o sentido original da palavra "vaidade"?

— Não exatamente.

— Vaidade é a qualidade do que é vão, vazio e sustentado na aparência ilusória. Para combatê-la, é necessário que ponhamos conteúdo em nossa vida. Melhor dizendo, é preciso que preenchamos o nosso vazio com o conteúdo do Evangelho. Agindo assim, as ilusões desaparecem, as futilidades se dilaceram. Marcela, nada melhor que a *Evangelhoterapia*. Pois é a essa terapia que vou me submeter daqui para a frente.

Nesse momento, chegaram Roberta e Samuel. Ouvindo as últimas palavras de Donato, o psicólogo disse:

— O senhor tem razão. O Evangelho é a grande terapia, pois ali estão todas as lições de vida para nosso equilíbrio e nossa melhoria. Se a grande missão é a própria reforma íntima, o Evangelho é o manual que nos mostra o caminho a seguir.

— Falou muito melhor que eu, Samuel.

— Mas a psicoterapia ajuda a colocar a pessoa em condições de seguir as palavras do Cristo. Ela também é importante.

— Claro! Quem sou eu para contestá-lo. Mas venham tomar café. E o Júnior, como está?

∾

A partir daí, Donato não reclamou mais. Depois de ter passado por novos exames, o médico achou melhor que ele continuasse indo apenas uma vez por semana ao Centro Espírita.

— Seguirei à risca sua determinação, doutor. Fique tranquilo.

Marcela sabia que ele estava cumprindo o que determinara para si, incorporando em sua alma as virtudes da obediência e da resignação. No Centro Espírita, apesar de muito procurado para tirar dúvidas e dar conselhos, ele o fazia com humildade e sem afetação.

— Seu Donato, o senhor falou sobre o perdão. Concorda que não é fácil perdoar quem traiu nossa confiança? Falo do meu sócio, que me enganou e mudou para endereço ignorado. Quase toda a minha parte investida num empreendimento comercial está com ele. E aí, como fica? Ele se deu bem e eu me prejudiquei. E, assim mesmo, devo perdoá-lo? Como faço isso?

Com a tranquilidade de sempre, o senhor olhou compassivamente no rosto daquele frequentador e respondeu com vagar:

— O perdão é o esquecimento do mal que alguém pode ter feito a quem perdoa. Consiste, portanto, na prática do bem, mesmo em relação àquele que tenha cometido o mal. Não significa, porém, que aquele que agiu errado está livre da culpa. Mais cedo ou mais tarde, ele terá de responder pelos seus atos.

— Bem, isso já é alguma coisa. Mas, diga-me honestamente: onde conseguir forças para perdoar, se o resultado do mal cometido ainda está agindo sobre mim?

— Não é fácil, meu amigo. Mas isso não significa que o perdão seja desnecessário. Conheço uma autora espírita, Cenyra Pinto, que diz textualmente que perdoar, esquecer a ofensa, é um dos pontos mais difíceis de pôr em prática.

— Concordo.

— E ela afirma que a ofensa que nos fazem só pode ter partido de uma alma adoecida, corroída pelas enfermidades emocionais que assolam o mundo e das quais nós mesmos não estamos ainda imunizados.

O assistido pensou um pouco, mas nada disse. Donato aguardou alguns segundos e continuou:

— Ela diz ainda que, ao tomarmos a ofensa pela ofensa, levamos para dentro de nós o ódio e o desejo de vingança e, nesse caso, estamos assinando um atestado de criaturas tão ou mais enfermas que aquelas que trouxeram até nós motivos capazes de nos envolver em um estado tão destrutivo...

— Bem, eu não disse que esteja arquitetando algum plano de vingança, embora isso tenha rondado meus pensamentos.

— Esse é um ponto positivo. Você venceu uma etapa que leva ao perdão. Entretanto, você ainda guarda mágoa de quem o prejudicou, não é verdade?

— É... é verdade.

— Para concluir o que estava dizendo sobre Cenyra Pinto, ela argumenta: não é fácil receber as vergastadas da injustiça, da ingratidão, da injúria, da maledicência ou qualquer outro mal que nos tenha sido endereçado, particularmente se não demos motivo para isso.

— Mais uma vez, concordo com ela.

— Não podemos, porém, permanecer em sintonia com o ofensor, isto é, não devemos manter em nosso íntimo sentimentos tão destrutivos quanto os dele, pois o ódio, o rancor e a mágoa também são sentimentos inferiores.

Aquele senhor amargurado olhava atentamente para Donato e refletia sobre todas as palavras que lhe eram ditas. Havia momentos em que parecia querer refutar, depois, como se entendesse melhor o que ouvia, permanecia em silêncio. Donato prosseguiu:

— Tenho aqui *O Evangelho Segundo o Espiritismo*, que usei em minha preleção. Permita que leia um pequeno trecho[20].

Folheou rapidamente o livro e, tendo achado a parte que procurava, leu calmamente:

*O homem que ocupa uma posição elevada no mundo, não se julga ofendido pelos insultos daquele a quem considera seu*

---

20. KARDEC, Allan. *O Evangelho Segundo o Espiritismo*. Capítulo XII (N.A.E.).

*inferior. Dá-se o mesmo com o que, no mundo moral, se eleva acima da humanidade material. Este compreende que o ódio e o rancor o aviltariam e rebaixariam. Ora, para ser superior ao seu adversário, é preciso que tenha a alma maior, mais nobre e mais generosa.*

Fechou o livro e, olhando sorridente para o assistido, disse:

— É disso que eu e você precisamos, meu amigo: de uma alma que seja mais nobre e generosa.

— Visto desse modo, faz sentido. Mas você já é uma alma superior e eu...

— Não! Nada disso. Sou igualzinho a você. Se estivesse na sua situação, também estaria com os mesmos sentimentos. A diferença entre nós é que, talvez, eu tenha estudado mais o Evangelho e a Doutrina Espírita como um todo. Mas sou passível das mesmas falhas que você. Tudo o que lhe estou dizendo é, em primeiro lugar, uma lição para mim mesmo. Estou aproveitando os ensinamentos tanto quanto você. Mas o que estava querendo lhe dizer sobre o perdão é que, ao alimentar-se da mágoa, do ressentimento e do rancor, você prejudica, antes de tudo, a você mesmo.

— Como assim?

— Os nossos pensamentos expressam-se como ondas de energia às quais chamamos de formas-pensamento ou imagens fluídicas. Estas são formadas pelo pensamento humano, exteriorizam-se e mantêm vitalidade enquanto perdura a ideia de quem as criou. Assim, se você está com pensamento de desavença em relação a seu ex-sócio, unido a tal pensamento está o sentimento de mágoa, de ressentimento. Qualquer pensamento tem uma carga de emoção, assim, pensamento e emoção atuam juntos. É o conjunto de pensamento e emoção ou sentimento que cria a forma-pensamento. Portanto, uma forma-pensamento carregada de ressentimento gera energia nociva, que segue, por força da vontade de quem a criou, em direção ao seu objetivo, que é o inimigo. No entanto, a forma-pensamento permanece com você, em volta de sua aura, de tal modo que você recebe em primeiro lugar essa carga pestilenta de energia. Em outras palavras, você está causando mal a si mesmo.

O homem já não estava tão seguro quanto antes. Suas convicções anteriores começavam a ser derrubadas. Enquanto Donato dava as explicações, ele refletia.

— É difícil argumentar contra o que você está me explicando com tanta clareza.

— Estou tentando mostrar-lhe como você está criando uma situação complicada para si mesmo. Por tudo isso peço para completar o raciocínio.

— Por favor, esteja à vontade.

— As formas-pensamento que você cria vibram numa certa faixa, de tal modo que, pela ação da sintonia mental, elas atraem para si formas-pensamento semelhantes. Sintonia é o estado de harmonia entre nossos pensamentos/emoções e os pensamentos/emoções de outras pessoas, como também de espíritos desencarnados. Perceba que, em seu caso específico, o teor destrutivo das formas-pensamento é amplificado pela união de formas-pensamento semelhantes. Se os seus próprios pensamentos podem fazer-lhe mal, imagine-os unidos a muitos outros de igual teor vibratório.

— É verdade.

— As doenças físicas, meu amigo, começam no desequilíbrio da alma. Só algum tempo depois é que passam para o corpo físico. Temos uma espécie de laço semimaterial que une a alma ao corpo físico, é o chamado perispírito. O desequilíbrio espiritual afeta o perispírito, que está unido integralmente ao nosso corpo físico. Desse modo, sendo o perispírito afetado, depois de algum tempo essa afecção passa para o físico, gerando a doença.

— Você quer dizer que um ressentimento alimentado durante muito tempo pode converter-se em doença física?

— Exatamente. A medicina não fala hoje em "doença psicossomática"? Pois bem, em conversa com minha filha, que é médica, e com meu genro, que é psicólogo, aprendi que a maioria das doenças são psicossomáticas, pois envolve componentes fisiológicos e mentais, ou melhor, toda doença humana é psicossomática, já que incide num ser que tem corpo e mente, atuando em interação. Isso significa que emoções são fenômenos físicos, tanto quanto alterações fisiológicas têm seu componente emocional.

— Nunca tinha ouvido sobre isso.

— Diz a medicina psicossomática, segundo minha filha e meu genro, que o processo de adoecer compõe-se de quatro fases: a primeira, é a de *tensão emocional,* gerada por um desequilíbrio interior. Expressa-se por medo, ódio, depressão, culpa, ressentimento e outras emoções e sentimentos. A segunda, é a de *distúrbio funcional,* acionada quando permanece o desequilíbrio. Nesta etapa, podem ocorrer sintomas como dor de cabeça, rouquidão, tontura, prisão de ventre, diarreia, marcas roxas etc., de acordo com cada caso. A terceira, é denominada fase de *alteração celular.* Aqui há persistência de alterações fisiológicas, iniciadas com a tensão emocional. Ocorrem alterações em algumas dosagens bioquímicas e de metabólitos, bem como alterações nos resultados de exames laboratoriais. A fase seguinte é de *destruição celular* ou *doença anatômica.* É quando ocorre a doença física propriamente dita. A doença pode ser de tipo inflamatório, ulcerativo, necrótico ou tumoral. É preciso lembrar que o processo de adoecer tem início muito antes de ser diagnosticado em exames, o que só ocorre na terceira fase. Por esse motivo, é frequente que se descubra uma doença já em estado avançado, não tendo sido constatada em nenhum exame anterior. O processo do adoecer é inconsciente e pode durar semanas ou anos até que a doença física seja diagnosticada. E tudo começou com uma tensão emocional que persistiu pelo tempo afora.

— Então, o ressentimento pode levar a tudo isso? Até a doenças graves?

— Pelo que acabei de expor, a resposta é positiva. É por tudo isso que lhe pergunto: vale a pena guardar mágoa e ressentimento?

O assistido baixou o olhar e ficou pensativo, depois levantou vagarosamente a cabeça e respondeu:

— Donato, realmente não vale a pena guardar rancor ou mágoa no coração.

— E o que fazer?

— Perdoar. Por mais difícil que seja, é melhor perdoar.

— Estivemos falando pelo lado da medicina, vejamos agora pelo lado da moral. Certa vez, Pedro chegou para Jesus e lhe perguntou: "Senhor, quantas vezes devo perdoar ao irmão que agir contra mim? Até sete vezes? Jesus respondeu-lhe: 'Não te digo até sete, mas até setenta vezes sete'". Jesus sabia do que estava falando.

— Com certeza.

— Numa noite, Chico Xavier recebeu uma mensagem de um espírito chamado Agar, que lhe disse: "Perdoar e esquecer são as duas chaves da paz". E continuou: "Se o seu trabalho não consegue a retribuição dos que lhe seguem os passos no grande caminho, perdoe e esqueça, a fim de que a sua boa vontade frutifique em alegria e progresso".

— Isso diz respeito a mim, pois, mesmo agindo com dignidade e muito esforço, não consegui a retribuição do meu sócio...

— Então, perdoe e esqueça. A sua boa vontade e a sua conduta honesta vão frutificar em alegria e progresso. Não foi isso que disse o espírito Agar?

— Foi.

— E ele disse ainda algo mais ou menos assim: "Perdoar é o segredo sublime do triunfo na subida para Deus, e esquecer o mal é harmonizar nossa alma com as criaturas, habilitando-nos à solução de todos os problemas". Perdoar e esquecer, meu amigo, é desprender-se de tudo aquilo que na Terra constitui prisão para nossa alma. Use as duas chaves da paz — perdoar e esquecer — e seja feliz, pois você merece.

O senhor, comovido, agradeceu muito a Donato e saiu com a alma aliviada, dizendo que, ainda naquela noite, conversaria mentalmente com o ex-sócio e o perdoaria, esquecendo-se de vez daquele incidente, que só lhe estava causando o mal.

Antes de alcançar a rua, Donato encontrou-se com o casal Consuelo e Alonso, que o abraçaram com muita alegria.

— Fico muito feliz cada vez que o vejo — disse Consuelo —, afinal, você nos confortou tanto, que quase afirmaria que nos restituiu a vida quando começávamos a morrer de saudade do nosso filho.

Donato foi humilde na resposta:

— Não diga isso, Consuelo. O conforto chegou até vocês pela Doutrina Espírita. Foi o espiritismo que fez com que o ânimo de viver voltasse ao coração de vocês. Mas fico feliz por vê-los tão alegres.

— Acabamos de nos tornar voluntários da casa — disse Alonso sorridente. — Vou trabalhar na recepção e Consuelo, na lanchonete.

— Ótimo. Estamos precisando de bons trabalhadores. Ajudar o próximo é doar de nós mesmos. E quando fazemos isso, sem esperar nenhuma recompensa, estamos merecendo realmente o título de "seres humanos". Dizem os bons espíritos que a mais meritória virtude é a que se baseia na mais desinteressada caridade. Sejam felizes em seus novos postos.

※

Ocupado em incorporar em sua conduta virtudes de que se achava carente, Donato fez da sua vida, a partir dessa época, um exercício contínuo da prática dessas qualidades esquecidas. Escolheu como lema dessa nova fase "Orar e trabalhar", sendo que a segunda parte dependia mais das ordens médicas do que propriamente da sua vontade. Foi por essa época que ele tomou conhecimento de que essa divisa já existia, pelo menos desde o século VI. Quem a divulgou ao mundo foi o patriarca Bento de Núrsia, inicialmente como regra de vida para os monges de sua comunidade, mas que influenciou profundamente a cristandade posterior. Embora São Bento, como ficou conhecido pela Igreja Católica, fosse um eremita, que escolheu uma gruta de difícil acesso para viver, e Donato fosse um homem afeito às lides do mundo, o lema escolhido por ambos representava uma síntese de vida que embeveceu o antigo marceneiro do Cambuci. Donato procurou orar com mais fervor, fazendo as palavras brotarem do fundo da sua alma, assim como buscou trabalhar em suas preleções com maior amor àqueles que as ouviam todas as semanas. Estava iniciada mais uma etapa em sua existência. Mais um degrau era galgado na escalada de sua reforma íntima.

# 25

# Completa-se a história

Marcela estava com quase oitenta anos e Donato já havia passado, quando, já estava havia vários anos liberta do câncer, ela teve uma forte gripe que a obrigou a ficar alguns dias acamada. A agressividade da gripe foi tão forte, que ocasionou uma pneumonia. Ela tinha febre alta e sentia calafrios intensos, que levaram Roberta a interná-la num hospital.

— Não se preocupe — disse à mãe —, estou fazendo isso porque fica mais fácil e seguro cuidar da sua saúde. Mas a alta será questão de poucos dias.

Na verdade, como médica, Roberta sabia da gravidade do quadro apresentado pela mãe, que também sentia mal-estar generalizado. Intuitiva, Marcela logo atinou com a realidade daquilo que lhe estava acontecendo. "Estou sendo chamada pelo Pai", pensou. E essa constatação deu-lhe um forte estremecimento. "Será que estou preparada? Será que fiz tudo o que estava ao meu alcance? Como serei recebida pelo Senhor dos Senhores?" Quando esses pensamentos lhe assaltaram a mente, ela começou a orar com um fervor tal que superava todos os momentos em que buscara conectar-se mentalmente com Deus. E passou a viver muito mais na dimensão espiritual do que na material. Em um momento de prece, dois ou três dias depois da internação, Donato, seu acompanhante, sugeriu que ambos lessem uma das parábolas do Cristo, a fim de colherem os bons frutos doados pelas palavras do Mestre. Entregou-lhe um exemplar do Novo Testamento, que ela abriu aleatoriamente.

— Aqui está. É a Parábola da Casa sobre a Rocha — disse com dificuldade Marcela. Por favor, leia para mim, Donato.

Com grande emoção, pois também ele já pressentira a realidade da situação, Donato começou a ler:

*Todo aquele que ouve as minhas palavras e as põe em prática será comparado a um homem sensato que construiu a sua casa sobre a rocha. Caiu a chuva, vieram as enxurradas, sopraram os ventos e deram contra aquela casa, mas ela não caiu, porque estava alicerçada na rocha. Por outro lado, todo aquele que ouve essas minhas palavras, mas não as pratica, será comparado a um homem insensato que construiu a sua casa sobre a areia. Caiu a chuva, vieram as enxurradas, sopraram os ventos e deram contra aquela casa, e ela caiu. E foi grande a sua ruína.*

Donato fechou o livro e olhou ternamente para Marcela, que estava ofegante. Fez-se um tempo de silêncio, em que ela meditava sobre as palavras de Jesus. Depois, olhando com certa aflição para Donato, perguntou:

— Será que construí minha casa sobre a areia, Donato?

Enquanto assim falava, uma lágrima escorreu lentamente pela face daquela mulher, que começava a se despedir do mundo terreno que a acolhera. Donato respondeu imediatamente, procurando demonstrar tranquilidade:

— Esteja certa, Marcela, de que você construiu sobre a rocha. A sua vida tem sido um exemplo a ser seguido.

— Essa parábola — prosseguiu Marcela — nos diz que fazer apelo a Jesus não é suficiente. É necessário agir de acordo com o que ele nos esclarece. É preciso permanecer fiel a ele e conservar-se no caminho do bem. Conduzindo-nos desse modo pela vida afora, com certeza construímos a nossa casa sobre a rocha.

— Vejo a casa, Marcela, como o nosso espírito. Na verdade, somos o espírito imortal. Portanto, a casa somos nós mesmos. Em que fundamentamos a nossa existência? No bem ou no mal? Se levamos uma vida fraterna, moralizada e edificante, estamos construindo sobre a rocha. Todavia, se vivemos de modo ocioso e egoísta, alimentando-nos cotidianamente da maledicência, da inveja, do rancor, do ciúme, enfim, dos vícios que corroem a humanidade, certamente estamos construindo a nossa casa sobre a areia movediça.

— É isso mesmo. Somos julgados nem tanto pelas nossas palavras, mas pelas nossas obras. Foi Jesus quem nos ensinou que nem todos que dizem "Senhor! Senhor!" entrarão no reino de Deus. Nossas palavras devem corresponder aos nossos atos. Em todo e qualquer momento, devemos praticar o que ensinamos.

— Vou lhe dizer, Marcela, você é um exemplo vivo disso.

— Quer dizer que posso partir sossegada? — perguntou Marcela à queima-roupa, querendo saber se Donato também intuíra o que estava acontecendo.

— A partida será breve, Marcela, mas o amor que nos une é eterno — respondeu Donato, com os olhos marejados de lágrimas. Um abraço carinhoso selou aquele momento de intimidade espiritual que estava por terminar.

Quando Donato pensou em dizer mais alguma coisa, a porta se abriu e entraram Roberta, Samuel e Júnior, agora um jovem rapaz.

— Vó, a senhora está linda toda de branco. Parece um anjo sorridente.

Assim dizendo, Júnior a abraçou. Amava-a com muita ternura.

Assim, a confabulação familiar teve início, num clima de muito respeito e amor.

∾

Depois da leitura e das meditações sobre o conteúdo da parábola da Casa sobre a Rocha, Marcela prometeu a si mesma estabelecer um contato mais profundo e duradouro com Deus, por meio do caminho deixado por Jesus. Haviam passado apenas vinte e quatro horas do diálogo com Donato quando ela, agradecida pela cura do câncer, pediu a Deus que a levasse com a suavidade da brisa que passa pela janela nos meses de outono. Sua última oração:

*Meu Deus, meu Pai, volto meus olhos para Vós neste momento tão importante da minha existência terrena. Quero louvar-Vos pela Vida que me concedestes e pela saúde com que me conservastes. Agradeço-Vos pela cura do câncer que me consumia e que me deixou para não mais voltar. E agradeço-Vos por esta família maravilhosa com que me presenteastes. Continuai protegendo-a como ela merece. Apesar de todas as dificuldades por que passei, devo dizer-Vos, meu Pai, que fui uma mulher feliz.*

*Amparai Donato, o homem que soube me amar mais do que eu merecia; a minha filha Roberta, que superou as minhas expectativas; Samuel, que se tornou meu filho do coração; e meu neto Júnior, que conservo no íntimo da minha alma.*

*Permiti, meu Deus, que a oficina de costura e bordado continue fazendo o bem a tantas almas que precisam de mãos amigas.*

*E, por fim, concedei-me a graça de reencontrar meu filho querido, Giuseppe. Tomai-me agora em Vossos braços, recebendo-me com Vosso amor e com Vossa compaixão.*

Antes que pudesse dizer mais alguma coisa, Marcela deixou pender a mão que segurava um livro devocional e entregou a alma a Deus. Donato entrava no quarto quando se deu a passagem da esposa. Ajoelhando-se ao lado da cama, tomou sua mão e fez uma prece em benefício daquela com quem vivera alegrias e dores por tantos anos numa existência repleta de amor.

∾

Roberta e Samuel continuaram prestando auxílio à oficina de costura, como conselheiros, deixando que assumisse a direção uma jovem senhora, com motivação suficiente para manter e até elevar a qualidade e a quantidade dos produtos ali manufaturados.

Donato deu prosseguimento ao seu trabalho semanal na Casa Espírita, acompanhado de perto pela filha, que lhe prestava todos os cuidados, a fim de que sua saúde se mantivesse estável. Foi numa dessas noites que, ao terminar a palestra, foi abordado por um jovem, que lhe pediu alguns minutos de conversa. Sentando-se num banco, Donato preparou-se para ouvir o que lhe diria aquele rapaz de tez muito clara e membros emagrecidos.

— Seu Donato, eu gostaria de lhe dizer uma coisa que me vai no peito. Não tenho ninguém com quem me abrir. E como esta foi a terceira preleção que ouvi do senhor, já tenho certeza de que escolhi a pessoa certa.

— Pode falar, meu amigo. Estarei atento às suas palavras.

— Meu nome é Justino. Tive uma infância pobre. Meu pai faleceu quando eu ainda era bebê. Minha mãe sofreu muito para sobreviver e cuidar de mim. Foi por causa dela que consegui estudar. Mas, no início do ano, um médico lhe disse que ela estava com câncer. Ela foi levada a um hospital especializado e lá ficou internada por dois meses. Em seguida, voltou para casa, retornando ao hospital um mês depois. Como ela é muito religiosa, está sempre orando e dizendo para os outros que Deus vai responder às suas preces.

— Isso é muito bom. É preciso crer realmente na providência divina.

— O que é isso?

— É o meio pelo qual Deus governa tudo o que existe. Deus tem controle completo de todas as coisas. A finalidade da providência divina é realizar a vontade de Deus. É importante que saibamos que só existe um poder: o poder de Deus. Diz a Doutrina Espírita que a providência é a solicitude de Deus para com suas criaturas. Ela está em toda parte, tudo vê, a tudo preside, mesmo às mínimas coisas. Diz também que Deus conhece as nossas necessidades e a elas provê quando necessário.

— Entendi. Então, minha mãe está certa. Quando alguém se entristece por saber da sua doença, ela fala que Deus sempre responde. Ele não fica surdo às orações que as pessoas lhe fazem.

— É isso mesmo.

— Bem, seu Donato, continuando o que eu estava dizendo, quando ela foi internada, parti para o lado errado. Fiz amizade com alguns pivetes e, estimulado por eles, pratiquei alguns pequenos furtos. Tenho dezenove anos e ainda não estou trabalhando. Apenas tenho acompanhado garotos da minha idade que nada de bom têm para fazer. Como me disseram certa vez, "cabeça vazia é oficina do diabo". Por essa razão, acabei também fazendo uso de maconha. Os furtos serviram para eu pagar algumas roupas melhores e o fumo que consumia. Foi assim que há uns dois meses, resolvi seguir uma senhorinha que estava carregando uma bolsa vistosa. A minha ideia era pegar a bolsa e o dinheiro dela. Mas, antes que me aproximasse, ela entrou aqui. Seguiu por este corredor e foi até o salão. Fiz o mesmo. Perguntaram-me o que eu desejava. Como ouvi alguém falando no salão, respondi que viera ouvir a... a... Bem, a moça, perguntou se eram as preleções. Eu não sabia o que era isso, mas respondi: "sim". Procurei uma cadeira lá no fundo e, muito chateado comigo mesmo, comecei a escutar. Pelo menos, na saída, eu roubaria a bolsa. Quem falava era o senhor. No começo, não prestei muita atenção. Mas, de repente, o senhor falou em vício e drogas. Disse sobre os prejuízos que a droga provoca na mente da pessoa. Falou que isso pode levar à loucura. É verdade mesmo? Ou é só para pôr medo na gente?

— É verdade, Justino.

— Olha, se tem uma coisa que me deixa com medo é falar em loucura. Lá perto de onde eu moro ou morava, pois minha mãe teve de se mudar, havia um homem apelidado de "Brigadeiro", que era louco. Ele tinha esse apelido porque se achava oficial das Forças Aéreas. Quando alguém passava perto dele e não batia continência, ele xingava. Até dizia que ia prender e botar na solitária. Um dia, ele mudou de ideia e disse que era pastor. Arrumou uma Bíblia e saiu fazendo pregação por onde passava. O que mais dizia era que o mundo ia acabar. "Arrependei-vos, ou o diabo vai comer a sua alma e nada mais vai existir". Numa noite, ele saiu gritando, gesticulando e apontando o dedo na cara das pessoas. Enveredou pelas ruas, sumiu na escuridão e nunca mais voltou. Isso me dá medo, seu Donato. Tudo, menos loucura.

— Quanto à maconha, vou falar dos malefícios a respeito dos quais li numa revista. Ela reduz a defesa das pessoas às doenças. Pode causar câncer de pulmão. Alguns estudos sustentam que ela, mais do que a nicotina, pode iniciar alterações cancerígenas em células pulmonares. Dizem que mais ou menos 80% dos usuários que tentam largar o vício sofrem com insônia e pesadelos. Quando acordados, apresentam nervosismo, ansiedade, perdem o apetite e emagrecem. E mais: consumidores de maconha têm performance até 30% inferior à de pessoas que não usam a droga em testes relacionados à capacidade de atenção, ao processamento de informações, à abstração, à organização de ideias, à tomada de decisões e à memória.

— Isso apenas em relação à maconha, sem contar os males das outras drogas?

— Exatamente. De acordo com uma pesquisa médica[21] realizada há algum tempo, um cigarro de maconha causa os mesmos danos de 2,5 a 5 cigarros de tabaco. Afeta o sistema respiratório, reduzindo o número de bronquíolos responsáveis pelo transporte de oxigênio e eliminação de toxinas.

— A gente nunca pensa nisso quando vai acender um cigarro de maconha.

— Lembro-me ainda de outros dados, Justino. Uma pesquisadora norte-americana afirmou que a maconha pode causar danos permanentes no cérebro. Enfim, há mesmo quem afirme que o uso prolongado pode triplicar o risco de surtos psicóticos em seus usuários.

— O que é "surto psicótico"?

— Fui conversar com meu genro, que é psicólogo, e ele me falou que se trata de um episódio de desestrutura mental. A pessoa passa, de repente, a ter comportamentos socialmente estranhos e diferentes, por causa da momentânea incapacidade de pensar racionalmente.

— Age como se fosse um louco. É isso?

— Exatamente. Como Samuel me explicou, não se fala "loucura", mas sim "psicose". No entanto, os sintomas são os da loucura,

---

21. Fonte: BBC Brasil. http://www.bbc.co.uk/portuguese/reporterbbc/story/2007/07/070731_maconhaefeitos_fp.shtml (acesso em 17/4/2013) (Nota da Edição).

como você bem entendeu. Podem ocorrer durante essa curta fase psicótica paranoia, delírios e alucinações. Paranoia corresponde a uma desconfiança ou suspeita altamente exagerada ou injustificada. Por exemplo, o marido, sem nenhum motivo, começa a desconfiar que a esposa contratou um matador profissional, que o está perseguindo. Delírio é uma alteração do juízo, em que a pessoa passa a ter uma convicção irremovível e uma crença inabalável em algo que objetivamente não existe. É, portanto, uma convicção errônea baseada em falsas conclusões tiradas dos dados da realidade exterior. Por exemplo, a pessoa pode ter delírio de grandeza, julgando-se herdeiro da fortuna de um grande industrial recentemente falecido. Já alucinação é uma percepção sem objeto, isto é, a pessoa pode sentir que há percevejos andando sobre seu peito, sem que haja nenhum deles; pode ver o início de incêndio em um prédio, sem que haja o fato; pode ver uma inscrição em letras douradas no topo de um edifício, sem que isso exista realmente.

— Seu Donato, do que eu escapei! Porque de maconha eu poderia cair em drogas piores.

— A bem da verdade, devo dizer que há também pessoas que afirmam ser a maconha uma droga que não causa dependência física e cujos malefícios não seriam maiores do que os provocados pelo álcool e pelo tabaco. Mas, se assim fosse, já não seria altamente prejudiciais? O álcool não tem efeitos nocivos? E o cigarro? Quantos males têm causado à humanidade? Você acha isso pouco?

— Claro que não.

— Mas você havia dito que escapou de tudo o que mencionei. Fale-me a respeito.

— Eu percebi que a droga não estava me levando a nada de bom. Recebi um convite para cometer coisas mais graves. Felizmente, minha mãe se mudou e eu fui com ela para outro local, perdendo contato com meus companheiros de droga. Algum tempo depois, sem nada para fazer, resolvi furtar a bolsa da velhinha de que lhe falei. Para não tomar muito o tempo do senhor, devo dizer que, depois de ouvir suas palavras, um medo terrível tomou conta de mim e resolvi não fumar mais. Nem mesmo tive mais ânimo pra roubar a bolsa da senhora. Fui embora e, para substituir a maconha, comprei um maço de cigarros num bar. Desde esse dia, só fumei maconha uma vez. A verdade é que achei meio sem sentido ficar ali olhando para o céu e vendo a fumaça desaparecer com a minha saúde. Aos poucos, até mesmo o cigarro comum coloquei de lado. Hoje acordei com uma vontade de fazer alguma coisa que prestasse. Sei lá por que, resolvi chegar até aqui. Escutei sua palestra novamente e pensei em conversar um pouco. A minha vida está muito ruim, seu Donato. Não sei mais o que fazer. E ainda tem a minha mãe daquele jeito!

Nesse momento, uma lágrima escorreu do rosto daquele garoto, que já não se satisfazia com a vida que levava, mas não sabia como agir para melhorá-la. Donato sentiu uma dor imensa e resolveu fazer o que lhe fosse possível para auxiliar quem lhe estendia a mão pedindo socorro. Prometeu-lhe que estudaria um meio de ajudá-lo e orientou-o para que fosse até a oficina de costura na tarde seguinte. Nesse meio tempo, ele conversaria com Roberta e Samuel e, juntos, tomariam as devidas providências. O garoto, muito animado, agradeceu e disse que iria.

Pela manhã, Donato reuniu-se com a filha e o genro, chegando a algumas decisões: arrumariam um emprego para Justino na oficina de costura, como auxiliar de serviços gerais, até que ele demonstrasse bom desempenho e lhe conseguissem algo melhor; procurariam um colégio em que ele pudesse continuar os estudos; antes, porém, ele seria internado numa clínica especializada para desvencilhar-se de vez da maconha, depois passaria por sessões de psicoterapia com um amigo de Samuel. Quanto à mãe de Justino, Roberta iria até sua casa e, depois de examiná-la, veria como prosseguir com o tratamento. À tarde, dentro do horário combinado, Justino chegou à oficina e procurou por Donato, que logo o recebeu numa sala reservada.

— Bom dia, Justino. Como está?

— Muito bem. Nem dormi direito, pensando em vir aqui.

∾

Em seguida, chegou Samuel, que também participaria da reunião. Donato falou do emprego e do colégio, que ele pagaria com seu próprio dinheiro. Samuel explicou sobre a internação e as sessões de psicoterapia. Justino não cabia em si de alegria.

— Eu não mereço tudo isso.

— Se você não merecesse, nós não lhe estaríamos propondo — respondeu Donato, sorridente. — Contudo, precisamos conversar antes com a sua mãe. Amanhã, às nove horas da manhã estaremos em sua casa, a fim de conversar com ela. A dra. Roberta vai nos acompanhar para um primeiro exame com sua mãe. Combinado?

— Combinado. Quero dizer que estou muito feliz por ter encontrado os senhores em minha vida. Muito obrigado.

Na manhã seguinte, Roberta examinou Neide, a mãe de Justino, e pediu que comparecesse ao hospital, à tarde, para uma série de exames. Ela não só concordou com tudo o que lhe foi dito, como agradeceu o que estava sendo feito por ela e pelo filho. No dia seguinte, Justino foi internado na clínica de recuperação. Passados alguns dias, Neide foi recebida com todo o carinho por Roberta.

— E, então? Como está, dona Neide?

— Muito feliz, pois tenho orado muito e sei que Deus não nos deixa sem resposta quando nos dirigimos a Ele.

— A senhora está coberta de razão. Orar é fundamental. Ouvi alguém dizer outro dia que a oração é a respiração da alma, e concordo plenamente. Quando oramos, a porta da nossa alma se abre para Deus.

— Muito bonitas suas palavras, e verdadeiras, também.

— O apóstolo Tiago, em sua carta, exorta-nos que se tivermos falta de sabedoria, se pedimos a Deus, Ele a concede generosamente, sem recriminação. E acrescenta que ela vai nos ser dada, contanto que a peçamos com fé, sem duvidar, porque aquele que duvida é semelhante às ondas do mar, agitadas e lançadas pelo vento de uma parte a outra. Hesitante e inconstante em tudo o que faz, não pense tal pessoa que vai receber alguma coisa do Senhor.

— Concordo. Precisamos pedir a Deus, acreditando que já recebemos e deixando que a resposta parta Dele, do modo como Ele quiser. Afinal, Ele possui a sabedoria suprema. Mas devo dizer-lhe uma coisa, doutora: não pedi apenas para ficar curada, orei também pelo meu filho. E a resposta já começou a chegar.

— Bem, quanto à sua saúde, tenho notícias excelentes. Os exames nada acusaram em relação ao câncer.

— Eu tinha certeza de que ouviria isso, dra. Roberta. Agradeço a Deus, à senhora e a todos os que me ajudaram. O mesmo digo no tocante ao meu filho, que já está se recuperando moralmente, graças a Deus e a pessoas maravilhosas que, abnegadamente, o estão colocando no caminho certo. Sou eternamente grata a todos.

∞

Quando menos se deu conta, Justino já recebera alta e estava trabalhando na oficina de bordados como auxiliar de serviços gerais. Ele tornou-se prestativo e de uma simpatia incomum. Quando Samuel disse isso a Donato, ouviu como resposta, em meio a um largo sorriso:

— Ele sempre foi assim na sua essência, mas não tinha condições de expressar-se. Agora começa a revelar-se tal como é. Fico feliz com a notícia.

Justino iniciou os estudos em um colégio, no período noturno, e depois de um ano e meio de terapia, teve alta. Aos sábados, participava de um grupo de jovens no Centro Espírita, ao lado de Júnior, de quem ficou grande amigo. Aproveitava o restante do tempo para estudar. Samuel empregou-o como auxiliar de escritório na antiga marcenaria, que agora era um grande empreendimento no ramo de móveis e decorações. Sua mãe, assim que pôde, começou a trabalhar no setor de serviços gerais da mesma empresa, prestando serviços voluntários na oficina de costura nos fins de semana.

Mais três anos se passaram e Justino encerrou os estudos, candidatando-se a uma vaga na faculdade de Administração. Júnior cursava Direito e queria especializar-se em Direito do Trabalho. No futuro, ambos teriam cargos importantíssimos no empreendimento de móveis e decorações. Entretanto, Donato não teve tempo para ver o sucesso do neto e daquele que considerava também seu neto, pelo amor que os unia. Aliás, não sabia que o rapaz que se tornara estudioso, trabalhador e responsável, tinha sido seu filho em outra encarnação. O reencontro nesta encarnação foi breve, mas de um amor muito profundo.

Num domingo à noitinha, quando da visita de Roberta e Samuel, Donato foi encontrado sem vida, com o corpo sobre a escrivaninha do escritório, em seu apartamento. Sob sua cabeça, um exemplar de *O Evangelho Segundo o Espiritismo*. O livro estava aberto no capítulo 22 e Donato copiara parte das orientações do espírito Erasto, que serviriam de tema para a sua próxima preleção:

> *Ide, pois, e levai a palavra divina: aos grandes que a desprezarão, aos eruditos que exigirão provas, aos pequenos e simples que a aceitarão, porque é principalmente entre os mártires do trabalho, desta expiação terrena, que encontrareis fervor e fé. Ide; estes receberão, com hinos de gratidão e louvores a*

*Deus, a santa consolação que lhes levareis, e baixarão a fronte, agradecendo ao Criador o quinhão que lhes toca nas misérias da Terra.*
*Arme-se a vossa falange de decisão e coragem! Mãos à obra!*
*O arado está pronto; a terra espera; é preciso que trabalheis.*

Os funerais foram muito simples, como simples foi a existência desse trabalhador e divulgador da Doutrina Espírita. Samuel fez um breve, porém emocionado discurso, momentos antes de o corpo ser enterrado:

— Minhas senhoras, meus senhores. Não posso deixar de prestar esta homenagem muito singela àquele que foi meu pai espiritual nesta existência e que lutou pela divulgação das palavras do Cristo na interpretação profunda do espiritismo. Entre os seus pertences, encontrei uma anotação, oculta em meio a alguns documentos, que revela a sua fé em Deus e o amor sincero aos semelhantes. Diz o seguinte: "A minha doença, a minha cardiopatia, é fruto do mau uso do 'coração' em encarnação passada. Devo, pois, expiar pelo desamor que semeei no pretérito. Os frutos que colherei serão infinitamente maiores que o sacrifício da presente existência. Confio na justiça divina e nada peço para mim. Entretanto, estou plenamente confiante na misericórdia de Deus em relação àqueles que me pedem orientação e apoio espiritual, particularmente no tocante àqueles que chegam aflitos até mim pela doença em seu próprio corpo ou no corpo daqueles a quem amam com desvelo e carinho. Se alguém, algum dia, ler estas despretensiosas linhas, saiba que Deus atende às nossas preces, ainda que possamos pensar o contrário. Mas é necessário que tenhamos plena confiança na providência divina, sem deixar espaço para qualquer tipo de dúvida; agradeçamos antecipadamente a Deus pela resposta plena ao nosso pedido; sejamos claros e específicos em nossa rogativa e peçamos apenas o que está em acordo com a Lei Divina; a partir daí, ajamos como se já tivéssemos obtido o que pedimos; e, finalmente, coloquemo-nos sob a Vontade do Pai, que, sendo Onisciente, fará o que for melhor para nós. Com isso, demonstramos nossa total confiança no único poder que existe: o poder de Deus. Estas orientações são para aqueles que pedem uma ajuda para livrar-se de algum mal ou para livrar do infortúnio um ente querido. Saiba que Deus sempre responde. É preciso, porém, saber ouvi-Lo". Havia nessa folha de papel o início de uma nova frase, que talvez Donato tenha deixado para depois. Mas o que ele escreveu demonstra a fé inabalável no Criador e o amor incondicional aos semelhantes. Se nos espelharmos nessas palavras, certamente estaremos dando continuidade àquilo que é essencial para a nossa vida: a reforma íntima, o aprimoramento contínuo. Que o Senhor receba o nosso querido Donato Callegari em Seus braços, para a continuidade do seu aprendizado no mundo espiritual, entre aqueles que sempre amou e com quem agora conviverá até a sua próxima reencarnação.

∞

Foi muito difícil para os familiares viverem sem a presença física de Donato. Justino foi um dos que mais chorou a ausência daquele em quem, intuitivamente, via como um pai. E foi consolado por Samuel e Roberta, dentro das premissas da Doutrina Espírita.

— As pessoas que amamos — disse Samuel —, permanecem vivas no fundo do nosso coração e, por estarmos unidos pelo carinho fraterno, teremos novas oportunidades de trilhar o caminho da vida ao lado delas. Como já devem ter-lhe dito: "Quem desencarna não morre, apenas muda de endereço". Isso, porém, não impede a sua aproximação daqueles em cuja alma permanece o amor que os une.

Aos poucos, cada um voltou à sua rotina diária. Júnior assumiu um posto de destaque na direção da empresa de móveis e decoração, sem deixar de frequentar a Casa Espírita que o acolhera anos atrás. Também tornou-se voluntário no Centro Espírita.

Justino passou a dirigir a oficina de costura e bordado. A mãe desencarnou dez anos depois, sem ter havido recidiva de câncer. Quanto a Samuel e Roberta continuaram divulgando a Doutrina Espírita a todos que demonstravam "ter ouvidos para ouvir".

∞

Justino estava com trinta e cinco anos, já casado e com duas filhas, quando, certa noite, ao sair do Centro Espírita, onde levara uma grande quantidade de roupas produzidas na oficina de costura, encontrou-se com uma jovem senhora muito feliz, que lhe perguntou entre lágrimas de alegria:

— Ouvi você conversando com outro trabalhador desta casa e gostaria de dizer-lhe algumas palavras, se não for incômodo.

— Claro que não — e, pedindo que ela e o filho se sentassem em um banco e começou a escutá-la:

— Entrei pela primeira vez nesta casa há um ano. Este garotinho, meu filho querido, de sete anos, acabara de ser internado no hospital, com diagnóstico de câncer no pulmão. Eu estava transtornada. O mundo tinha vindo abaixo. Um senhor muito simpático me atendeu e ouviu todas as minhas queixas, com grande paciência e consideração. Encaminhou-me para o passe e me falou que, enquanto meu filho estivesse internado, seriam feitas preces semanais para o seu restabelecimento. Depois que voltasse para casa, eu poderia trazê-lo aqui para tomar passes semanais. Mas ele fez mais que isso, ensinou-me a orar com a verdadeira fé dos aprendizes de Jesus. Fiquei por algum tempo no hospital, ao lado do meu filho, enquanto o tratamento prosseguiu. Não deixei de orar um dia sequer, e o meu filhinho orava comigo, deitado em sua cama. Quando ele deixou o hospital e voltou para casa, começamos a vir aqui semanalmente, a fim de recebermos o passe. Notei que ele estava se fortalecendo e se tornando mais bem-disposto. Hoje posso dizer que ele está curado. Fomos ao hospital e recebemos a notícia de que está bem. Eu precisava agradecer a alguém, como já fiz no próprio hospital. E, como você é trabalhador desta casa, quero igualmente demonstrar-lhe, e a todos que nos ajudaram, a nossa eterna gratidão.

— Fico feliz com a notícia, mas não nos agradeça. Em vez disso, manifeste a sua gratidão a Deus, o autor da vida e, como tal, o autor da saúde. O importante, daqui para a frente, é que eduque seu filho segundo o Evangelho de Jesus. Não deixe que ele se perca nos descaminhos do mundo. Esta é uma alma que pertence apenas a Deus. Sejam felizes.

Sorrindo e, ao mesmo tempo, derramando lágrimas de alegria, a jovem despediu-se, dizendo que faria exatamente como lhe fora dito. Seguiu, segurando a mão do garotinho, enquanto lhe dizia palavras de carinho e amor.

Três conhecidos espíritos assistiam à cena, entreolhando-se felizes. Donato olhou para Marcela e para outro espírito e disse enternecido:

— Sempre me comovo quando assisto a uma cena como esta.

Marcela sorriu e olhou para o espírito ao seu lado, que enxugou uma lágrima furtiva e disse:

— Mamãe, cada um tem de Deus a resposta que lhe cabe. Um dia a senhora muito chorou pela aparente perda do seu filho, que partira, vitimado pelo câncer. Era necessário que assim fosse. Mas, nem por isso, Deus deixou de responder à sua oração. Hoje, estamos novamente juntos, como a senhora pediu. E teremos pela frente outra encarnação, em que novas oportunidades de reajuste e elevação nos serão concedidas. Com relação a esta mãe, a resposta de Deus foi a cura do seu filhinho, a fim de que, aí mesmo, no mundo terreno, eles possam ressarcir dívidas passadas e construir uma nova existência, num patamar superior ao de sua última encarnação. Dois casos e duas respostas divinas, nascidas da compaixão que Deus tem por seus filhos.

— Você tem razão, Giuseppe. Graças a Deus, eu e seu pai conseguimos aprender que Deus tem sempre uma resposta a quem Lhe dirige uma súplica, exatamente de acordo com o que é melhor no momento, embora nem sempre nos apercebamos disso. Foi por esse motivo que disse, sabiamente, o Divino Mestre, dirigindo-se ao Pai: "Seja feita a Vossa vontade".

Depois de um longo abraço, os três partiram atrás de Justino, que não os via. Iriam rever Samuel, Roberta e Júnior.

A família se reencontrava, numa pausa dos trabalhos que desenvolvia, uns aqui no plano terreno, outros, no mundo espiritual...

# Emocionantes romances do espírito Marius

## Psicografia de Bertani Marinho

### Sempre é Tempo de Aprender

Neste romance, você vai conhecer a família de Maurício Benevides, professor universitário, filósofo, casado com Adélia, proprietária de uma loja de miudezas. E seus dois filhos: Ricardo e Luísa. Em Sempre é tempo de aprender, o espírito Marius, pela psicografia de Bertani Marinho, conta-nos como podemos suportar a dor da perda de um ente querido e o que encontraremos no plano espiritual após nossa passagem. Mostra-nos, ainda, como melhorar nossa conduta com os ensinamentos do Espiritismo, lições de vida inesquecíveis em benefício de nossa própria reforma íntima.

### Portais da Eternidade

Ivete, uma jovem executiva bem-sucedida, resolve mudar radicalmente sua vida. Abandona tudo e vai para um mosteiro. Será que ela conhecerá a verdadeira humildade? Romance imperdível que nos traz o bálsamo do Espiritismo. Uma obra repleta de ensinamentos psicológicos, filosóficos e espíritas que tem como objetivo maior o aperfeiçoamento moral e intelectual do ser humano.

# Leia estes envolventes romances do espírito Margarida da Cunha
## Psicografia de Sulamita Santos

### Doce Entardecer

Paulo e Renato eram como irmãos. O primeiro, pobre, um matuto trabalhador em seu pequeno sítio. O segundo, filho do coronel Donato, rico, era um doutor formado na capital que, mais tarde, assumiria os negócios do pai na fazenda. Amigos sinceros e verdadeiros, desde jovens trocavam muitas confidências. Foi Renato o responsável por levar Paulo a seu primeiro baile, na casa do doutor Silveira. Lá, o matuto iria conhecer Elvira, bela jovem que pertencia à alta sociedade da época. A moça corresponderia aos sentimentos de Paulo, dando início a um romance quase impossível, não fosse a ajuda do arguto amigo, Renato.

### À Procura de um Culpado

Uma mansão, uma festa à beira da piscina, convidados, glamour e, de madrugada, um tiro. O empresário João Albuquerque de Lima estava morto. Quem o teria matado? Os espíritos vão ajudar a desvendar o mistério.

### Desejo de Vingança

Numa pacata cidade perto de Sorocaba, no interior de São Paulo, o jovem Manoel apaixonou-se por Isabel, uma das meninas mais bonitas do município. Completamente cego de amor, Manoel, depois de muito insistir, consegue seu objetivo: casar-se com Isabel mesmo sabendo que ela não o amava. O que Manoel não sabia é que Isabel era uma mulher ardilosa, interesseira e orgulhosa. Ela já havia tentado destruir o segundo casamento do próprio pai com Naná, uma bondosa mulher, e, mais tarde, iria se envolver em um terrível caso de traição conjugal com desdobramentos inimagináveis para Manoel e os dois filhos, João Felipe e Janaína.

### Laços que não se Rompem

Em idos de 1800, Jacob herda a fazenda de seu pai. Já casado com Eleonora, sonha em ter um herdeiro que possa dar continuidade a seus negócios e aos seus ideais. Margarida nasce e, já adolescente, conhece Rosalina, filha de escravos, e ambas passam a nutrir grande amizade, sem saber que são almas irmanadas pelo espírito. O amor fraternal que sentem, e que nem a morte é capaz de separar, é visível por todos. Um dia, a moça se apaixona por José, um escravo. E aí, começam suas maiores aflições.

### Os Caminhos de uma Mulher

Lucinda, uma moça simples, conhece Alberto, jovem rico e solteiro. Eles se apaixonam, mas para serem felizes terão de enfrentar Jacira, a mãe do rapaz. Conseguirão exercitar o perdão para o bem de todos? Um romance envolvente e cheio de emoções, que mostra que a vida ensina que perdoar é uma das melhores atitudes que podemos tomar para a nossa própria evolução.

### O Passado Me Condena

Osmar Dias, viúvo, é um rico empresário da indústria plástica. Os filhos, João Vitor, casado, forte e independente, é o vice-diretor; e Lucas, o oposto do irmão, é um jovem, feliz, alegre e honesto. Por uma fatalidade, Osmar sofre um AVC e João Vitor tenta de todas as maneiras abreviar a vida dele. Contudo, depois de perder os seus bens mais preciosos, João se dá conta de que não há dinheiro que possa desculpar uma consciência ferida. E ele terá um grande desafio: perdoar-se sem olhar para os fios do passado.

# Leia os romances de Schellida!
## Emoção e ensinamento em cada página!
# Psicografia de Eliana Machado Coelho

CORAÇÕES SEM DESTINO – Amor ou ilusão? Rubens, Humberto e Lívia tiveram que descobrir a resposta por intermédio de resgates sofridos, mas felizes ao final.

O BRILHO DA VERDADE – Samara viveu meio século no Umbral passando por experiências terríveis. Esgotada, e depois de muito estudo, Samara acredita-se preparada para reencarnar.

UM DIÁRIO NO TEMPO – A ditadura militar não manchou apenas a História do Brasil. Ela interferiu no destino de corações apaixonados.

DESPERTAR PARA A VIDA – Um acidente acontece e Márcia passa a ser envolvida pelo espírito Jonas, um desafeto que inicia um processo de obsessão contra ela.

O DIREITO DE SER FELIZ – Fernando e Regina apaixonam-se. Ele, de família rica. Ela, de classe média, jovem sensível e espírita. Mas o destino começa a pregar suas peças...

SEM REGRAS PARA AMAR – Gilda é uma mulher rica, casada com o empresário Adalberto. Arrogante, prepotente e orgulhosa, sempre consegue o que quer graças ao poder de sua posição social. Mas a vida dá muitas voltas.

UM MOTIVO PARA VIVER – O drama de Raquel começa aos nove anos, quando então passou a sofrer os assédios de Ladislau, um homem sem escrúpulos, mas dissimulado e gozando de boa reputação na cidade.

O RETORNO – Uma história de amor começa em 1888, na Inglaterra. Mas é no Brasil atual que esse sentimento puro irá se concretizar para a harmonização de todos aqueles que necessitam resgatar suas dívidas.

FORÇA PARA RECOMEÇAR – Sérgio e Débora se conhecem e nasce um grande amor entre eles. Mas encarnados e obsessores desaprovam essa união.

LIÇÕES QUE A VIDA OFERECE – Rafael é um jovem engenheiro e possui dois irmãos: Caio e Jorge. Filhos do milionário Paulo, dono de uma grande construtora, e de dona Augusta, os três sofrem de um mesmo mal: a indiferença e o descaso dos pais, apesar da riqueza e da vida abastada.

PONTE DAS LEMBRANÇAS – Ricos, felizes e desfrutando de alta posição social, duas grandes amigas, Belinda e Maria Cândida, reencontram-se e revigoram a amizade que parecia perdida no tempo.

MAIS FORTE DO QUE NUNCA – A vida ensina uma família a ser mais tolerante com a diversidade.

MOVIDA PELA AMBIÇÃO – Vitória deixou para trás um grande amor e foi em busca da fortuna. O que realmente importa na vida? O que é a verdadeira felicidade?

MINHA IMAGEM – Diogo e Felipe são irmãos gêmeos. Iguais em tudo. Até na disputa pelo amor de Vanessa. Quem vai vencer essa batalha de fortes sentimentos?

Impressão e acabamento:

tel.: 25226368